O Lucro e a Efetividade dos Direitos Humanos

Paula Marcilio Tonani de Carvalho

O Lucro e a Efetividade dos Direitos Humanos

1ª Edição
POD

KBR
Petrópolis
2013

Coordenação editorial **Noga Sklar**
Revisão de texto **Flávia Salvatore**
Editoração **KBR**
Capa **KBR**

ISBN 978-85-8180-223-7

KBR Editora Digital Ltda.
www.kbrdigital.com.br
www.facebook.com/kbrdigital
atendimento@kbrdigital.com.br
55|24|2222.3491

LAW009000 - Direito Econômico

Paula Marcilio Tonani de Carvalho é Doutora em Direito Econômico e Mestre em Direito Civil pela Pontifícia Universidade Católica de São Paulo - PUC.SP e professora universitária nos Cursos de Graduação e Pós-Graduação. Associada do IASP, Instituto dos Advogados de São Paulo, é advogada militante, sócia de escritório de advocacia desde 1997.

E-mail da autora: paula@tmaadvocacia.com.br

SUMÁRIO

À Julia e ao Gustavo, mais uma vez e sempre.

INTRODUÇÃO

Intuitiva e historicamente, o ser humano já repudiava o proveito econômico que, muitas vezes, é traduzido pelo vocábulo lucro. A reação negativa a essas vantagens não data do nosso século — a Bíblia já se referia ao lucro como sendo o pecado resultante das transações de compra e venda.

Até meados do século XI, quase tudo o que era produzido se destinava ao consumo próprio, e não se mencionava a definição de propriedade e comércio como nos dias atuais. Os seres humanos produziam seus próprios alimentos, vestuário e móveis.

Na chamada Idade Média, o senhor feudal recebia o que era produzido pelos servos sem remunerá-los. O regime de troca era praticado esporadicamente, e a riqueza estava concentrada nos grandes castelos e nas igrejas, que tinham em seus cofres grande quantidade de ouro e prata — o que não pode ser considerado capital, na forma como o entendemos hodiernamente.

Nesse contexto histórico não havia utilização do vocábulo lucro, que, aliás, tinha a conotação negativa de confisco. Apenas após a abertura dos feudos houve um incremento no uso do regime de trocas; além disso, somente com a utilização do dinheiro (moeda) como equivalente universal na troca por mercadorias é que a expressão "lucro" passou a ser cotidiana.

Com relação a isso, o professor Octavio Gouvêa de Bulhões ensina que:

(...) o clima de egoísmo que sempre existiu, recrudescido de maneira impressionante no século XIX, pela ausência de instituições que substituíssem o sistema de imposição da ética que prevalecia no princípio da Idade Média, arraigou na opinião pública a idade do "lucro-confisco". Os documentos da época refletem esse estado de espírito, o que explica a atitude de oposição à empresa particular, como testemunham duas notáveis peças de fontes diametralmente opostas: o "Manifesto Comunista", de 1848, e a encíclica "Rerum Novarum", de 1891. São opostas nas premissas e nas conclusões, mas são comuns no falso pressuposto de o lucro decorrer do confisco da remuneração do trabalho.[1]

Atualmente, o emprego da expressão lucro está diretamente relacionado à implantação do regime capitalista na Europa Ocidental. O regime capitalista rompeu, sem dúvida, as antigas relações sociais e econômicas praticadas entre os seres humanos. No entanto, a implantação de um regime capitalista não se deu de forma instantânea nem pacífica.

O capitalismo surge para a humanidade no momento em que o homem entende que os bens necessários à sua sobrevivência, anteriormente compartilhados por não terem um único dono, devem ser da exclusiva propriedade de alguém.

Quando o homem coloca um cercado ao redor de sua agricultura de subsistência para que o vizinho não possa ter acesso e, ainda, quando se entende dono de uma porção de terra, seja porque tomou posse antes do outro, seja porque trocou um outro objeto por aquele pedaço de terra, nascem as primeiras ideias do que viria a ser o regime econômico capitalista.

O homem passa a valorizar mais uma mercadoria em detrimento de outra, e as trocas passam a ser influenciadas pela lei da oferta e procura. Isso, porque o ser humano passa a escolher o que precisa e, em seu subjetivismo capitalista, verifica que pode guardar, ter mais poder de troca, e com isso acumular

---

1 BULHÕES, O. *Dois Conceitos de Lucro*. Rio de Janeiro: Apec Editora, 1969.

a denominada "riqueza".

No momento em que a riqueza é acumulada por alguns e não chega ao alcance de muitos, surgem o problema eterno da má distribuição de renda e seus malefícios, sem que o capitalismo selvagem consiga resolver essa questão.

Assim, nos primórdios, o lucro é relacionado à acumulação de capital, com o único intuito de fazer este capital produzir cada vez mais capital. Os interesses especulativos da atividade do capitalista são sua única bandeira, seu único objetivo, sem pensar naquilo que está à sua volta.

O ser humano passa a ser valorizado pelo que possui e não pelo que é, estando o sistema capitalista a cultuar os bens no lugar das pessoas, tornando indigna a existência humana de forma direta ou indireta.

O direito e as regras jurídicas são contrários à economia de livre mercado, sendo vistos pelo capitalista como obstáculos aos seus objetivos de obter cada vez mais lucro. Assim, o capitalista somente se socorre das regras jurídicas para sua mantença no mercado.

O fim do Século XVIII foi marcado pela Revolução Industrial na Inglaterra e, na sequência, pela implementação do liberalismo e do capitalismo industrial pela Revolução Francesa.

Sobre o Estado liberal, Paul-Eugène Charbonneau leciona que:

> (...) esse sistema econômico não repousa em si uma filosofia, como também não nasceu de nenhum sistema. É necessariamente um regime econômico nascido de circunstâncias históricas e que faz um casamento de interesse com a filosofia liberal. De fato, surgiu na História como consequência da orientação mercantilista da economia pós-feudal e do desenvolvimento técnico que impôs o emprego de máquinas gigantescas e caras (...). As suas chaves-mestras são o liberalismo (nascido da onda libertária originada na Revolução Francesa) e o individualismo que o gerou. Dos séculos XVIII e XIX, que foram à época de gestação do Capitalismo, pode-se

dizer como Joyce, não havia escolha senão entre "comer ou ser comido". Foi nesse contexto que o Capitalismo armou suas estruturas fundamentais. (...) A filosofia liberal apareceu no caminho do Capitalismo nascente, que a adotou porque lhe convinha. Ela, porém, sempre permaneceu paralela e extrínseca. Ao contrário de Marx, que primeiro filosofou para em seguida construir sua economia, o Capitalismo constitui-se como sistema filosófico; é, portanto, acidental, e por isso não será condenado como intrinsecamente mau. Em sua primeira forma histórica concreta, que foi o liberalismo, a condenação é total; mas, em si e independentemente da filosofia liberal, o sistema capitalista poderia ser viável, se bem que em suas formas atuais pareça dever considerar-se inaceitável.[2]

De fato, a Revolução Francesa é um dos capítulos mais importantes da longa passagem histórica do sistema feudal para o capitalista. Ademais, sem prejuízo da influência da Revolução Inglesa do século XVII nem da Revolução Industrial do século XVIII, também na Inglaterra, tem-se, ainda, a Revolução Americana de 1776, todas influenciando decisivamente a forma de se empreender as relações sociais e econômicas e, consequentemente, a definição e obtenção do lucro pela iniciativa privada.

Isso, porque a Revolução Francesa derrubou a aristocracia que vivia dos privilégios feudais e liquidou a servidão, acabando com o sistema que sustentava o Estado absolutista de Luís XVI. Nesse período, entrou em declínio a sociedade de ordens ou estados do antigo regime — nobreza, clero e povo —, criando-se condições para o desenvolvimento do capitalismo na França, já que estavam garantidos os princípios de liberdade de empreendimento e de lucro.

Não se pode, ainda, negar a existência do movimento popular urbano e camponês, que deu sustentação à Revolução Francesa. Os camponeses, pela crise econômica, foram levados

---

2 CHARBONNEAU, P. *Entre Capitalismo e Socialismo: a Empresa Humana.* São Paulo: Pioneira, 1983, p. 72.

à miséria, o que na época aumentou a insegurança nos campos e incrementou o êxodo rural. A eclosão da Revolução deveu-se, portanto, a uma série de fatores: miséria, fome, desemprego, carência de recursos básicos, aumento populacional, más colheitas de 1788-89.

A Revolução Francesa pode ser dividida em vários momentos: (i) Assembleia Nacional Constituinte (1789 a 1791); (ii) período de abolição do regime feudal e de montagem da ordem monárquica constitucional; e (iii) Monarquia Constitucional (1791 e 1792). Fica nítido que o regime se dividiu entre os monarquistas, que queriam ver preservado o poder independente do Rei, e a maioria dos representantes na Assembleia, que defendiam o papel dos cidadãos na fiscalização e controle do governo.

Com efeito, o movimento popular urbano e camponês teve papel decisivo na Revolução: os trabalhadores e artesãos tinham grande capacidade de crítica e mobilização, e as lideranças da burguesia se apoiaram nela para derrubar os privilégios da nobreza e conquistar poder político.

É inegável que incluídas na Revolução Francesa ocorreram várias outras revoluções, que, sem sombra de dúvida, tiveram influência decisiva na composição da definição, não somente de lucro, mas de fraternidade. A noção de lucro foi distorcida pelos modelos econômicos liberais, que criaram moedas artificiais, sem lastro econômico.

De fato, mesmo após a metade do Século XIX, a utilização do vocábulo lucro ainda estava vinculada, sem distinção, tanto à noção de lucros decorrentes de transferência de renda quanto de investimentos financeiros.

Novas transformações, no entanto, se efetivaram em meio à crise econômica mundial do início da década de 1930, que resultou numa depressão cuja possível solução recomendava a aceleração do consumo, tendo em vista a geração de novos empregos e ocupação de instalações ociosas. A noção de lucro passou a ser relacionada à fonte de riqueza, fosse para gerar acréscimo na produtividade das escalas de produção, fosse para incrementar investimentos no próprio negócio. O lucro investido no próprio negócio passou a ser valorizado, e diferenciado do lucro remunerado pelo investimento financeiro, adquirindo uma conotação positiva para os capitalistas.

A propósito, afirma o professor Octavio Gouvêa de Bulhões "(...) ser o lucro do investimento um lucro genérico, de forma alguma adstrito aos proprietários dos meios de produção. O lucro do investimento não é o lucro do capital, como remuneração da poupança, que é integrante do investimento".[3]

Todavia, houve regimes antagônicos, tal como o socialista, que se opunham ao lucro em quaisquer dessas duas facetas. Com efeito, o sistema socialista de governo, de uma forma geral, entendia que o lucro era algo a ser combatido, já que o valor do trabalho estaria ligado diretamente à necessidade de consumo e, *contrario sensu*, a produção deveria estar focada nas necessidades básicas, secundárias e terciárias, tudo com o fim de racionalizar os recursos e não de obter lucro.

O Estado, de qualquer forma, buscava partilhar o lucro auferido pela atividade privada através da cobrança de tributos, entendendo ser esta uma forma de repartir os lucros e assegurar a participação de quem ajudou a consegui-lo, ainda que de forma indireta.

O proveito econômico, no entanto, não tinha apenas conotação negativa. Albert Gallatin, em 1794, distribuiu aos empregados parte do lucro auferido em suas indústrias de vidro, denominadas New Genève, sendo este um dos primeiros exemplos históricos da destinação do lucro em prol de uma coletividade.

Diversos são os exemplos, no curso da história, de aplicação positiva do proveito econômico auferido com a atividade empresarial. Neste contexto, o direito começa a servir de instrumento para que o lucro em prol da coletividade seja harmonizado com o lucro privado.

A título de exemplo,

---

3 BULHÕES, O. *Op. Cit.*, p.41.

(...) em 1812, Napoleão Bonaparte, por meio de um decreto, concedeu a participação nos lucros aos artistas da Comédie-Française, que além do ordenado fixo teriam uma participação na receita (*feux*). A participação era feita com base no lucro líquido, calculado no final do ano, levando-se em conta a fama, a idade e a antiguidade dos artistas. (...) Monsieur Edme-Jean Leclaire, em 1842, proprietário de pequeno ateliê de pintura em Paris, Maison Leclaire, ao encerrar seu balanço e apurar lucro, resolveu entregar a seus empregados, sem qualquer explicação, considerável parcela do resultado obtido na exploração no negócio. Em 1844, Edmond-Larouche Joubert, de Angoulême, estabeleceu a participação nos lucros em sua papelaria. John Stuart Mill e John Bright entendiam que a participação nos lucros seria uma forma preventiva contra greves, e que os empregados poderiam ter acesso às ações da empresa e, posteriormente, à sua direção. (...) Robert Owen, na Escócia, no princípio do século XIX, também teria feito uma experiência de distribuir lucros a seus empregados. Na Prússia, por volta de 1847, começou a observar-se o sistema de participação nos lucros. Em 1850, a Inglaterra também passou a adotá-lo. Em 1869, foi a vez de os Estados Unidos. Charles Robert também foi um dos pioneiros no tema, por volta de 1848, preparando o movimento para o estabelecimento de planos de participação nos lucros, conforme seu trabalho *Le Partage des fruits du travail* (Paris, 1878). (...) Em 1917, a participação nos lucros foi prevista na Constituição do México (art.123, VI e IX), que determinou sua compulsoriedade nas empresas agrícolas, indústrias, comerciais e de mineração, o que, porém, só foi regulamentado muitos anos depois. (...) Na Alemanha, H. Bohmerto observava na participação nos lucros a simetrização dos empregados com o empregador, o que foi feito na Ótica Zeiss, que era de propriedade de Ernst Abbe. (...) Os estudos sociais do Cardeal Mercier chegaram a ser acolhidos pelo Papa Leão XIII na encíclica Rerum Novarum (1891), preconizando também a participação nos lucros como medida de justiça social.[4]

Isso, porque o aumento da complexidade nas relações sociais dos seres humanos gerou a necessidade de que os juristas e os operadores do direito, principalmente a partir do século XX, adotassem uma posição cada vez menos formalista, inclusive de conteúdo mais denso em relação à obtenção de lucro. No mundo contemporâneo tais relações também sofreram profundas modificações, em virtude do estreitamento das relações econômicas entre os povos das diversas culturas no globo.

O advento da utilização de máquinas no processo produtivo — e consequente substituição da mão de obra humana, que se acentuou na Revolução Industrial — possibilitou a produção em maior escala, que, aliada ao êxodo rural ocorrido na mesma época, gerou a expansão do comércio nos centros urbanos e a modificação no teor dos negócios jurídicos entabulados nas sociedades.

Diante desse novo ciclo econômico, o Estado, por intermédio das instituições jurídicas, passa a se preocupar com as relações jurídicas de cunho econômico e a intervir nos negócios privados.

A propósito, Carlos Alberto Bittar ensina que:

> (...) entendemos por dirigismo econômico a condução, pelo Estado, dos negócios da economia. Trata-se da ingerência do Poder no mercado, balizando negócios, dominando setores, normatizando, enfim, imiscuindo-se no mundo da economia. Nesse sentido, pode-se observar que ao longo dos séculos sempre existiu intervenção nos negócios da economia por parte dos detentores do poder, desde as organizações tribais aos príncipes e monarcas do despotismo esclarecido, das cidades primitivas às monarquias e democracias constituídas

---

4 MARTINS, S. *Participação dos Empregados nos Lucros das Empresas*. São Paulo: Atlas, 2009, pp. 05 e 06.

no século das luzes.[5]

O estabelecimento de uma nova ordem econômica e a mudança drástica nas relações de trabalho alterou a forma de intervenção do Estado na economia e nos negócios jurídicos privados. Nesse norte, não é sem fundamento que nos países da *civil law*, justamente após a Segunda Grande Guerra, notou-se a instalação de Cortes Constitucionais com a preocupação de nortear as relações jurídicas econômicas que tangenciam questões econômicas e interesses coletivos.

Com efeito, é inevitável o confronto de valores contidos nas diversas Constituições com princípios solidaristas e humanistas, bem como com a tutela dos direitos naturais e imprescritíveis, todos inseridos nos diversos ordenamentos jurídicos após a Revolução Francesa e a promulgação da Declaração dos Direitos do Homem e do Cidadão em 1798, a respeito da qual leciona Vicente Ráo que:

> (...) baseia-se esse documento na afirmação da existência de direitos naturais, inalienáveis, imprescritíveis e sagrados do homem. E sobre esses direitos que, por um modo geral, resume e subordina aos princípios da liberdade e de igualdade, a Declaração transcrita levanta a estrutura democrática do Estado. Mas, na relação indivíduo-sociedade, o elemento indivíduo aqui predomina por modo incisivo, e esse predomínio, por dois principais motivos, então se justificava: a) pelo significado político e social da Revolução Francesa, que foi o de uma reação contra o poder absoluto do Estado, agravado pelos privilégios de certas classes e pela atividade das corporações de artes e ofícios, que monopolizam o trabalho; b) pelas condições econômicas da época, caracterizada pela pequena indústria.[6]

---

5 BITTAR, C. *Direito Civil Constitucional*. São Paulo: Revista dos Tribunais, 2003, p. 116.
6 RÁO, V. *O Direito e a Vida dos Direitos*. São Paulo: Editora Revista

Negócios jurídicos passaram a ser celebrados com mais frequência em grande escala (em massa), na forma de adesão, por exemplo; no plano do direito das obrigações, tornou-se inevitável a socialização dos negócios jurídicos, passando o indivíduo a ser seu foco principal para que o ser humano pudesse tomar esse lugar.

Apesar da coletivização das relações jurídicas, o Estado se manifestava cada vez mais através da intervenção no plano econômico, passando a afetar as atividades industriais e comerciais realizadas por particulares, atividades que eram estimuladas, em algumas situações específicas, por concessões na esfera tributária em áreas nas quais o Estado não tinha como atuar diretamente.

Nesse contexto de evolução tecnológica e estreitamento das relações, o formalismo acentuado agravou o risco de mantença de regimes totalitários e autoritários, como aqueles vividos na Itália (fascismo), na Espanha e na Alemanha, por exemplo.

Para ilustrar, ensina o Professor Carlos Alberto Bittar que:

> (...) verificam-se: a edição periódica de leis especiais de planejamento e intervenção, em que se define o respectivo alcance que se estabelece como forma de controle; a conversão de leis supletivas em imperativas, em face do interesse coletivo (como nos campos de transporte, locação, comercial e residencial, seguros, mercado imobiliário e outros tantos); a outorga de poder de regulamentação a organismos de intervenção situados na escala hierárquica do Executivo ou por ele fiscalizados diretamente (como os institutos de previdência, entidades de regulamentação profissional, organismos controladores ou fiscalizadores, como o Banco Central, Comissão de Valores Mobiliários, Sudene, Conselho Nacional de Direito Autoral e outros); a instituição de contribuições

dos Tribunais, 2004, p. 59.

especiais para o custeio de serviços e encargos relativos à intervenção (como, entre nós, a previdência social, a sindical, a de disciplinação de profissões, a de regulamentação da economia e tantas outras); a utilização de tributos como instrumentos de desenvolvimento e de incentivo de regiões e atividades (os incentivos fiscais, consistentes em isenções, abatimentos, reduções, exclusões e outras formas de tributos para aplicação em programas especiais); a edição de normas de fiscalização e de controle de atividades e de suas negociações (...); e a submissão das negociações privadas ao pronunciamento do organismo de intervenção (como em operações do mercado financeiro e de capitais, de transferência de tecnologia e outras).[7]

Nessa esteira, é importante lembrar que o meio e fim do século XX foram marcados pela reinvenção da economia solidária: os trabalhadores conquistaram seus direitos, conseguiram menos horas de trabalho, salários mais elevados, seguridade social mais abrangente e de acesso universal. O programa da economia solidária se fundamenta na tese de que as tradições do capitalismo criam oportunidades de desenvolvimento de organizações econômicas cuja lógica é oposta à do modo de produção dominante.

A economia solidária também se fundamenta no argumento de que a forma de crescimento da economia seria a de continuar integrando mercados competitivos. A economia solidária só se tornará uma alternativa superior ao capitalismo quando oferecer oportunidades de autossustento a todas as parcelas da população, apresentando níveis de eficiência na produção e distribuição de mercadorias comparáveis aos da economia capitalista.

Por outro lado, os princípios da liberdade e da igualdade, que reforçam os direitos individuais e de libertação, não se mostram suficientes para tutelar os interesses coletivos e difusos,

---

7 BITTAR, C. *Op. Cit.*, p. 121.

que devem estar equilibrados pela fraternidade. Daí, os ideais da Revolução Francesa serem expressos pela simbiose entre a liberdade e igualdade com o valor da fraternidade, destinada a satisfazer interesses comuns.

Até o advento da Revolução Francesa, a fraternidade representava um valor que qualificava as relações jurídicas e suas consequências. Já nos anos posteriores, a expressão fraternidade foi sendo gradualmente substituída pela solidariedade, com a ampliação do reconhecimento dos direitos humanos e da necessidade maior de preservação do coletivo, do difuso.

De uma forma ou de outra, a fraternidade está diretamente relacionada à eficácia. Daí, com base no solidarismo e humanismo, o Direito tempera o capitalismo, inserindo, no contexto social e jurídico, a necessidade de uma socialização e humanização, seja na interpretação das normas, seja na aplicação das leis, influenciando a vida do homem em sociedade.

Os princípios e o ordenamento jurídico cumprem o papel fundamental de equilibrar as relações humanas, de criar freios e contrapesos ao regime capitalista de mercado, de harmonizar o capital e o trabalho, no sentido de que o capital está a serviço do homem, e não o homem a serviço do capital.

Por sua vez, a reconstrução de alguns dos principais institutos do Direito, como uma nova visão sobre a obtenção do lucro, por exemplo, objetiva alcançar um novo equilíbrio entre os interesses individuais e as necessidades coletivas que, de fato, a vida em sociedade impõe agora, mais do que nunca. Esse almejado equilíbrio nas relações sociais se faz pela colaboração recíproca entre os seres vivos e o estabelecimento de uma nova dimensão, estruturada entre o papel individual e comunitário de cada pessoa humana e a própria atividade econômica e empresarial.

Torna-se inevitável que os interesses individuais passem a produzir efeitos sociais aceitáveis e desejáveis pela coletividade. E, entre eles, está o lucro, grande impulsor e estimulador da economia de mercado. A título de exemplo, podemos citar o papel da função social segundo o qual os atos da pessoa humana não devem ser somente *uti singular* e *uti civis,* mas também *uti socius.*

Nesse sentido, leciona Guilherme Calmon Nogueira da Gama:

> (...) a expressão função social deve ser tida como cláusula geral, permitindo ao jurista uma reflexão e construção de acordo com os valores éticos, econômicos e sociais. Não pode o intérprete e aplicador do direito se manter apático diante das transformações ocorridas no seio social, mormente quando esse comando é determinado pelo próprio legislador constituinte. (...) A doutrina da função social se irradia sobre a posse nos Direitos Reais, o contrato no Direito das Obrigações, a empresa no Direito de Empresa e as entidades familiares no Direito de Família e Sucessões, e os reflexos dessa irradiação vêm sendo sentidos pelas alterações promovidas na legislação infraconstitucional.[8]

A construção de uma sociedade constituída por valores de respeito ao próximo e igualdade social se faz cada vez mais presente nas relações sociais e nos projetos de cada ser vivo. A solidariedade implica aceitar que, apesar do ser humano ser constituído originariamente de maneira individual, é inevitável que seu crescimento, aprimoramento e consagração de projetos à vida se deem numa sociedade saudável.

---

8 GAMA, G. *Função Social no Direito Civil.* São Paulo: Atlas, 2007, pp. 16 e 17.

Capítulo I – Da natureza jurídica do lucro e sua aplicação no ordenamento jurídico

O lucro decorre da diferença entre valor da produção e custo de produção de um determinado bem ou serviço. Para subsistir, a empresa necessita auferir lucro e reinvesti-lo, em grande parte, para modernizar seus equipamentos e sua produção, sempre necessitando elevar a produtividade do trabalho como forma de reduzir custos.

A obtenção de lucro representa atestado de êxito de que a empresa foi conduzida e orquestrada de forma competente, isto é, o lucro é sinônimo de eficiência econômica. Com prejuízo, uma empresa perde crédito e a razão de existir, ao contrário de outras que se provam lucrativas.

O lucro também é meio, uma vez que forma a maior fonte de acumulação do capital — o lucro tem que ser transformado em novo capital. Dentro das empresas, ele é exigido aos diversos níveis hierárquicos de mérito e responsabilidade, que têm por fim oferecer ao trabalhador um simulacro de carreira.

A definição e a abrangência do vocábulo lucro são bastante amplas, conforme exposto a seguir.

1.1 - Noções gerais sobre lucro

Não é possível estabelecer uma definição ou conceito absoluto para o vocábulo lucro, e tal não se deve à falta de clareza do vocábulo, mas às suas diversas acepções no ordenamento jurídico e fora dele.

O vocábulo lucro significa utilidade, vantagem, ganho, proveito, benefício — tendo, portanto, conotação positiva.

Rubens Requião, por exemplo, conceitua lucro como:

> (...) o sobrevalor que a sociedade pode produzir, como resultado da aplicação do capital e outros recursos na atividade produtiva. Os economistas teriam de conceituá-lo, defendendo ou combatendo a sua legitimidade. Sob o ponto de vista legal, o lucro pode ser final ou de exercício. O lucro final é o que se verifica no momento da liquidação da sociedade, pago todo o passivo e restituído o capital e os resultados remanescentes aos sócios. O produto líquido, expressão tão do agrado dos antigos fisiocratas, constitui o lucro final que a sociedade gerou no curso de sua existência. Lucro de exercício é o que resulta do balanço contábil das contas no fim do exercício social. A lei conceitua como "lucro líquido do exercício", no art.191, o resultado periódico que remanescer depois de deduzidos os prejuízos acumulados de exercícios anteriores e a provisão do imposto de renda e mais as participações do art. 190.[9]

Sergio Pinto Martins ensina que:

> (...) o conceito de lucro é totalmente indeterminado, sendo que a Constituição não define, nem deveria fazê-lo, podendo ficar a cargo da legislação ordinária. (...) O verbete "lucro" no Dicionário de Ciências Sociais (1987) esclarece que "o termo lucro não tem nenhum sentido técnico especial nas Ciências Sociais, exceto em Economia — na qual é geralmente usado no plural". No campo da Economia pode-se,

---

9 REQUIÃO, R. *Curso de Direito Comercial*. São Paulo: Editora Saraiva, 1988, vol. II, p. 203.

grosso modo, agrupar os conceitos de lucro em três categorias principais, que se sobrepõem parcialmente: (a) lucros com rendas auferidas por categorias institucionalmente identificadas como recipiendários de renda; (b) lucros (positivos ou negativos) como uma renda obstratizada, residual, não funcional; (c) lucros como rendimentos (positivos ou negativos) resultantes do exercício das funções empresariais. (...) Lucro, para a teoria econômica, é considerado o resíduo da divisão do remanescente da atividade produtiva, depois de todos os pagamentos dos fatores da produção: capital (interesse), terra (aluguel), trabalho (salário) (Harold A. Sloan e Arnold J. Zurcher, 1953:256). (...) A ideia de lucro diz respeito, portanto, à atividade econômica da empresa abstraídas as despesas do empreendimento. Verifica-se que o conceito de lucro é da natureza econômica da empresa, de produzir bens e serviços para o mercado. (...) O lucro, por conseguinte, é a remuneração do empresário, pois o empregado tem salário. (...) Parece que o lucro a que se refere a Constituição é o lucro líquido, ou seja, o lucro existente após deduzidas todas as despesas da receita obtida pela empresa. Não se trata do lucro bruto, que pode ser considerado a diferença entre valor da compra da mercadoria ou do preço do custo do serviço, abatidos os impostos incidentes sobre vendas da mercadoria ou serviços, sem a dedução das despesas operacionais da empresa.[10]

Das definições mencionadas pelos doutrinadores acima, extrai-se que a adequação do uso do vocábulo lucro está diretamente relacionada à destinação que se queira dar à sua finalidade.

Para o homem comum, lucro é aquilo que sobra da atividade da empresa, aparecendo nos balanços como um excedente ao custo.

A contabilidade define o lucro como a diferença entre

---

10 MARTINS, S. *Participação dos Empregados nos Lucros das Empresas. Op. Cit.*, pp. 62 e 63.

a confrontação das receitas e dos custos (ativos) consumidos, produzindo um incremento no patrimônio líquido, representando o lucro o resultado de um exercício. Neste sentido, o lucro contábil representa um processo de mensuração e identificação das receitas e despesas num período, sempre de acordo com as convenções contábeis aceitas; representa o saldo, positivo ou negativo, de ganhos e perdas nas operações realizadas pela sociedade na execução da sua finalidade social.

A ciência do Direito utiliza a expressão lucro em sua acepção econômica, já que, para a subdivisão do Direito Empresarial, por exemplo, importam os acréscimos patrimoniais; já o Direito Civil tem como objeto os bens, que necessariamente têm valor economicamente auferível. Neste sentido, cabe entender se, para a ciência do Direito, também o lucro social teria conotação econômica, tema que será abordado no último capítulo do presente estudo.

Os economistas, de maneira geral, diferenciam o lucro do negócio (*business profit*) — representado pela diferença entre a receita e os custos explícitos —, do lucro puro (*pure profit*) — representado pela diferença entre a receita e os custos explícitos e implícitos, estes últimos incluindo, por exemplo, os juros do capital aplicado e a remuneração do titular da empresa.

De uma forma ou de outra, o que diferencia uma sociedade com fins lucrativos das demais pessoas jurídicas de direito privado não é somente a possibilidade de obtenção de lucro, mas também a faculdade de distribuí-lo aos sócios que participam da sociedade.

Manuel Meireles ensina que:

> (...) podemos considerar Lucro como o rendimento do proprietário do Capital, que consiste na diferença residual e aleatória entre as receitas e os custos, sejam estes explícitos ou implícitos, em um determinado período. Para efeito da nossa investigação, o período de tempo será sempre o necessário ao processamento de um determinado número de itens. Konrad Mellerowicz (1936) observa que deveria ser considerado

o período total da vida da empresa, e que a diferença entre o capital efetivamente investido e o resultado final será o verdadeiro lucro da empresa. "Esse é o lucro seguro e absoluto, o calculado de um modo perfeitamente correto. Qualquer outro lucro será sempre relativo".[11]

Gregory Lewis leciona que:

(...) o lucro não é apenas necessário para providenciar dividendos aos acionistas ou um retorno aos proprietários do capital. Ele é essencial para financiar a substituição ou a adição de valores patrimoniais, tais como equipamentos e viaturas, e para libertar fundos necessários para a expansão do negócio. A expansão ou crescimento de um negócio é sempre muito dispendiosa. (...) O capital investido no negócio corresponde ao dinheiro no banco, aos empréstimos contraídos junto deste último e ao valor do patrimônio e dos *stocks* da empresa. Este montante de dinheiro, se não é investido no próprio negócio, pode ter sido depositado numa conta bancária ou numa sociedade de construções, de modo a render juros. Deste modo, ele poderia providenciar um rendimento e possivelmente aumento de capital, sem que se corressem os riscos inerentes ao negócio.[12]

Por sua vez, o lucro também é entendido como fruto do capital. De fato, a relação entre capital e lucro foi estabelecida por Adam Smith na obra *Riqueza das Nações*, onde a extensão do lucro é relacionada ao valor do capital e ao patrimônio empregado na atividade. Nessa obra, Adam Smith defende que o lucro não é um nome diferente dado aos salários, por exemplo,

---

11 MEIRELES, M. *O Lucro. Esboço para uma Teoria do Lucro como fruto da Alavancagem Tecnológica do Capital*. São Paulo: Arte & Ciência Villipress Editora, 2000.
12 LEWIS, G. *O Preço do Lucro*. Lisboa: Lyon Multimédia Edições, 1995, pp. 44 a 46.

mas sim um instituto completamente diferente, regulando-se pelo valor do capital empregado na empresa. Nesse diapasão, vale destacar que o vocábulo "capital" é empregado no sentido de conjunto de bens destinados à produção e comercialização na atividade empresarial.

Uma vez que sua origem está relacionada à produtividade física do capital, ou teria origem nessa produtividade, o lucro também é definido como fruto do volume do capital que gera juros. No entanto, tal fato não explica o motivo pelo qual um capital pode render mais do que outro, e nem mesmo elucida o mecanismo para geração do lucro.

Um exemplo moderno de lucro proveniente de juros é aquele auferido pelo incorporador, calculado como a diferença entre a taxa de juros que paga o capital emprestado com que se financia a compra de um terreno e os serviços iniciados, ou até a transferência do prédio, e aquela obtida pela aplicação desse capital emprestado.

No entanto, há entendimento diverso sobre a definição de que o lucro representa fruto do capital. José Luiz de Almeida Nogueira Porto leciona que:

> (...) a teoria do lucro como fruto do capital, parece-nos insuficiente para explicar a razão pela qual um capital rende mais do que outro, e omissa quanto ao mecanismo da formação do lucro, aspectos esses de fundamental importância a serem considerados na análise desse rendimento. Por que motivo produz um determinado capital, apenas sua exigência mínima, que é o juro, e outro produz mais do que o mínimo? Não importa, no caso, o nome que se dê ao excedente. O fato é que ele existe e merece uma explicação, a qual, certamente, não é dada pela simples afirmação de que o lucro é derivado da produtividade do capital.[13]

---

13 PORTO, J. *Contribuição para a Teoria do Lucro*. São Paulo: Edição Própria, 1954, p. 73 (N.E.: ortografia alterada).

O lucro também é relacionado ao tamanho do risco do empreendimento, e portanto relacionado à incerteza: nessa hipótese, os investimentos de capital são realizados em função da expectativa de lucro, mas não da garantia de sua obtenção.

A esse respeito, José Luiz de Almeida Nogueira Porto leciona que:

> (...) há uma situação, porém, em que o lucro aparece como resultado do risco corrido e não verificado: é o lucro da especulação eventual. Embora, a rigor, se pudesse considerar que tal lucro é também "juro do risco", reconhecemos que seria forçar o sentido das palavras dar-lhe essa denominação e preferimos admitir, à falta de termo adequado para designar esse ganho, que se trate de lucro. Mas tal lucro é um lucro de jogo; "é resultante de uma aposta ganha" — escreve Davenport (19) e pouco tem em comum com o lucro regular das empresas a que nos vimos referindo. Na hipótese, porém, em que uma empresa se dedicasse à especulação ou ao jogo como atividade regular, então não hesitaríamos em considerar que o risco deve ser computado na remuneração do capital, como "juro do risco". Seria o caso, por exemplo, de um cassino, em que uma parte do capital existe para correr o risco de perda. Embora esse risco deva ser computado na remuneração do capital.[14]

Extrai-se dos ensinamentos acima que, ainda para aqueles que relacionam a teoria do risco como fundamento da obtenção do lucro, há relação do lucro com o fruto do capital. Por sua vez, o lucro também está relacionado à capacidade produtiva de quem desenvolve a atividade empresarial, e, portanto, a capacidade do empresário tem influência decisiva na sua obtenção.

A esse respeito, ainda com José Luiz de Almeida Nogueira Porto:

---

14 Idem, pp. 80 e 81.

(...) a maioria dos economistas, com maior ou menor ênfase, atribui os lucros das empresas ao trabalho e às qualidades dos empresários. É o que acontece com Stuart Mill, Walker, Marshall, Cassel, Schumpeter, Taussig, Davenport e, recentemente, Gino Arias. Este último escritor insiste em que o lucro "representa uma verdadeira remuneração do trabalho", sob duas formas, a saber: como "atividade do empresário" na gestão da empresa e como compensação pelo risco, isto é, como "trabalho de iniciativa". (...) mas, a nosso ver, o trabalho do empresário é antes uma condição do lucro que sua causa, a qual é muito mais complexa e comporta uma série de outros ingredientes além do esforço e capacidade do chefe da empresa. Muitos exemplos, aliás, poderiam ser citados para demonstrar que o lucro nem sempre resulta do trabalho do empresário, ou não guarda proporção com esse trabalho, resultando, algumas vezes, de causas acidentais ou conjunturais. A interferência do capital, do risco, da incerteza, do dinamismo econômico, não pode ser ignorada, para se atribuir o lucro tão somente ao trabalho e capacidade pessoal do empresário.[15]

A noção de lucro também é relacionada à capacidade de crescimento e financiamento dos investimentos da empresa. Adrian Wood leciona que:

(...) o objetivo principal de uma empresa típica atuando na economia capitalista é aumentar suas vendas. Isto implica na expansão de sua capacidade produtiva, que por sua vez requer investimentos em ativos fixos e em estoques. É claro então que a empresa tem que estar apta a financiar esse investimento, ou seja, ela tem que ser capaz de obter os recursos financeiros necessários para dispender (sic) em seus projetos de capital. Na prática, a fonte mais importante de financiamento de investimentos consiste na reinversão (sic) de lucros.

---

15 Idem, pp. 85 e 86.

Assim, o princípio central da presente teoria é que a quantidade de lucros que uma empresa estabelece como meta a ser atingida é determinada pela quantidade de investimentos que ela planeja efetuar. (...) A razão desse desejo de empregar seus lucros retidos em um determinado projeto, ao invés de obter um retorno superior emprestando o dinheiro a terceiros, é que esse tipo de empréstimo (como também a aquisição de ativos financeiros em geral), aumenta a renda não operacional da empresa mas não acrescenta nada à sua receita de vendas.[16]

Noutro sentido, Manuel Meirelles entende o lucro como fruto da alavancagem tecnológica do capital, conforme abaixo:

(...) o lucro provém da inovação tecnológica, que permite ao capitalista, quando a adota, ter Preços concorrenciais mínimos — Pcm — cada vez menores, e, desta forma, obter um excedente maior quando relacionado com o Preço concorrencial — Pc — vigente no mercado. (...) os capitalistas atuam em diferentes províncias de competição e os diversos *status* tecnológicos inerentes a cada província geram fatores de alavancagem tecnológica diferenciados. Por sua vez, dentro da mesma província de competição, cada capitalista tem um fator de alavancagem tecnológico proporcionado pelo seu capital. Esta diversidade de Preços concorrenciais, Pc, vigentes em cada província de competição confronta-se com os diversos Preços concorrenciais mínimos, Pcm, de cada capitalista, acabando por determinar o lucro unitário — Lu — de cada item e, por sua vez, o lucro total — Lt — de cada capitalista.[17]

Atualmente, o preço de um produto ou serviço é formado pela composição de seus custos, despesas, tributos e o lucro. Assim, a análise da destinação dos lucros pode estar diretamen-

---

16 WOOD, A. *Uma Teoria de Lucros.* São Paulo: Editora Paz e Terra, 1980, pp. 14 e 19.
17 MEIRELES. M. *Op. Cit.*

te relacionada a investimentos efetuados a curto, médio ou longo prazos sem a busca de recursos externos pela empresa.

Nessa hipótese, a destinação dos lucros auferidos será o próprio investimento interno em equipamentos, máquinas, ou mesmo mão de obra especializada, afastando-se o pagamento de juros pela captação externa de recursos.

Nesse diapasão, o professor Adrian Wood ensina que:

> (...) o nível exato do limite de endividamento depende de dois tipos de fatores: 1) as expectativas dos responsáveis pela empresa com relação ao seu fluxo futuro de lucros, especialmente com referência às chances da lucratividade cair a níveis baixos (ou ainda, com referência às extremidades inferiores das distribuições de probabilidade subjetivas da taxa de lucro da companhia, em períodos futuros). Essas expectativas, aliadas às expectativas do nível da taxa de juros (que vai aumentar de acordo com o índice de endividamento, mas que em outras circunstâncias vamos considerar como dada), determinam as possibilidades subjetivas de falência e de dificuldades financeiras de menor calibre, a cada nível do índice de endividamento; 2) saber que nível do índice de endividamento vai ser escolhido como um limite e como um objetivo vai depender da atividade dos dirigentes e dos proprietários da empresa, face aos riscos e desvantagens que advêm da tomada de empréstimos e, em particular, do grau em que eles são avessos ao risco.[18]

Logicamente, uma eventual queda nos níveis de obtenção dos lucros causará a necessidade de obtenção de recursos externos para manutenção dos investimentos acima referidos.

Francisco Araújo Santos define lucro:

> (...) do valor total dos bens e dos serviços produzidos por uma empresa, sendo CI o custo total dos insumos e W o valor

---

18 WOOD, A. *Op. Cit.*, pp. 44 e 45.

total dos salários, temos o QL, quociente de lucro, assim definido: QL=VP/(CI+W). O quociente de lucro é a razão do valor total da produção pela soma dos custos dos insumos e dos custos da mão de obra ou valor dos salários (W). A diferença (QL-1) é igual a MV, mais-valia. Em termos muito parecidos, essa definição foi apresentada por Karl Marx na edição do primeiro volume de *O Capital*, em 1867.[19]

Paul Singer afirma que:

(...) o capitalista é um possuidor de meios de produção que emprega trabalhadores para movimentá-los. Vende a produção assim obtida e compara a soma de dinheiro recebida com a que investiu no início. A sua finalidade é que aquela soma seja maior; a diferença entre o seu capital inicial e o final constitui o lucro. Toda sua atividade visa o maior lucro em relação ao capital inicial. Sendo a relação lucro/ capital a "taxa de lucro" em determinado período (geralmente em um ano), pode-se dizer que seu objetivo é maximizar a taxa de lucro, isto é, obter o maior lucro anual possível por cada milhão de cruzados investidos em determinado negócio. O seu ciclo de produção tem a forma D-M-D': D é o seu capital inicial, que toma necessariamente a forma monetária (capital-dinheiro); M é o capital transformado em meios de produção e força de trabalho (capital-mercadoria); no processo de produção, os trabalhadores transformam os meios de produtos em produtos que são vendidos: D' é a receita da venda, que reconstitui o capital-dinheiro inicial (D) acrescido de sua valorização, isto é de seu lucro (AD). Por isso, D' é, via de regra, maior do que D, sendo D'=D+AD, ou seja, o capital no final do ciclo de produção é igual ao capital acrescido do lucro.[20]

19 SANTOS, F. *Lucro & Ética*. São Leopoldo: Editora Unisinos, 2003, p. 54.
20 SINGER, P. *O Capitalismo: sua evolução, sua lógica e sua dinâmica*. São Paulo: Editora Moderna, 1987, p. 24.

Extrai-se das diversas abordagens acima que o lucro está necessariamente relacionado a uma vantagem, um proveito, um resultado positivo, diretamente relacionado a um fruto do capital, a um fruto do volume de capital que gera juros, ao tamanho do risco do empreendimento e até mesmo à capacidade produtiva.

De uma forma ou de outra, é inegável, não somente a capacidade da atividade empresarial para produção de resultados positivos, ou mesmo negativos, como também a licitude na distribuição entre os sócios.

1.2 - Da distinção entre lucro e reserva

No contexto da definição de lucro, é importante mencionar que esse vocábulo não se confunde com a expressão "reserva", diretamente relacionada à noção de sobra com destinação específica.

Rubens Requião leciona que:

> (...) o jurista Erymá Carneiro, mestre em contabilidade, conceitua que "juridicamente reserve nada mais do que o lucro não distribuído, conceito que vamos encontrar confirmado na jurisprudência dos tribunais judiciários e fiscais do país. Verifica-se que nossa lei adotou o conceito contábil de reserva, que assim que passa a ter conteúdo de direito, princípio, aliás, que tem sido adotado nas legislações modernas". A finalidade jurídica das reservas, continua aquele autor, é servir de garantia e reforço do capital social, garantia dos credores. "São aditamentos ao capital das empresas", expõe ele, "ao qual servem de reforço. Daí dizer-se que as reservas pertencem à sociedade e não ao sócio, o que até certo ponto é uma verdade que precisa devido temperamento, de vez que tem que ser examinada em função do tipo de sociedade.[21]

---

21 REQUIÃO, R. *Curso de Direito Comercial. Op. Cit.*, pp. 203 e 204.

Com efeito, reserva é uma parcela do lucro auferido que não será distribuído entre os sócios ou acionistas, destinando-se à retenção, que poderá se dar de forma permanente ou temporária. Essa reserva pode ser: (i) legal — estabelecida por lei, que deverá ser mantida na empresa para compensação de prejuízos, por exemplo; ou, (ii) estatutária — aquela que o estatuto retira do lucro a ser distribuído e à qual dá destinação diferente; a reserva pode ser ainda, (iii) voluntária, cuja destinação é definida em assembleia; e, (iv) oculta, cuja formação não é demonstrada em balanço, estando sujeita à necessária homologação de uma assembleia geral.

Não é objetivo do presente capítulo esgotar o tema reservas, mas tão somente esclarecer que sua definição e natureza jurídica não se confundem, de maneira nenhuma, com a de lucro. Isso, porque reserva é uma das formas de destinação do lucro. Essa destinação denominada reserva, apesar de ser retirada de uma parcela do lucro, serve como uma forma de seguro para a hipótese de a atividade empresarial não produzir resultados positivos, ou para investimentos futuros e calculados.

Desta forma, não há que se abordar destinação solidária ou mesmo fraterna das reservas.

1.3 - Da distinção entre lucro e dividendo

Da mesma forma que lucro não se confunde com reserva, também não se confunde com dividendo. Isso, porque, se reserva é a parte do lucro que não foi distribuída entre os sócios ou acionistas, dividendo é a parcela do lucro que corresponde a cada ação. Assim, se o lucro é distribuído em forma de ações entre os acionistas, se denomina dividendo.

Nesse norte, Rubens Requião ensina que:

> (...) resolvida a sua distribuição acionista. (...) A companhia somente pode pagar dividendos à conta de lucro líquido

do exercício, de lucros acumulados ou de reservas de lucros. Jamais em prejuízo do Capital Social. A integridade deste, como sabemos, constitui norma absoluta em nosso Direito. Admite a lei, excepcional, no caso de ações preferenciais, que sejam os dividendos, quando cumulativos, pagos no exercício em que o lucro for insuficiente, à conta de reserva de capital. (...) É credor legítimo do dividendo o acionista detentor de ações nominativas, que, na data do ato de distribuição dos dividendos pela assembleia geral, estiver inscrito como proprietário ou usufrutuário da ação, no livro próprio.[22]

Por sua vez, Alberto Xavier acrescenta que:

(...) não basta, porém, que se trate de sociedade de capitais: é ainda necessário que provenha de uma participação societária nos lucros. Pouco importa a modalidade concreta dessa participação — e elas são bem variáveis no direito comparado: direito de fruição, partes de fundador, quotas de capital e ações, nas suas diversas espécies (ordinárias, preferenciais, de fruição). Mas é, em contrapartida, indispensável que essa participação não se traduza num crédito contra a sociedade, ainda que esse crédito tenha por objeto uma certa participação nos lucros. Assim, não são dividendos, para efeitos das Convenções, os rendimentos das partes beneficiárias e os juros das debêntures conversíveis. Enfim, o conceito de dividendo pressupõe a existência de um rendimento sujeito a tratamento fiscal similar ao rendimento das ações pelo país de residência da sociedade distribuidora.[23]

Os dividendos serão fixos ou variáveis sempre na forma do Estatuto Social, mas não poderão ser auferidos na hipótese de prejuízo do Capital Social, uma vez que tais dividendos re-

---

22 Idem, p. 207.
23 XAVIER, A. *Direito Tributário Internacional do Brasil*. Rio de Janeiro: Forense Editora, 2007, pp. 726 e 727.

presentam uma parcela do lucro que corresponde a cada ação.

1.4 - Da distinção entre lucro e sobra

O vocábulo lucro não se confunde com as sobras derivadas da atividade cooperativa. Para entender a importância das sobras e sua natureza jurídica, é necessário abordar seu surgimento e expansão.

O cooperativismo de consumo teve sua origem a partir da cooperativa dos Pioneiros Equitativos de Rochdale, fundada em 1844 por 28 operários de diversos ofícios, metade deles owenistas,[24] e sua fundação pode ter sido impulsionada pela derrota de uma greve de tecelões naquele mesmo ano.

Nessa época, os princípios adotados pela cooperativa eram: (i) nas decisões a serem tomadas, cada membro teria direito a um voto, independente de quanto havia investido na cooperativa; (ii) o número de membros da cooperativa era ilimitado, podendo aderir quem assim desejasse; (iii) sobre o capital emprestado, a cooperativa pagaria uma taxa de juros fixa; (iv) as sobras seriam divididas entre os membros em proporção às compras de cada um na cooperativa; (v) as vendas feitas pela cooperativa seriam à vista; (vi) os produtos vendidos pela cooperativa seriam sempre puros; (vii) a cooperativa se empenharia na educação cooperativa; e (viii) a cooperativa se manteria neutra em questões religiosas e políticas.

Extrai-se dos princípios acima que, desde sua criação, a organização das cooperativas e o resultado auferido dessa produção de bens e serviços não se confundiam com os lucros produzidos pelas empresas.

A Sociedade dos Pioneiros Equitativos começou a funcionar modestamente em 1844 com um capital de apenas 28

---

24 Nota do editor: operários do complexo têxtil do britânico Robert Owen, que em 1817 propôs a criação de Aldeias Cooperativas onde as pessoas viveriam e trabalhariam.

libras; cinco anos depois, com a falência do Savings Bank de Rochdale, teve a adesão de muitos de seus ex-depositantes, e já no ano seguinte contava com 390 sócios, para mais tarde alcançar largo poderio financeiro. Financiaram uma sala de leitura e uma biblioteca, abriram um departamento de compra e venda no atacado e fundaram a Rochdale Cooperative Manufacturing Society; começaram a construção de uma fábrica própria, que abrigaria tanto a tecelagem quanto a fiação, sendo que parte do dinheiro veio da própria cooperativa, dos sócios e trabalhadores das fábricas cooperadas.

O armazém cooperativo dava início ao projeto dos pioneiros de trocar com outras comunidades afetas ao cooperativismo sua própria produção por outros produtos; no caso da cooperativa de Rochdale, porém, o número de sócios cresceu mais do que o de vagas criadas nas cooperativas de produção, e com o passar dos anos a aldeia perdeu a maioria dos cooperados. Sua expansão nos anos 1850 e 1860 era parte de um amplo renascimento do cooperativismo, que estava se desenvolvendo vigorosamente.

Também em meados do século XIX ganharam expressão as cooperativas de crédito Schulze-Delitzsch, adaptando-se às necessidades dos artesãos e pequenos comerciantes urbanos, inicialmente sem capital próprio, situação que foi revertida após alguns anos. Os grupos de artesãos e comerciantes precisavam de poupança alheia para se capitalizar, e a cooperativa de crédito conseguia obter empréstimos no mercado financeiro, a juros normais.

A expansão do cooperativismo permitiu a criação de algumas grandes cooperativas de segundo grau, dedicadas ao comércio atacadista, proporcionando às cooperativas filiadas um abastecimento assegurado das mercadorias de que necessitavam, com qualidade e preços honestos. Em 1863, quarenta e oito cooperativas do norte da Inglaterra formaram a Sociedade de Depósito e Agência Cooperativa Atacadista; no início, os compradores das cooperativas associadas, que tinham boas conexões com firmas atacadistas, se recusaram a tratar com a nova sociedade, mas em pouco tempo o conflito foi solucionado.

Dez anos depois, o número de membros já alcançava a casa dos duzentos mil e o capital já era extremamente alto, isso tudo aliado a empréstimos e depósitos; ao saldo positivo de toda essa atividade não se denominou lucro, mas sim, sobras. Diante desse escorço histórico, tornou-se inegável a necessidade de regulamentação.

Com a queda nos preços do carvão, foi finalizada a participação dos trabalhadores em forma de descontos dados às cooperativas de consumo para aquisição do carvão, mais tarde levando a sociedade cooperativa de atacado abolir o abono dos trabalhadores.

No final do século XIX, o cooperativismo de consumo se expandiu rapidamente pela Grã-Bretanha, atingindo um total de 547 mil cooperados em 1881 e 1 milhão e 707 mil em 1900, tendo diminuindo o número de cooperativas, porém aumentado o seu movimento comercial.

Essa expansão se deu devido ao avanço da indústria, da urbanização e das inovações que as cooperativas trouxeram ao comércio atacadista e varejista, impulsionadas pelos pioneiros de Rochdale, numa época em que o varejo britânico estava atrasado e o atacado cooperativo alcançou dimensões muito maiores do que os atacadistas convencionais.

A vantagem inicial das cooperativas era "o mercado assegurado" por um quadro de sócios em plena expansão. O cooperativismo de consumo acabou por dominar o mercado varejista e atacadista britânico, e no século XX, também o de outros países, como EUA, Suíça e França, repetindo o mesmo roteiro do varejo ao atacado, culminando na criação de uma união cooperativa nacional.

O cooperativismo começou a entrar em crise depois da Segunda Guerra Mundial, quando o automóvel começou a penetrar na Europa Ocidental e Central, junto com o supermercado e a loja de departamentos, ambos com autosserviço. Devido a essas inovações, foram reduzidos os custos de intermediação, mas os novos modelos de comércio não eram facilmente aplicáveis pelas cooperativas de consumo, que eram entidades comunitárias, formadas por vizinhos de bairro e que vendiam apenas a sócios, condenadas ou a perder clientela para a concorrência que oferecia produtos mais baratos, ou a abrir mão de seus valores e se fundir em cooperativas maiores, perdendo, portanto, seu caráter comunitário.

Em muitos países, o número de membros das cooperativas era maior do que o consumo que seria de se esperar, o que levava a acreditar que os membros faziam compras em outros lugares. O resultado foi o prejuízo das associações, inicialmente coberto por reservas.

A decadência das cooperativas resultou do esforço de abaixar os preços; tinham que sacrificar a margem para dividendos, que deixaram de ser distribuídos aos membros, que, por consequência, reduziram ainda mais suas compras, até que cooperativas atacadistas forçaram as cooperativas primárias a se fundir. Houve falsificações em balanços e manipulação para se adquirir ações.

Assim, as cooperativas de crédito tinham como modelo empréstimos levantados no mercado financeiro tendo como garantia responsabilidade ilimitada, uma associação de pequenos poupadores que se uniam para potencializar seu acesso a crédito mediante financiamento mútuo. Os bancos cooperativos são importantes como depositários e distribuidores dos excedentes financeiros, transferindo o excedente às cooperativas e assim reduzindo o risco para seus membros.

Durante o *boom* industrial ocorrido nos anos 1960 até 1973, trabalhadores ingleses investiram na formação de novas firmas industriais, como denominavam à época, porém nada havia de cooperativo nelas, além do fato de serem muitas vezes patrocinadas por líderes cooperados e terem cooperativas de consumo entre seus acionistas.

A propósito da definição de cooperativa de produção, Paul Singer ensina que:

(...) cooperativas de produção são associações de trabalhadores, inclusive administradores, planejadores, técnicos etc., que visam produzir bens ou serviços a serem vendidos em mercados. Como toda cooperativa, aplicam aos seus membros os princípios que garantem democracia e igualdade entre eles na condução da entidade: um voto por cabeça, autoridade suprema investida na assembleia geral de sócios, todos os sócios tendo a mesma cota do capital da cooperativa.[25]

Tanto nas cooperativas de produção como nas de crédito, o fruto do trabalho constitui as sobras, que não se confundem com a definição de lucro. As cooperativas são organizações de pessoas que se reúnem para prestar serviços aos seus associados em forma de autogestão, sendo sua fonte de receita a taxa de administração, que é cobrada durante o exercício social e se destina a financiar a própria existência da cooperativa.

Nesse sentido, o artigo terceiro da Lei 5.764/1971 preleciona que: "celebram contrato de sociedade cooperativa as pessoas que reciprocamente se obrigam a contribuir com bens ou serviços para o exercício de uma atividade econômica, de proveito comum, sem objetivo de lucro".

Ao final de cada exercício social, faz-se o fechamento das contas, subtraindo-se do total arrecadado, denominado de taxa de administração, o total gasto com o custo de funcionamento da cooperativa. Se o montante cobrado a título de taxa de administração exceder o valor gasto pela cooperativa no período, significa que sobraram recursos, denominados, portanto, como sobras. Diferentemente, caso os recursos obtidos com a taxa de administração sejam inferiores aos gastos, haverá perdas.

É importante ressaltar que, após a apuração do resultado líquido, devem ser deduzidos os fundos legais, que são indivisíveis e pertencem à cooperativa como um todo, não apenas aos sócios atuais, mas também aos futuros, não podendo, portanto, ser distribuídos nominalmente. Nesse passo, e somente após o passo ora declinado, caracterizar-se-á a existência das eventuais

---

25 SINGER, P. *Op. Cit.*, pp. 89 e 90.

sobras ou perdas acima referidas.

Nesse sentido, ensina Wilson Alves Polonio que:

> (...) as sobras, como o próprio nome sugere, são os recursos não utilizados pela sociedade, os quais devem retornar aos associados na proporção da utilização de cada um dos serviços da cooperativa. (...) O que nos parece importante ter em mente é que as sobras, nesses termos, não representam acréscimo patrimonial para os associados que as recebem, mas devolução dos recursos não utilizados (...).[26]

Ainda a esse respeito, João Vitorino Azolin Benato leciona que:

> (...) os resultados operacionais, em um determinado período, poderão ser positivos ou negativos, Isto é, a cooperativa poderá registrar um resultado positivo; apurou uma sobra que, na linguagem capitalista, é entendido como lucro. Quando a cooperativa apura resultado negativo, o mesmo é entendido como perda; na linguagem capitalista obtém-se um prejuízo. Por que sobra ou perda e não lucro ou prejuízo? Por uma simples e clara visão de doutrina e filosofia; a cooperativa, sociedade de pessoas, não visa o lucro e, é claro, não pactua com o prejuízo. Todos os atos, portanto, visam, em primeiro plano, dois objetivos bem identificados: (a) satisfação da necessidade do sócio, que não pode ser explorado pelo capital e pelo desejo do lucro; (b) satisfação da necessidade da cooperativa, que é uma entidade jurídica, econômica, financeira e social. Busca-se, portanto, a equalização econômico-financeira e social.[27]

---

26 POLONIO, W. *Manual das Sociedades Cooperativas*. São Paulo: Atlas, 2001, p. 82.

27 BENATO, J. *ABC do Cooperativismo*. São Paulo: Cenacope, 2007, p. 46.

Assim sendo, mesmo quando as sobras retornam aos cooperados não se constituem na distribuição de lucros, mas sim na devolução dos recursos não utilizados pela cooperativa devido ao excesso de cobranças de taxas para cobrir as despesas realizadas no período, não se confundindo, portanto, com a definição de lucro.

1.5 - Da distinção entre lucro e frutos

Os frutos são proveitos econômicos extraídos da coisa, desde que observada sua finalidade específica, sua destinação. De fato, a extração dos frutos não pode alterar a substância, a essência da coisa originária. Os frutos podem se classificar em naturais, civis e jurídicos, dependendo da sua origem; naturalmente, têm natureza de bem, já que têm valor apreciável economicamente.

A esse respeito, Pontes de Miranda leciona que:

> (...) importa dizer-se se a fazenda é de café, ou de cana-de-açúcar, ou de cacau, e o tirar o barro diminui-lhe o valor como fazenda, o barro desde onde começa a diminuir-lho não é fruto. O que é renascente, como a água mineral, sempre é fruto. Também o gelo natural. Não, para o direito romano, a água profluente (*aqua profluens*). O fruto é lucrum ex re, não *lucrum ex persona*: o que o empregado produz não é fruto dele, nem da empresa; nem a minha produção intelectual é fruto meu, ou da empresa do editor. Nem é fruto o que é feito com a mão, o *quaestus* (cf. Provérbios, 31, 16) — a pintura, a escultura, o escrito.[28]

Os frutos, por sua vez, devem ser estudados em relação à sua dimensão no tempo e no espaço, uma vez que podem estar

---

28 MIRANDA, P. *Tratado de Direito Privado. Parte Geral*. Tomo II. São Paulo: Bookseller, 2000, pp.116 e 117.

ainda em formação, pendentes, colhidos, separados ou, finalmente, percebidos. Assim, enquanto unidos à sua fonte produtora, têm natureza acessória e, uma vez separados, ganham
natureza autônoma.

Tem-se que os frutos, uma vez deduzidas as despesas
para sua obtenção, apresentam um resultado líquido que pode
ser considerado como uma das formas de se auferir lucro.

1.6 - Da distinção entre lucro e indenização

O lucro está relacionado ao ganho, enquanto o prejuízo
está relacionado à perda. Extrai-se, daí, nítida conotação positiva dada ao vocábulo lucro, em antítese ao prejuízo.

O lucro tem sido incluído em diversas decisões judiciais na composição do cálculo do dano, por exemplo, a título
de lucros cessantes previstos na lei civil. É importante ressaltar
que, mesmo nessa hipótese, o lucro não antecede a lesão, muito
menos qualifica a lesão, mas se apresenta como uma forma de
repará-la e, por que não, de se obter ganho, no sentido do vocábulo.

Nesse norte, o lucro não pode ter natureza de restituição,
sob pena de desnaturação de sua conotação positiva. Da mesma
forma, não pode ter natureza de compensação, sob pena de não
se apresentar como ganho.

As novas perspectivas da responsabilidade civil, como a
patrimonialização dos bens, a indenização com efeito punitivo
ou os danos coletivos, não têm o condão de afastar a natureza
de ganho em eventual condenação no pagamento de lucros cessantes.

De fato, ao determinar que alguém responda por um ato
(ação ou omissão) que guardou nexo de causalidade com um
dano, que é a soma de uma lesão mais um prejuízo, a sentença judicial pode determinar o pagamento de indenização por
perdas e danos, a restituição da situação ao *stato quo ante* ou
mesmo a condenação em obrigação de fazer e/ou não fazer. Em

nenhuma dessas hipóteses há que se confundir indenização com lucro.

Historicamente, o dano suscitava repressão, castigo e, talvez, prevenção. Atualmente, esse contexto foi sensivelmente alterado. A indenização é uma espécie de compensação devida como forma de satisfazer um dano decorrente de um ato ilícito ou de um inadimplemento obrigacional.

O artigo 944 do Código Civil Brasileiro observa que a indenização é medida pela extensão do dano, podendo ser reduzida ou ampliada em decorrência da culpa do agente (inexistência de cumprimento de um dever). Nesse sentido, mesmo o pagamento de indenização por dano moral, que tem natureza extrapatrimonial — constituindo uma compensação financeira ocasionada pelo dano sofrido, e não uma reparação propriamente dita, como ocorre com o dano material —, não tem a natureza de lucro. Caso assim o fosse, geraria enriquecimento ilícito do indenizado. A indenização não tem a função de fazer com que o indenizado aufira lucros, mas sim que seja restituído naquilo que perdeu e/ou deixou de ganhar pelo ato ilícito de outrem.

Observa Pontes de Miranda que:

> (...) nos sistemas jurídicos, há o princípio de que a indenização dos danos não há de conduzir a que o ofendido fique em situação mais favorável do que era a sua. O que importa é que se lhe restaure o estado anterior, pelo menos em valor. Quem deve reparar o dano tem de restaurar o estado de coisas que existia como seria se não tivesse havido o fato ilícito. Reparar um lucro para o titular da pretensão seria enriquecê-lo injustificadamente. Ora, com a indenização, o que se tem por fito é o ofendido não ficar mais pobre, nem mais rico (H. A. Fischer, *Der Schaden nach dem BGB*, 219). Os princípios, em se tratando de indenização por fato lícito, são os mesmos (e.g., Código Civil, art. 188, I e II, 929 e 930, parágrafo único). O que se há de exigir, para que se possa pensar em compensação de vantagens, é que o fato de que elas provêm seja o mes-

mo. Daí a insistência da doutrina em pôr ao vivo o princípio da causalidade adequada ou o conceito de adequância.[29]

Com efeito, ainda que, a título de indenização, não seja possível executar um conserto, por exemplo, entregando-se um bem novo ou o equivalente em dinheiro em substituição a um bem velho e muito usado, ainda assim não há que se falar em lucro, mas apenas em compensação pelo prejuízo e pela lesão causados.

Nesse sentido, os lucros cessantes também representam compensação por uma lesão e prejuízo causados, mas, nesse caso, negativos. Os lucros cessantes representam compensação a um dano decorrente daquilo que o sujeito deixou de ganhar pela ação ou omissão do agente.

Daí decorre que, mesmo nessa hipótese e tendo a nomenclatura de "lucros", sua natureza jurídica não é de vantagem ou proveito. Pelo contrário, a natureza dos lucros cessantes, a exemplo da indenização, também é de restituição daquilo que se deixou de ganhar pelo ato ilícito de outrem.

Desta forma, o lucro também não se confunde com indenização, inclusive daquilo que se deixou de ganhar (lucros cessantes) que, quando deferido, tem natureza de indenização, diferentemente do que sugere o vocábulo propriamente dito.

1.7 - Titularidade na obtenção do lucro

O lucro é um meio, e não um fim da atividade econômica. Isso, porque a pessoa jurídica pode exercer sua atividade sem necessariamente auferir lucro num determinado exercício, por exemplo. Os titulares na distribuição de lucros são as entidades privadas, mais especificamente, as empresas.

José Luiz de Almeida Nogueira Porto leciona que:

---

29 MIRANDA, P. *Tratado de Direito Privado. Parte Especial.* Tomo XXVI. São Paulo: Bookseller, 2003, p. 80.

(...) toda a atividade da empresa conduz à produção; a atividade especificamente promotora ou interpretativa da dinâmica conduz ao lucro. Tem-se pretendido que a única finalidade da empresa capitalista é a obtenção do lucro, mas, voltando a esse ponto, insistimos em que o lucro é meio e não fim; é simples condição de sobrevivência e expansão da empresa, mas não de sua existência. A empresa marginal subsiste sem lucro, desde que os demais fatores de produção sejam remunerados; mesmos nos casos em que um desses fatores (o capital) não receba toda remuneração a que aspira, tendo em vista as taxas correntes de juro, ainda assim, abaixo do limite do "lucro de fuga".[30]

No entanto, quem são os sujeitos da relação jurídica passíveis de auferir e, consequentemente, distribuir lucros? Esse agente econômico não é propriamente o empresário, mas sim a empresa, que constitui uma atividade econômica organizada com finalidade de êxito econômico. Esse titular é o agente capaz.

Nesse sentido, José Luiz de Almeida Nogueira Porto leciona que:

(...) para que surja o lucro numa coletividade, três condições prévias são necessárias: agente capaz, economia dinâmica e estatuto jurídico adequado. A primeira dessas condições implica em que existam pessoas que preencham uma série de requisitos, quer subjetivos, quer objetivos, o que limita o número de empreendedores. Assim, devem eles não só ter capacidade, energia e espírito de luta, como dispor de capitais nos volumes necessários à tarefa que se propõem realizar, sejam esses capitais próprios ou alheios. O segundo requisito é que a economia seja dinâmica. É certo, também, que o desequilíbrio próprio do dinamismo deve manifestar-se nessa economia e com ele a incerteza quanto ao futuro e à viscosidade dos fato-

---

30 PORTO, J. *Contribuição para a Teoria do Lucro. Op. Cit*, p. 128.

res na busca do novo equilíbrio. (...) em uma economia está-
tica pode haver uma renda de produtor assimilável ao lucro,
mas que nem por isso deixaria de ser uma renda. Finalmente,
o terceiro requisito é que a ordem jurídica admita e possibilite
o lucro, inclusive não o tornando impossível, ao disciplinar a
ação da empresa ou a ordem econômica.[31]

Toda atividade econômica organizada é passível de auferir lucros. A *atividade organizada* pressupõe a reunião de quatro elementos básicos na produção de bens e/ou serviços: (i)
capital; (ii) mão de obra; (iii) materiais de insumo; e, (iv) tecnologia. Empresa é uma atividade organizada com a finalidade de
produção de bens e serviços para o mercado, com a finalidade
da obtenção de lucro na economia de mercado.

O empresário não se confunde com a empresa, e pode
ser uma pessoa natural ou jurídica. A esse respeito, o artigo 966
do Código Civil, sem precedentes no Código de 1916, prevê
que: "considera-se empresário quem exerce profissionalmente
atividade econômica organizada para a produção ou circulação
de bens ou serviços".

No mais, o empresário deve estar em pleno gozo da capacidade civil e não estar legalmente impedido do seu exercício,
aplicando-se todas as disposições atinentes aos comerciantes,
sociedades comerciais e atividades mercantis que não tiverem
sido revogadas pelo Código Civil.

Concluindo, não se deve confundir empresa com estabelecimento, que é o local onde essa atividade organizada é
desenvolvida e um conjunto de bens com valor apreciável economicamente, que permitem à empresa cumprir suas finalidades precípuas e, consequentemente, auferir lucro ou prejuízo.
A obtenção de lucro é essencial na atividade empresarial assim
organizada.

A esse respeito, Maria Helena Diniz ensina que:

---

31 Idem, pp. 156 e 157.

(...) empresa é, portanto, a atividade econômica organizada que reúne capital, trabalho, insumos e tecnologia para a produção e circulação de bens e prestação de serviços. A empresa pressupõe, portanto, uma estrutura, um conjunto organizado, uma organização composta de um complexo de bens materiais ou imateriais (estabelecimento), o capital, o trabalho de terceiros (empregados), a coordenação desses fatores pelo empresário individual ou sociedade empresária e a atividade produtiva, ou seja, esse complexo de valores em movimento. (...) Requer, ainda, o novo Código Civil, art.966, que a atividade econômica organizada seja exercida com profissionalismo ou de forma habitual, pois a prática de atos isolados não caracteriza a empresa. É preciso que haja exercício continuado da atividade empresarial. Na atividade empresarial há uma sucessão repetida de atos praticados de forma organizada, para que haja constantemente uma oferta de bens e serviços à coletividade.[32]

E continua:

(...) a empresa envolve certa complexidade por pressupor: a) empresário (sujeito de direito e organizações), cuja estrutura jurídica poderá ser individual ou coletiva; o empresário tem personalidade jurídica, ou seja, aptidão para o exercício de direitos, devendo, para tanto, ser registrado; e, b) patrimônio, um todo complexo de bens, organizado para o exercício da empresa (CC, art.1.142), por empresário ou por sociedade empresária, que constitui o estabelecimento ou fundo de empresa.[33]

Com efeito, elementos como a habitualidade no exercício dos negócios com o objetivo de obtenção de lucro, ou mes-

---

32 DINIZ, M. *Curso de Direito Civil Brasileiro -. Direito de Empresa.* São Paulo: Editora Saraiva, 2009, p. 17.
33 Idem, p. 34.

mo resultado econômico e organização de mão de obra, são imprescindíveis para a criação e mantença da atividade organizada acima referida. Nessa esteira, a obtenção de lucro se dá pela empresa, entidade privada que mantém atividade econômica organizada, segundo objetivos sociais previamente qualificados e delimitados.

O Estado não pode auferir lucro, já que não está incluído na definição de empresa, e sua atividade, ainda que organizada, não visa ganho. Apenas quando o Estado intervém na ordem econômica por meio de atividade empresarial é que pode ser equiparado à atividade privada e obter lucros.

A esse respeito, Sérgio Pinto Martins leciona que:

> (...) cabe lembrar, contudo, que a empresa pública e a sociedade de economia mista que explorem atividade econômica sujeitam-se ao regime jurídico próprio das empresas privadas, inclusive no que diz respeito ás obrigações trabalhistas (inciso II, do § 1º do art. 173 da Constituição). Isso quer significar que essas entidades deverão distribuir lucros aos seus empregados, caso o resultado do exercício seja positivo. Algumas empresas também poderiam ficar excluídas da distribuição de lucros, como as microempresas e empresas de pequeno porte, pois a lei poderia instituir tratamento diferenciado a elas, com vistas a incentivá-las, pela simplificação de obrigações tributárias, previdenciárias e trabalhistas, como explicita o art. 179 da Constituição.[34]

Assim sendo, tem-se que a empresa representa um conjunto de vários interesses — como o lucro, a criação e valorização de novos empregos, a formação de mão de obra qualificada e pagamento de tributos — que possui relevante papel econômico-social.

---

34 MARTINS, S. *Participação dos Empregados nos Lucros das Empresas. Op. Cit.*, pp. 99 e 100.

1.8 - Da antítese entre lucro e prejuízo

A empresa é uma instituição jurídica despersonalizada que tem atividade econômica organizada, destinada a produção e/ou circulação de bens e serviços, visando gerar riquezas e produzir lucro, que é o termômetro que mede sua vitalidade e eficiência. *Contrario sensu*, poder-se-ia concluir que prejuízo é o lucro negativo, ou ainda, a demonstração de ineficiência econômica da atividade empresarial numa economia de mercado.

Com efeito, extrai-se das definições abordadas neste capítulo que à atividade empresarial organizada é dado auferir lucro, prejuízo ou nenhum deles.

Por sua vez, ao empresário é dado buscar soluções dinâmicas para os fatores de produção, visando: aumentar os bens produzidos com custo menor; organizar a produção de bens e serviços para entender seu custo unitário; buscar adquirir a matéria prima com custos mais vantajosos que seu concorrente; e atender as necessidades dos consumidores para conquistar novos mercados, dentre outros.

Toda essa atividade e aplicação de fatores podem ou não gerar lucro, seja a curto ou longo prazo, não representando o lucro um simples resíduo da produção ou da prestação de serviços, mas sim o resultado positivo da combinação dos fatores acima referidos no processo produtivo. De fato, quando a combinação dos fatores de produção não gera resultados positivos, contempla a existência de prejuízo, que, da mesma forma que o lucro, pode ser temporário ou não, tampouco representando um resíduo da produção.

José Luiz de Almeida Nogueira Porto ensina que:

> (...) a ação do empresário exercida sobre as combinações dos fatores de produção é, portanto, que dá origem ao lucro temporário, no qual existe um elemento de monopólio, já que o empresário, no primeiro momento, não tem competidores. Esse lucro não é, certamente, um simples resíduo; é a expres-

são do valor da contribuição do empresário à produção, no mesmo sentido que os salários são a expressão em valor do que produz o operário.[35]

Por sua vez, o lucro pode estar relacionado não a um resultado positivo ou negativo, mas a um resultado neutro — que não é um valor único, mas uma série de resultados satisfatórios —, se para o alcance dessa neutralidade, ou seja, no caminho da obtenção do lucro, a atividade se desenvolveu sem ferir a dignidade da pessoa humana.

É importante ressaltar que lucro não se confunde com resultado. No sentido contábil, lucro é a soma das receitas da empresa menos suas despesas, podendo ser positivo ou negativo. O resultado está diretamente relacionado ao alcance ou não dessas metas, que devem ser cumpridas por todos os integrantes, incluindo os empregados e empregadores.

Por outro lado, a empresa tem responsabilidade social e desempenha relevante função econômica e social, não somente para seus colaboradores, mas também em relação à sociedade como um todo. Na verdade, sem prejuízo da importância da responsabilidade social acima referida, a avaliação de uma empresa se dá pelo índice de preço/ lucro esperado.

A avaliação de uma empresa está diretamente relacionada com a interdisciplinaridade, ou seja, com as atividades que determinam suas taxas de crescimento e de seu lucro, diante dos fatores aplicados na produção ou na prestação de serviços.

Tradicionalmente, lucro ou prejuízo são definidos como a diferença entre o custo e o preço do produto ou serviço no mercado, sendo representados por moeda com valor passível de obtenção econômica.

---

35 PORTO, J. *Op. Cit.*, p. 143.

1.9 - Das pessoas jurídicas sem fins lucrativos

A expressão "entidade sem fins lucrativos" abrange diversas modalidades de pessoas jurídicas, como, por exemplo, as associações, as fundações, os sindicatos, as sociedades cooperativas, as entidades filantrópicas e beneficentes de assistência social e as instituições de caráter filantrópico, recreativo, cultural e científico. Independentemente da modalidade, todas as formas de se apresentar de tais entidades, como diz o próprio nome, têm uma característica comum: não visam lucros.

De fato, pode haver uma empresa sem fins lucrativos, mas não uma empresa que não tenha a finalidade de obtenção de um resultado econômico-financeiro qualquer. Assim, a obtenção de lucro não é finalidade obrigatória, mas indicador de eficiência no exercício da atividade econômica organizada.

A Lei 10.101/2000, em seu artigo 2º, parágrafo 3º, prevê que:

> (...) não se equipara a empresa, para os fins desta Lei: I - a pessoa física; II - a entidade sem fins lucrativos que, cumulativamente: a) não distribua resultados, a qualquer título, ainda que indiretamente, a dirigentes, administradores ou empresas vinculadas; b) aplique integralmente os seus recursos em sua atividade institucional e no País; c) destine o seu patrimônio a entidade congênere ou ao poder público, em caso de encerramento de suas atividades; e d) mantenha escrituração contábil capaz de comprovar a observância dos demais requisitos deste inciso, e das normas fiscais, comerciais e de direito econômico que lhe sejam aplicáveis.

Por sua vez, o Conselho Federal de Contabilidade define as entidades sem fins lucrativos como aquelas em que o resultado positivo não é destinado aos detentores do patrimônio líquido, e cujo lucro ou prejuízo são denominados, respectivamente, de superávit ou déficit.

Extrai-se da definição acima dois aspectos relevantes, a saber: (i) não distribuição do eventual resultado positivo; e (ii) nomenclatura do resultado apurado de forma diversa da convencional.

Nesse norte, as principais fontes de recursos, tais como doações, subvenções e contribuições, não estão relacionadas aos custos e despesas, como na empresa com fins lucrativos, gerando desproporcionalidade, muitas vezes, entre o volume de custos e despesas, com superávits em certos períodos e déficits em outros.

Com efeito, o lucro não representa o objetivo da entidade sem fins lucrativos, mas o superávit, sim, um meio necessário para garantir a continuidade e o cumprimento de seus propósitos institucionais, não cabendo aos seus membros ou mantenedores quaisquer parcelas de participação econômica no patrimônio ou no capital. De qualquer forma, a entidade sem fins lucrativos não preleciona a distribuição dos resultados e patrimônio, mesmo em processo de descontinuidade; e algumas de suas peculiaridades que não podem ser omitidas: as doações e subvenções recebidas (ou prometidas), o voluntariado e contribuições voluntárias, as imunidades e isenções fiscais e tributárias etc. são os exemplos mais comuns de receita e suas principais fontes de recursos. É comum nas entidades sem fins lucrativos a presença de voluntários, prestando relevantes serviços, podendo o voluntariado se dar através de pessoas físicas ou jurídicas, sempre com o objetivo de alcançar superávit.

É importante ressaltar que, independentemente da existência ou não de fins lucrativos, todas as instituições podem e devem provocar mudanças sociais relevantes. No Brasil, o serviço voluntário é regulamentado pela Lei nº 9.608, de 18 de fevereiro de 1998, segundo a qual serviço voluntário é: "a atividade não remunerada, prestada por pessoa física à entidade pública de qualquer natureza ou instituição privada de fins não lucrativos, que tenha objetivos cívicos, culturais, educacionais, científicos, recreativos ou de assistência social, inclusive mutualidade."

Diferentemente do que ocorre nas empresas, onde há necessidade de maximização dos lucros, nas entidades sem fins lucrativos, ao contrário, o patrimônio líquido representa a capacidade de se manter no mercado oferecendo seus serviços à comunidade, com eficiência e qualidade, sem, contudo, comprometer sua continuidade. As entidades sem fins lucrativos ainda diferem das empresas no sentido de que, para estas últimas, a receita está ligada à produção de bens e serviços em sentido amplo e corresponde à remuneração obtida em troca da venda, permanente ou temporária, de ativos da empresa, ou pela prestação de serviços ou ainda pela redução de passivo.

É importante ressaltar que o Balanço Patrimonial é uma demonstração contábil indispensável a quaisquer tipos de organização, quer explorem ou não atividade lucrativa.

1.10 - Da constitucionalidade da obtenção de lucro e sua natureza jurídica

No Estado Democrático de Direito vigente no Brasil, o lucro tem proteção constitucional, isto é, o regime econômico capitalista adotado pela Carta Maior não veda a obtenção de lucro.

Nesse sentido, a República Federativa do Brasil, no que se refere à proteção da dignidade da pessoa humana, traz como fundamentos relativos à ordem econômica, dentre outros, a livre iniciativa, a livre concorrência e o exercício de atividade econômica organizada, observada a função social e os valores sociais do trabalho.

A esse respeito, dispõem os artigos 5º, XIII, 170, *caput* e incisos I a XI da Constituição Federal que a ordem econômica, inclusive na atividade organizada, deve ser norteada pela valorização do trabalho humano e pela existência digna, visando o bem comum, o bem-estar e a justiça social:

Artigo 5º – Todos são iguais perante a lei, sem distinção de qualquer natureza, garantindo-se aos brasileiros e aos estrangeiros residentes no País a inviolabilidade do direito à vida, à liberdade, à igualdade, à segurança, à propriedade, nos seguintes termos:

(...)

XIII – é livre o exercício de qualquer trabalho, ofício ou profissão, atendidas as qualificações profissionais que a lei estabelecer;

(...)

Artigo 170 – A ordem econômica, fundada na valorização do trabalho humano e na livre iniciativa tem por fim assegurar a todos existência digna, conforme os ditames da justiça social, observados os seguintes princípios:

I – soberania nacional;

II – propriedade privada;

III – função social da propriedade;

IV – livre concorrência;

V – defesa do consumidor;

VI – defesa do meio ambiente, inclusive mediante tratamento diferenciado conforme o impacto ambiental dos produtos e serviços e de seus processos de elaboração e prestação;

VII – redução das desigualdades regionais e sociais;

VIII – busca do pleno emprego;

XI – tratamento diferenciado às empresas de pequeno porte constituídas sob a égide das leis brasileiras e que tenham sua sede e administração no País.

No direito civil e empresarial de cunho infraconstitucional, a função social não foi recepcionada expressamente pelo Código Civil brasileiro. Mas de qualquer forma, mesmo sem a menção expressa, é forçoso concluir que o Código Civil acolheu essa modalidade, já que faz menção expressa a outros dois institutos diretamente relacionados com a empresa, que são a propriedade (artigo 1228, parágrafo primeiro) e o contrato (artigo 422), ainda que apresentem contornos diferentes.

Nesse norte, o Enunciado 53 do Conselho de Justiça Federal, aprovado na I Jornada de Direito Civil, assim dispõe:

> Artigo 966 – deve-se levar em consideração o princípio da função social na interpretação das normas relativas à empresa, a despeito da falta de referência expressa.

A Lei de Sociedades Anônimas (Lei 6404/76) observa a necessidade de atendimento à função social da empresa pelo acionista controlador, pelo administrador e pelo Conselho Fiscal. No entanto, não há que se confundir essa função social com a responsabilidade social da empresa. Isso, porque a responsabilidade social diz respeito a uma conscientização pelo empresariado da amplitude dos problemas sociais e seu papel na solução dos mesmos. É um valor ético da empresa, conforme será abordado em capítulo próprio.

Ademais, a responsabilidade social se traduz por atos voluntários, enquanto o atendimento à função social da empresa e dos contratos se dá de forma cogente. A responsabilidade social não está necessariamente relacionada ao objetivo social da empresa, enquanto o atendimento da função social, sim.

A aplicação do princípio da função social da empresa não implica a exigência de atividades de cunho social do empresário, apenas a observância dos princípios constitucionais constantes do artigo 170 da Constituição Federal. Por sua vez, a função social do contrato de sociedade e da propriedade empresarial deve ser permeada pela boa-fé dos atos praticados pelos empresários, inclusive e principalmente na obtenção de lucro. Sem qualquer dúvida, tanto os corolários da função social como da responsabilidade social da empresa visam a concretização das diretrizes e objetivos fundamentais da Constituição Federal.

A função social da propriedade dos bens empresariais é uma das formas de obtenção lícita de seus lucros, sem deixar de valorizar o trabalho humano e a existência digna. Assim, não é porque as exigências dos consumidores se aprimoram, ou porque a população aumenta, ou o próprio capital aumenta; não é porque os métodos de produção se aperfeiçoam e há sensível modificação na exigência dos consumidores que o lucro deve ser tido como algo negativo.

No entanto, inclusive diante de sua conotação positiva, é inegável que o estudo da natureza jurídica do lucro deve estar em consonância com a legislação constitucional e infraconstitucional.

E mais, não há como localizar a natureza jurídica do instituto na legislação infraconstitucional (Código Civil) sem que a mesma esteja em harmonia com os corolários constitucionais acima referidos. Da mesma forma, o questionamento dessa natureza jurídica também deve ser realizado diante de tantas definições e abordagens diferentes do vocábulo lucro. Para abordar a natureza jurídica de lucro, torna-se necessário esclarecer que, até algum tempo atrás (antes da vigência do Código Civil atual), bem e coisa eram expressões usadas de forma indistinta,[36] inclusive na legislação.

De qualquer forma, bens são considerados valores materiais ou imateriais, portanto, de natureza corpórea ou incorpórea, suscetíveis de apropriação pela pessoa, com valor apreciável economicamente e que fazem parte do seu patrimônio.

Por sua vez, preleciona o Código Civil, em seus artigos 93 e 94:

> Artigo 93: são pertenças os bens que, não constituindo partes integrantes, se destinam, de modo duradouro, ao uso, ao serviço ou ao aformoseamento de outro.
>
> Artigo 94: os negócios jurídicos que dizem respeito ao bem principal não abrangem as pertenças, salvo se o contrário resultar da lei, da manifestação de vontade, ou das circunstâncias do caso.

---

36 Silvio Rodrigues, por exemplo, afirmava que "coisa" é gênero, enquanto "bem" é espécie, já que "bem" expressa a ideia de utilidade e raridade, tendo valor economicamente apreciável.

Com efeito, a pertença, apesar de acessória, conserva sua individualidade e autonomia, tendo com o bem principal subordinação econômica, na medida em que facilita o seu uso ou presta um serviço.

Ensina Maria Helena Diniz que:

> A coisa acessória, apesar de não mais haver menção legal expressa a respeito, segue, logicamente, a principal, ante o princípio da gravitação jurídica, salvo disposição especial em contrário (CC, arts. 92 e 94; RT, 177:151). Logo, a natureza do acessório será a mesma do principal; se este for móvel, aquele também o será. Se a obrigação principal for nula, nula será a cláusula pena, que é acessória. O princípio de que o acessório segue a natureza do principal vale para os frutos, produtos, benfeitorias e partes integrante, por aderirem ao bem principal, sendo desnecessário norma expressa para tanto, *com exceção da pertença, pois, pelo art. 94 do Código Civil, só seguirá a sorte da coisa principal por convenção ou por lei.*[37]

Vicente Ráo, a esse respeito, leciona que:

> (...) a máxima segundo a qual *acessorium sequitur principal, acessorium cedit principali,* só se aplica, em rigor, às coisas acessórias que fazem parte integrante das coisas principais. Chamam-se pertences as coisas destinadas e emprestadas ao uso, ao serviço ou ao ordenamento duradouro de outra coisa, a qual, segundo a opinião comum, continuaria a ser considerada como completa, ainda que estes acessórios lhe faltassem: tais são as coisas imóveis por destino, os acessórios que servem ao uso das coisas móveis, como o estojo das joias, a bainha da espada etc. Ora, para essa categoria de acessórios, a máxima citada acima não tem aplicação rigorosa e absoluta, comportando, ao contrário, as limitações prescritas pela lei,

---

[37] DINIZ, M. *Curso de Direito Civil Brasileiro 1. Teoria Geral do Direito Civil.* São Paulo: Saraiva, 2013, pp. 388 e 389.

em atenção aos fins a que esses acessórios se destinam.[38]

Nesse sentido, é inegável que o lucro ora referido tem natureza jurídica de pertença, que são bens acessórios destinados a conservar ou facilitar o uso do principal, mantendo sua individualidade e integridade próprias, tudo para atender a finalidade de ser economicamente apreciável.

O lucro está intrinsecamente ligado à atividade empresarial que o originou e, uma vez auferido (resultado positivo), pode ter destinação: (i) de investimento na própria atividade empresarial que o originou; (ii) de distribuição para os sócios ou acionistas; ou ainda (iii) na concretização de corolários da responsabilidade social decorrente da atividade empresarial e até na concretização dos direitos humanos pela iniciativa privada, temas que serão aprofundados nos capítulos seguintes.

Importante salientar que o lucro não tem natureza jurídica de benfeitoria, uma vez que apesar de ambos serem acessórios, a benfeitoria é sempre realizada por quem tem a obrigação de restituir o principal, o que não ocorre com o lucro ora descrito.

De qualquer forma, mesmo sendo encontrada a natureza jurídica do lucro no Código Civil, é necessário lembrar que se encontra superada a visão liberal de que o direito civil se presta exclusivamente a regular direito de propriedade; a dignidade da pessoa humana deve ser prestigiada, tirando-se o foco do patrimônio e passando-se à pessoa.

O Professor Roberto Senise Lisboa, no brilhante artigo intitulado "Dignidade e Solidariedade Civil-Constitucional", leciona que:

> (...) superada a orientação liberal, que praticamente transformou o direito civil em um direito dos proprietários, a dignidade da pessoa humana passa a ser princípio fundamental a ser alcançado através da solidariedade social. Como a pre-

---

38 RÁO, V. *O Direito e a Vida dos Direitos. Op. Cit.*, p. 195.

ocupação do direito civil é ora deslocada para a pessoa e não para o patrimônio, a orientação modernista ficou afastada pela diretriz constitucional. Logo, uma inversão de prioridades deve ocorrer por ocasião da análise dos institutos jurídicos recepcionados pela Constituição de 1988 e mesmo pelo o estudo do novo Código, ainda que ele originariamente tenha se preocupado mais em estabelecer normas jurídicas sobre o patrimônio que sobre a pessoa. Não se pode mais conceber abstratamente que o patrimônio é a própria personalidade do homem, ou ainda, como propugna Beviláqua, é a projeção econômica da personalidade humana. A personalidade humana se serve do patrimônio para ao menos subsistir, não para integrá-lo a si ou ser por ele integrado.

(...) a partir do momento em que se privilegia a dignidade humana e não somente o patrimônio pessoal, sobrepõe-se a predileção do ordenamento pela proteção e asseguramento dos direitos da personalidade. A teoria do patrimônio mínimo, defendida com prioridade por Fachin, possui por finalidade garantir à pessoa a sua subsistência, tornando-se a saúde, a alimentação, a educação, a habitação e o vestuário direitos personalíssimos e não simples objetivos políticos a serem alcançados pelos governantes, conforme a sua oportunidade e discricionariedade. Pouco importa, para os fins de aplicação da teoria em referência, qual é a quantidade de bens a serem utilizados.39

Após todas as considerações sobre o instituto e natureza jurídica do lucro propriamente dito, é mister concluir que o lucro não pode ser tido como efeito de desequilíbrio numa economia dinâmica. Pelo contrário, deve ser entendido como uma das formas de harmonizar as próprias relações sociais e de emprego de uma forma geral, desde que auferido e, em seguida, destinado, de forma legal, ética e fraterna.

---

39 LISBOA, R. *Dignidade e Solidariedade Civil-Constitucional.* Revista de Direito Privado, 2010, número 42, p. 34.

CAPÍTULO II – OS PRINCIPAIS ASPECTOS DOS DIREITOS HUMANOS

A importância do estudo da efetividade, eficácia e aplicabilidade dos direitos humanos na atualidade pode ser vista tanto sob a ótica da teoria como da prática, e seus corolários figuram em quase todas as Constituições do mundo.

Não é sem razão que a expressão "direitos humanos" é utilizada por cientistas, juristas, sociólogos e filósofos que se ocupam do estudo do ser humano e do Estado de Direito. De fato, a forma como se compreende a expressão direitos humanos está diretamente relacionada aos direitos que serão considerados inalienáveis, universais e indivisíveis, que devem ser tratados como prioridade na absorção dos direitos coletivos.

Apesar de muitas vezes as expressões "direitos humanos" e "direitos fundamentais" serem utilizadas como sinônimas, ambas não se confundem. Da mesma forma, a expressão "direitos humanos" não se confunde com "direitos do homem", esta última utilizada no sentido dos direitos naturais.

A esse respeito, Ingo Wolfgang Sarlet, com muita propriedade, leciona que:

> (...) reputa-se acertada a ideia de que os direitos humanos, enquanto carecerem do caráter da fundamentabilidade formal próprio dos direitos fundamentais cujo significado ainda será devidamente clarificado, não lograrão atingir sua plena efi-

cácia e efetividade, o que não significa dizer que em muitos casos não as tenham. Importa, por ora, deixar aqui devidamente consignado e esclarecido o sentido que atribuímos às expressões "direitos humanos" (ou direitos humanos fundamentais) e "direitos fundamentais", reconhecendo, ainda uma vez, que não se cuida de termos reciprocamente excludentes ou incompatíveis, mas, sim, de dimensões íntimas e cada vez mais inter-relacionadas, o que não afasta a circunstância de se cuidar de expressões reportadas a esferas distintas de positivação, cujas consequências práticas não podem ser desconsideradas. À luz das digressões tecidas, cumpre repisar que se torna difícil sustentar que direitos humanos e direitos fundamentais (pelo menos no que diz com a sua fundamentação jurídico-positiva constitucional ou internacional, já que evidentes as diferenças apontadas) sejam a mesma coisa, a não ser, é claro, que se parta de um acordo semântico (de que direitos humanos e fundamentais são expressões sinônimas), com as devidas distinções em se tratando da dimensão internacional, quando e se for o caso.[40]

Nesse mesmo sentido, JJ Gomes Canotilho leciona que:

(...) direitos do homem são direitos válidos para todos os povos e em todos os tempos (dimensão jusnaturalista-universalista); direitos fundamentais são os direitos do homem, jurídico-institucionalmente garantidos e limitados espaço-temporalmente. Os direitos humanos arrancariam da própria natureza humana e daí o seu caráter inviolável, intemporal e universal: os direitos fundamentais seriam os direitos objetivamente vigentes numa ordem jurídica concreta.[41]

---

40 SARLET, I. *A Eficácia dos Direitos Fundamentais - Uma Teoria Geral dos Direitos Fundamentais na Perspectiva Constitucional*. Porto Alegre: Livraria do Advogado, 2009, pp. 29 e 30.
41 CANOTILHO, J. *Direito Constitucional e Teoria da Constituição*. Coimbra: Almedina, 1998, p. 369.

Independentemente da existência ou não de críticas sobre a utilização de expressões como "direitos do homem", "direitos fundamentais" ou mesmo "direitos humanos", para designar apenas direitos internacionais, a noção de direitos humanos será sempre, a nosso ver, mais ampla, e portanto de maior abrangência que as expressões direitos fundamentais ou direitos do homem.

Mesmo assim, definir os direitos humanos não é uma tarefa simples. A esse respeito, Joaquim José Barros Dias afirma que:

> (...) toda e qualquer definição exata do que vêm a ser direitos humanos não passará de mera pretensão ou vã tentativa. Do ponto de vista filosófico e ético, porém, algumas importantes considerações podem ser arguidas para sua compreensão global. A despeito do que se tem discutido e escrito sobre os direitos humanos, todos os esforços têm-se revelado infrutíferos para esgotar a ideia do que seja e até onde irão os direitos dos homens, da mesma forma que se nos parecem ainda tímidos os movimentos formais que buscam a solidificação desses direitos no âmbito das relações intersubjetivas. A existência e a preexistência histórica de inúmeros conflitos nas ordens internas de países e em nível supranacional deixam claro que, na prática, o próprio homem tem desdenhado dos valores humanos universais.[42]

Os direitos humanos são os direitos e liberdades básicas de todos os seres humanos, e sua definição está relacionada à ideia de liberdade, igualdade e fraternidade. São, portanto, as faculdades, liberdades e reivindicações inerentes a cada pessoa, unicamente com o fundamento da sua condição humana.

Nesse norte, os direitos humanos são direitos inalienáveis, irrevogáveis, intransferíveis, intransmissíveis e irrenunciá-

---

42 DIAS, J. *Direito Civil Constitucional*. São Paulo: Malheiros, 2002, pp. 33 e 34.

veis. Isso, porque a origem da definição de direitos humanos está na filosofia de direitos naturais, que seriam atribuídos por Deus.

De fato, os direitos humanos não poderiam ser *neutros*, uma vez que tomam o partido da pessoa humana para protegê--la, promovendo sua dignidade em todas as esferas.

A primeira fase histórica dos direitos humanos surge com a passagem da sociedade à modernidade, algo que é por excelência uma criação da cultura ocidental. Por datas, tem-se em 1648 a Paz de Westfália, que reconhece pela primeira vez o direito ao culto religioso, a Declaração dos Direitos do Homem e do Cidadão de 1789, marcando a Revolução Francesa, e a Declaração dos Direitos da Virgínia em 1776, definindo a independência dos Estados Unidos. A segunda fase histórica é a generalização do século XIX, saindo o tema do ambiente doméstico e passando a ser tratado no âmbito internacional, como a abolição da escravatura, que impôs limites aos Estados no trato dos seres humanos. Entretanto, foi somente com os fatos ocorridos durante a Segunda Guerra Mundial que surgiram preocupações profundas com a questão.

Historicamente, a expressão "direitos humanos" está relacionada à Declaração de Independência dos Estados Unidos de 1776 e à Declaração dos Direitos do Homem e do Cidadão na França de 1789.

No entanto, nos primórdios da civilização ocidental as bases filosóficas já davam sustentação ao pensamento jus naturalista e à concepção de natureza humana e das condições inerentes à pessoa humana, sempre, porém, com cunho religioso.

A organização das civilizações antigas era estruturada na religião. Tanto os gregos como os romanos veem o surgimento da lei como uma parte da religião; assim, os homens até poderiam participar da criação das leis, mas as mesmas não se originavam por sua exclusiva vontade, necessitando serem aceitas e veneradas. Nesse sentido, seja por meio da filosofia ou da religião, os greco-romanos já se ocupavam de valores como a dignidade da pessoa humana, a liberdade, a igualdade entre os homens, servindo de raiz para as declarações de direitos que surgiram posteriormente.

Sem dúvida, o surgimento da democracia e a necessidade de representação das minorias permitiram que fossem concebidos direitos políticos a todos os homens livres, fazendo-se repensar a desigualdade entre as classes sociais. E tal fato é fruto dos estudos filosóficos e religiosos da sociedade greco-romana.

A esse respeito, Alfredo Culleton leciona que:

> (...) atribuiu ao estoicismo a retomada de um lugar de destaque da dignidade da pessoa humana, ao mesmo tempo em que identifica no cristianismo um dos elementos responsáveis pela consolidação da importância dos direitos humanos. É também nesse contexto que se realçou uma característica inegável ligada aos direitos humanos e sua afirmação na lógica da modernidade: a grande importância dada ao ser humano operou um processo de alienação social e elevou o individualismo a padrão de conduta do ser humano dentro do paradigma epistemológico nominalista. A partir disso, teve início uma nova civilização, constituída pelos amálgamas de instituições clássicas, valores cristãos e costumes germânicos. Era a Idade Média. Segundo Comparato (2003, p. 44), durante toda a Alta Idade Média, a civilização europeia ocidental foi dominada pelo feudalismo, época marcada pela desintegração do poder político e econômico. Somente a partir do século XI voltou a ter expressão a ideia da limitação do poder dos governantes com o surgimento das primeiras declarações contra os abusos da disputa de poder entre o clero e a nobreza: na Península Ibérica, com a declaração das Cortes de Leão de 1188, e, na Inglaterra, com a Magna Carta de 1215. Mesmo que em favor dos estamentos superiores da sociedade, o valor da liberdade foi a primeira expressão dos direitos humanos.[43]

---

43 CULLETON, A. *Curso de Direitos Humanos*. São Leopoldo: Editora Unisinos, 2009, p. 31.

A filosofia grega, principalmente após Sócrates, passou a atribuir regras de conduta para a consciência humana, e já não aceitava mais que o ser humano fosse sacrificado pelo Estado; as noções de dignidade passam a dizer respeito ao ser humano como um todo, não apenas ao cidadão, como anteriormente.

Com o advento do cristianismo, o governo do Estado foi separado definitivamente da religião, passando a preservar valores como a benevolência e a justiça entre todos os seres que descendem de um pai comum.

O Século XIII, no entanto, representou um retrocesso político, devido às profundas divisões entre as classes sociais, abrindo espaço para o surgimento de regimes autoritários. Nesse passo, somente no século XVII, após a queda da grande maioria dos regimes absolutistas, é que alguns contornos atuais dos direitos humanos passaram a ser delineados novamente. Na Inglaterra, por exemplo, foi promulgada a *Petition of Rights*, de 1628, e em 1679 o *Habeas Corpus* — medida para proteção da liberdade de locomoção. Nesse mesmo sentido, foi promulgado em 1689 o *Bill of Rights*.

Não há dúvida de que todos esses fatores históricos foram decisivos na redação da Declaração de Independência dos Estados Unidos e na Declaração dos Direitos do Homem e do Cidadão de 1789, sendo inegável o surgimento na Europa de um processo que mudaria definitivamente as bases da amplitude dos direitos humanos, vindo a influenciar decisivamente as dimensões de direitos humanos como são hoje conhecidas.

Da mesma forma, é inegável a influência jusnaturalista na história dos direitos humanos. A independência das treze colônias britânicas da América do Norte e o período histórico que precedeu a declaração dos direitos americana foram decisivos para a formação da estrutura dos direitos humanos que conhecemos nos dias atuais. Esses eventos históricos significaram o início da derrota do antigo regime, na maioria das vezes autoritário, e o renascimento de regimes democráticos preocupados com a existência digna e os direitos fundamentais dos seres humanos.

A esse respeito, Alfredo Culleton ensina que:

> (...) segundo a concepção francesa, o povo era a fonte de todo poder e origem de todas as leis. Com o contexto norte--americano foi diferente, o fundamento do poder era o povo, mas a fonte da lei deveria ser a Constituição. Para os franceses, o grande problema foi encontrar um titular da soberania em substituição ao monarca absoluto, pois, embora a conquista de direitos implicasse a limitação de poderes, paradoxalmente exigia a manutenção de um centro de poder. Foi assim que, em lugar do monarca, atribuiu-se ao Terceiro Estado, composto por um aglomerado heterogêneo de conotação negativa que se chamou de povo, a soberania política. A partir das ideias de Seyès, a partir das quais se resolveu abstratamente a equação, o povo restou identificado à assembleia nacional, que passou de forma impessoal a exercer o poder político. A Nação existia simbolicamente, mas só atuava por meio de representantes, dizia o art. 3º da Declaração de 1789: "O princípio de toda soberania reside essencialmente na Nação", cujo caráter representativo foi, finalmente, definido na Constituição de 1791, com o que o povo, sentido da Nação, reinava simbolicamente, mas não governava.[44]

Os direitos sociais eram tidos como elementos da cidadania, atributo específico dos membros integrantes de uma comunidade. Por isso, já no final do século XIX nota-se um interesse crescente das comunidades pela aplicabilidade da igualdade ao caso concreto, e não apenas na esfera teórica.

Nesse espectro, a Constituição do México de 1917 elevou os direitos trabalhistas à qualidade de direitos fundamentais, juntamente com os direitos políticos e com as liberdades individuais. No campo do direito de família, ocorreu nessa mesma época o reconhecimento da igualdade jurídica entre marido e mulher e a equiparação de filhos havidos dentro e fora do ca-

---

44 Idem, p. 35.

samento, por exemplo.

Da breve narrativa histórica acima se depreende que o Estado passa a reconhecer a existência dos direitos humanos depois do século XVIII; no entanto, sua universalização somente ganha força no século XX, mais especificamente após a Declaração Universal dos Direitos Humanos da Organização das Nações Unidas, em 1948 — documento que contém normas de cunho genérico e abrangendo um patrimônio comum entre as diversas nações: o ser humano.

A Declaração Universal dos Direitos Humanos da Organização das Nações Unidas contém trinta artigos, divididos em normais gerais e individuais. As normas gerais têm caráter filosófico e direitos inalienáveis, como a dignidade da pessoa humana, a fraternidade universal, a liberdade e igualdade de todos os seres humanos. Já as normas individuais estão divididas nos três clássicos grupos: direitos individuais ou civis, direitos políticos e direitos econômico-sociais.

A consolidação dos direitos humanos está diretamente relacionada ao seu contexto histórico e social e às ideias filosóficas de seu tempo. O breve escorço histórico não tem o condão de esgotar o tema; pretende apenas demonstrar sua importância na formação das dimensões de direitos humanos estruturados após a Declaração Universal dos Direitos Humanos da Organização das Nações Unidas, fundamental para justificar a necessidade de correta destinação do lucro.

2.1 - Noções preliminares de direitos humanos

Todos os indivíduos devem ter asseguradas, desde o nascimento, as condições mínimas necessárias para se tornarem úteis à humanidade, recebendo os benefícios que a vida em sociedade pode lhes trazer. Para tanto, mesmo em culturas diferentes, valores semelhantes podem tornar viável tal objetivo.

A afirmação da igualdade de todos os seres humanos não significa igualdade física, nem intelectual ou psicológica.

Cada pessoa tem sua individualidade, sua personalidade, seu modo próprio de ver e de sentir as coisas. Da mesma forma, os grupos sociais têm sua cultura própria, resultado de condições naturais e sociais.

De fato, todos nascem iguais, com os mesmos direitos, mas, ao mesmo tempo, são livres. Essa liberdade está em sua inteligência e consciência. Não há como se obrigar uma pessoa a usar todos os seus direitos, mas é preciso respeitar a liberdade, que é um direito fundamental da pessoa humana. Gozar de um direito é uma faculdade da pessoa, não uma obrigação. Inegavelmente, uma das formas de se afirmar a igualdade é possibilitar a todos o direito de exercerem livremente seus direitos e deveres.

A dignidade é inerente à condição humana, e a preservação dessa dignidade faz parte dos direitos humanos. Nesse sentido, a Declaração Universal dos Direitos Humanos diz em seu artigo I que "todos os seres humanos nascem livres e iguais em dignidade e direitos". Se houver respeito aos direitos humanos e solidariedade de todos no relacionamento entre as pessoas, as injustiças sociais serão minimizadas e, por que não, eliminadas; e a humanidade poderá viver em paz. Todos devem agir com espírito de fraternidade uns em relação aos outros.

Com efeito, além de declarações universais, as relações entre a Constituição, os direitos fundamentais e o direito privado sempre foram marcadas por uma lógica dialética e dinâmica de influência recíproca, e se distinguem em termos quantitativos e qualitativos de acordo com o lugar ocupado pelo direito constitucional e seus efeitos sobre as demais normas e o papel atribuído ao direito privado.

A Constituição, no sentido material, encontra-se em processo constante de redefinição e reconstrução, influindo sobre a produção e alteração da constituição formal e do direito positivado no plano legal.

Assim sendo, mesmo diante de novas transformações no que diz respeito às funções da Constituição e do Direito de um modo geral, não há como apontar para uma superação do fenômeno da constitucionalização da ordem jurídica.

2.2 - Da hierarquia dos direitos humanos

Como já afirmamos, a universalização dos direitos humanos ganha força no século XX, mais especificamente após a Declaração Universal dos Direitos Humanos da Organização das Nações Unidas de 1948.

No Brasil, atualmente, o artigo 5º, parágrafo 2º da Constituição Federal prevê que:

> Todos são iguais perante a lei, sem distinção de qualquer natureza, garantindo-se aos brasileiros e aos estrangeiros residentes no País a inviolabilidade do direito à vida, à liberdade, à igualdade, à segurança e à propriedade, nos termos seguintes:
>
> Parágrafo Segundo - Os direitos e garantias expressos nesta Constituição não excluem outros decorrentes do regime e dos princípios por ela adotados, ou dos tratados internacionais em que a República Federativa do Brasil seja parte.

No entanto, a questão da incorporação dos tratados internacionais de direitos humanos pela Constituição Federal não é pacífica, distinguindo-se duas fases distintas: antes e depois da Emenda Constitucional 45, que incluiu os parágrafos 3º e 4º, ao artigo 5º acima referido:

> Parágrafo Terceiro: Os tratados e convenções internacionais sobre direitos humanos que forem aprovados, em cada Casa do Congresso Nacional, em dois turnos, por três quintos dos votos dos respectivos membros, serão equivalentes às emendas constitucionais.
>
> Parágrafo Quarto: O Brasil se submete à jurisdição de Tribunal Penal Internacional a cuja criação tenha manifestado adesão.

Nesse sentido, três são as posições das normas de tratados internacionais a respeito da hierarquia constitucional. A respeito da incorporação dos tratados de direitos humanos ao ordenamento jurídico brasileiro, Carlos Henrique Bezerra Leite ensina que:

> (...) a Constituição brasileira de 1988, diferentemente das constituições de outros Estados, não estabeleceu qual tratamento específico seria dado aos tratados internacionais de direitos humanos incorporados ao ordenamento jurídico brasileiro. Diante desse quadro, a comunidade jurídica e alguns ramos da sociedade brasileira começaram a pressionar os tributos e o Congresso Nacional para que estes mudassem sua postura em relação aos direitos da pessoa humana. Assim, com o passar do tempo, alguns órgãos jurisdicionais passaram a mencionar os tratados de direitos humanos e seus princípios, sobrepondo- os às leis internas e, em alguns casos, à própria CF/88. Mas isso não foi o bastante, pois ainda era necessária a manifestação do Legislativo em relação a esse tema para dar respaldo legal e mais legitimidade aos julgamentos baseados nos tratados internacionais. Por tal razão, em 8 de Dezembro de 2004 foi aprovada a EC nº 45, que dentre outras disposições, inclui o §3º ao artigo 5º da CF/88, que assim dispõe: "os tratados e convenções internacionais sobre direitos humanos que forem aprovados, em cada Casa do Congresso Nacional, em dois turnos, por três quintos dos votos dos respectivos membros, serão equivalentes às emendas constitucionais". A partir dessa data, então, todos os documentos de proteção aos direitos humanos que fossem incorporados ao Ordenamento Jurídico Brasileiro pela aprovação, em dois turnos, com o mínimo de três quintos dos componentes de cada uma das Casas, passariam a ter força de emenda constitucional. Isso representou um avanço, pois atribuiu expressamente o status de norma constitucional aos dispositivos internacionais cujo

processo de incorporação respeitasse os referidos requisitos.[45]

E continua:

> (...) o STF adotava o *status* de lei ordinária para os tratados de direitos humanos, colocando-os abaixo da Constituição. Entretanto, em recente julgamento sobre a questão do depositário infiel, passou a entender que o Pacto de São José da Costa Rica, ratificado em 1992, teria força de norma suprema, podendo, por isso, ampliar o catálogo dos direitos fundamentais previstos na CF/88. Embora alguns entendimentos do STF estejam privilegiando os tratados de direitos humanos, não podemos afirmar que todos os julgamentos serão proferidos sempre nesse sentido, pois ainda há casos em que se tem entendido que os dispositivos internacionais incorporados antes da EC nº 45 não podem prevalecer sobre a Constituição Federal.[46]

Vicente Ráo leciona que:

> (...) os princípios do direito natural inspiram, ou devem inspirar os sistemas jurídicos positivos, aperfeiçoando-os e conduzindo-os ao reconhecimento dos direitos fundamentais inerentes à natureza do homem; mas estes princípios não esgotam nem alcançam o inteiro conteúdo do direito normativo aplicável a uma variedade sempre crescente de relações, muitas das quais ou são indiferentes ou relacionadas por modo excessivamente remoto aos postulados básicos do direito natural.[47]

De uma forma ou de outra, é inegável a soberania dos

---

45 LEITE, C. *Direitos Humanos*. Rio de Janeiro: Lumen Juris Editora, 2010, pp. 114 e 115.
46 Idem, p. 117.
47 RÁO, V. *Op. Cit.*, p. 302.

direitos humanos estampados na Constituição Federal vigente, que recepciona aqueles previstos nos Tratados Internacionais.

Com efeito, por força do artigo 5º, §2º da Constituição Federal, os tratados internacionais de direitos humanos tem o *status* de norma constitucional; e, ainda, existe hierarquia supralegislativa dos tratados internacionais de direitos humanos, conforme decisão proferida pelo Supremo Tribunal no Recurso Extraordinário n. 466.343, cujo trecho do voto do Ministro Gilmar Mendes deixa assente a posição jurisprudencial sobre o tema, ao decidir que:

> Tendo em vista o caráter supralegal desses diplomas normativos internacionais, a legislação infraconstitucional posterior que com eles seja conflitante também tem sua eficácia paralisada. É o que ocorre, por exemplo, com o art. 652 do Novo Código Civil (Lei nº 10.406/2002), que reproduz disposição idêntica ao art. 1.287 do Código Civil de 1916.
>
> Enfim, desde a adesão do Brasil, no ano de 1992, ao Pacto Internacional dos Direitos Civis e Políticos (art. 11) e à Convenção Americana sobre Direitos Humanos — Pacto de San José da Costa Rica (art. 7º, 7), não há base legal para aplicação da parte final do art. 5º, inciso LXVII, da Constituição, ou seja, para a prisão civil do depositário infiel.
>
> De qualquer forma, o legislador constitucional não fica impedido de submeter o Pacto Internacional dos Direitos Civis e Políticos e a Convenção Americana sobre Direitos Humanos — Pacto de San José da Costa Rica, além de outros tratados de direitos humanos, ao procedimento especial de aprovação previsto no art. 5º, § 3º, da Constituição, tal como definido pela EC nº 45/2004, conferindo-lhes *status* de emenda constitucional.

O princípio da máxima efetividade das normas constitucionais também justifica a ideia de que as regras decorrentes de tratados internacionais sobre direitos humanos, nos quais o Brasil figure como parte, têm *status* constitucional, já que no âmbito dos direitos fundamentais tal é essencial.

2.3 - Das dimensões dos direitos humanos

Com base em momentos históricos, há uma tradicional classificação doutrinária que identifica três dimensões de direitos humanos. São abordadas, ainda, uma quarta e uma quinta dimensões, respectivamente biodireitos e direitos virtuais.

É oportuno registrar que o termo "geração" merece crítica, uma vez que dá a ideia de sobreposição ou de substituição, de que uma geração teria vindo depois para sobrepor-se a outra, o que não é o caso dos direitos humanos, que são universais, indivisíveis e interdependentes, sendo, portanto, cumulativos e representando um todo, com incidência única.

Nesse sentido, Carlos Weis leciona que:

> (...) insistir, pois na ideia das gerações, além de consolidar a imprecisão da expressão em face da noção contemporânea dos direitos humanos, pode se prestar a justificar políticas públicas que não reconhecem a indivisibilidade da dignidade humana e, portanto, dos direitos fundamentais, geralmente em detrimento da implementação dos direitos econômicos, sociais e culturais ou do respeito aos direitos civis e políticos previstos nos tratados internacionais já antes citados.[48]

Sem olvidar a adoção do termo "dimensão", as transformações dos direitos humanos ao longo da história os dividem em:

— direitos humanos de primeira dimensão: são os direitos e as liberdades individuais (liberdade, vida, segurança) e os direitos civis e políticos, direitos em face da coletivi-

---

48 WEIS, C. *Direitos Humanos Contemporâneos*. São Paulo: Malheiros, 2011, p. 54.

dade (por exemplo, nacionalidade, asilo, propriedade);

— direitos humanos de segunda dimensão: são os direitos sociais, econômicos e culturais (por exemplo, saúde, educação, segurança, trabalho, lazer, transporte);

— direitos humanos de terceira dimensão: são os direitos difusos e os direitos de solidariedade (por exemplo, desenvolvimento, paz, meio ambiente equilibrado, patrimônio histórico e cultural, biodiversidade).

Além das três dimensões clássicas, uma quarta dimensão mais moderna se refere às inovações tecnológicas (por exemplo, engenharia genética, biotecnologia) e uma quinta aborda o direito ao acesso e difusão das informações com as novas tecnologias de transmissão (internet, por exemplo). Não obstante tal classificação, entendemos que as denominadas quarta e quinta dimensões já estão encampadas pela terceira dimensão, uma vez que tecnologia e informação por meio de novos veículos nada mais são do que direitos difusos ou direitos de solidariedade.

Com efeito, o entendimento geral é de que os direitos humanos, independentemente de fronteiras, são perpétuos e universais. Entretanto, há divergências, uma vez que cada cultura tem seu próprio discurso a respeito, alicerçado em especificidades culturais, históricas e religiosas.

Em decorrência da intervenção no plano nacional em prol de sua proteção, o tema é enfrentado sob o prisma da relativização da soberania, ao passo que o homem passou a ter direitos reconhecidos no plano internacional, tornando-se, portanto, sujeito de direito internacional.

Antes de a Declaração Universal dos Direitos Humanos ser efetivamente veiculada, o texto foi encaminhado a uma série de pensadores e escritores de nações-membros da UNESCO, formando a Comissão da UNESCO para Bases Filosóficas dos Direitos do Homem. Esses textos reunidos refletem duas correntes de entendimento do tema: os que aceitavam e os que não aceitavam a "lei natural" como fundamento dos direitos humanos. Para a primeira, o ser humano, em razão de sua essência ou natureza, possuía certos direitos fundamentais inalienáveis, anteriores e superiores à sociedade. Para a segunda corrente, o homem, em razão da evolução histórica da sociedade, reveste--se de direitos de caráter variável e sujeitos às variações impostas pela história.

Apesar do entrave filosófico em torno do tema, houve surpreendente acordo quanto à enumeração dos direitos contidos na Declaração. Havia, portanto, consenso quanto ao conteúdo do texto, porém enorme divergência quanto à origem do direito e/ou quanto ao seu significado.

A Declaração é composta de três grupos de direitos e liberdades individuais, que seguem a clássica tripartição, a saber: (i) direitos individuais ou civis — visando proteger o direito individual e à liberdade contra excessos do Estado, abarcando o direito à vida, à liberdade, à segurança e à igualdade perante a lei; (ii) direitos políticos — englobando direitos gerais de participação popular em seus governos, sufrágio universal, livre e periódico; (iii) direitos econômicos e sociais — alçando à esfera internacional o direito ao trabalho e à livre escolha do mesmo, salário justo e proteção contra o desemprego. Os direitos à participação cultural, fruir das artes e livre desenvolvimento científico, dentre outros que também constam da Declaração, são caracterizados e nominados como direitos de terceira dimensão.

Considerando o contexto histórico de seu surgimento, especialmente, a partir da Declaração dos Direitos do Homem e do Cidadão, podemos concluir que os direitos humanos de primeira dimensão estão baseados no ideal de liberdade, os de segunda dimensão na igualdade e os de terceira dimensão na fraternidade. Tratamos a seguir das principais características das três dimensões dos direitos humanos.

2.3.1 - Direitos Humanos de Primeira Dimensão

A primeira dimensão dos direitos humanos surgiu com as revoluções burguesas dos séculos XVII e XVIII. São também chamados de direitos individuais, subjetivos ou direitos de liberdade, e têm por destinatários os indivíduos isoladamente considerados.

Tais direitos têm por objeto a liberdade, a segurança e a integridade física, psíquica e moral da pessoa, assegurando-lhe, ainda, a participação na vida pública.

A esse respeito, Carlos Weis leciona que:

> (...) os direitos de primeira geração seriam aqueles decorrentes do Jusnaturalismo racional, cujo pensamento influenciou as revoluções burguesas dos séculos XVII e XVIII, fazendo com que seu conteúdo privilegiasse as liberdades individuais, concebidas em função do ser humano abstrato, descontextualizado. De outro lado, à segunda geração corresponde outro momento histórico, o do florescimento dos movimentos de cunho social, preconizando a necessidade de intervenção do Estado como agente de transformação da realidade de grandes grupos da sociedade — do que decorre a ênfase nos direitos coletivos, próprios de seres humanos concretos e situados. Tanto assim é que nenhum autor consegue se referir ao tema sem esclarecer o leitor sobre o significado de tais gerações, sendo forçado, então, a explicar sua relação com o processo histórico de formação dos direitos humanos. Ora, uma metáfora surge com o propósito de facilitar a compreensão sobre um tema, pelo emprego de uma palavra ou expressão para abreviar um pensamento. Porém, ao se verificar que a figura empregada não prescinde da explicação quanto à origem dos direitos humanos, percebe-se com clareza sua inutilidade, pois não alcança o propósito a que se destinava.[49]

Os direitos de primeira dimensão, portanto, são imediatamente exigíveis ao Estado; são considerados autênticas cláusulas pétreas. A título exemplificativo, podemos mencionar os direitos civis e políticos — direito à vida, integridade física, li-

---

49 Weis, C. *Op. Cit.*, pp. 51 e 52.

berdade, igualdade perante a lei, liberdade de expressão, respeito à vida privada, de eleger e ser eleito e de nacionalidade.

Constata-se, portanto, que todos esses direitos de primeira dimensão estão fundamentados na liberdade.

2.3.2 - Direitos Humanos de Segunda Dimensão

Os direitos humanos de segunda dimensão impõem ao Estado uma prestação positiva, no sentido de fazer algo de natureza social em favor do indivíduo. Os direitos sociais constituem um dever de fazer, de contribuir, de ajudar, por parte dos órgãos que compõem o Poder Público.

Ao mostrar o cumprimento da função social, a positivação desses direitos deu origem ao *constitucionalismo social*. Tais direitos de segunda dimensão se traduzem em direitos de inclusão social e demandam políticas públicas que tenham por objetivo a garantia do efetivo exercício das condições materiais de existência digna da pessoa humana.

Os direitos econômicos são aqueles relacionados à produção, distribuição e consumo da riqueza, visando regular a relação trabalhista, como direitos que assegurem condições justas e favoráveis de trabalho.

Os direitos sociais são aqueles que propiciam à pessoa um padrão digno de vida, destacando-se a proteção contra a fome e a miséria, bem como o direito à alimentação, vestuário, moradia, saúde, repouso, lazer e educação.

Rolf Kuntz afirma que:

> (...) os chamados direitos de segunda geração concentraram boa parte do conflito social durante mais de cem anos, desde a metade do século passado. Muita gente morreu até os direitos sociais se tornarem uma noção corrente, mesmo em países do Terceiro mundo. Nunca foram implantados de forma plena e indiscutível. É certo, mas tornaram-se parte de um sistema de valores penosamente construído. Moldados

para regular as relações de classe sob a tutela do Estado, esses valores estão em xeque. Reforma da previdência, redução das garantias ao desemprego, "flexibilização" das relações de trabalho tornaram-se, em pouco tempo, palavras de ordem toleráveis até para socialistas de carteirinha. Estes podem justificar-se invocando a conveniência de proteger o emprego. Os empregadores poderiam, muito mais simplesmente, mencionar as novas condições mundiais de competição. De sua perspectiva, o nível de emprego não é uma condição, mas uma consequência. Como enfrentar esta questão na ordem econômica emergente? Esta é a pergunta relevante, quando se trata do problema dos direitos. A ruína dos Estados comunistas não é ponto relevante. Importante, mesmo, como desafio para os trabalhadores, é o novo triunfo do capitalismo, um regime agora em nova fase.[50]

Os direitos culturais conferem à pessoa o direito de gozar da criatividade artística dos próprios povos, o direito aos benefícios da ciência e dos avanços tecnológicos, o direito à própria língua e à própria cultura.

Denota-se, portanto, que os direitos humanos de segunda dimensão têm como fundamento a igualdade.

2.3.3 - Direitos Humanos de Terceira Dimensão

Os direitos humanos de terceira dimensão também são chamados de direitos de fraternidade ou de solidariedade, e se manifestam pela conscientização de que o mundo é dividido em nações desenvolvidas e subdesenvolvidas, ou em vias de desenvolvimento.

A terceira dimensão dos direitos tem como característi-

---

50 KUNTZ, R. A redescoberta da igualdade como condição de justiça. In: FARIA, J. *Direitos Humanos, Direitos Sociais e Justiça*. São Paulo: Malheiros, 2010, p. 153.

ca o acesso das minorias ao efetivo gozo dos direitos fundamentais até então conquistados, razão pela qual essa dimensão se caracteriza pela solidariedade e fraternidade, pela classificação de direitos coletivos *lato sensu*, pela função ambiental da propriedade e pela máxima inclusão social.

De fato, iniciou-se um movimento internacional de reconhecimento dos direitos das minorias através de inúmeras declarações. A título de exemplo podemos mencionar a (i) Declaração Islâmica Universal dos Direitos do Homem,[51] a (ii) Declaração Universal dos Direitos dos Povos, a (iii) Declaração Americana dos Direitos e Deveres do Homem, e a (iv) Declaração Solene dos Povos Indígenas, dentre outras.

Todas essas declarações possuem uma característica comum: contêm exteriorizações de exclusão social de algumas minorias e regras acerca da inclusão social de seres humanos decorrentes de diversos preconceitos.

Assim, podemos enumerar como características dos direitos da terceira dimensão o fato de serem direitos metaindividuais, direitos de solidariedade, decorrentes do Estado Democrático de Direito e ensejando a inclusão social das minorias.

A questão de exclusão social de pessoas remonta à antiguidade. Desde então, estrangeiros eram tratados como cidadãos diferentes e alguns povos eram considerados inferiores a outros, merecedores, portanto, da dominação pelo Império Romano, por exemplo.

De qualquer forma, com a globalização — uma forma de integração econômica, financeira e cultural entre os povos — e

---

51 Vale destacar que o islamismo não aceita, entre outros, o princípio da *igualdade entre fiéis e infiéis,* bem como *entre homens e mulheres,* óbice à compatibilização com a doutrina dos direitos fundamentais. Da mesma forma, rechaça a *liberdade de crença,* não aceitando o abandono da religião islâmica. Não aceita, para a mulher, a *liberdade de contrair casamento* com homens de outras religiões. Os *direitos políticos são reservados aos muçulmanos* e a função de juiz há de ser exercida por muçulmano. Por fim, *abençoa a poligamia.* Assim, há uma distância entre a concepção islâmica e aquela contida na Declaração Universal de 1948 (íntegra no anexo I).

a massificação de padrões culturais e de consumo, surge uma nova forma de imperialismo, com ênfase na visão social da estética e na exclusão social.

Os direitos humanos de terceira dimensão estão baseados na fraternidade (solidariedade), ganhando relevância no regime capitalista humanista adotado pela Carta Maior.

2.4 - Direitos humanos e a dignidade da pessoa humana

A Declaração Universal dos Direitos Humanos de 1948 enfatizou o respeito à dignidade da pessoa humana, constitucionalmente protegida pelo artigo 1º, III da Lei Maior.

Por isso, cabe também tecermos considerações acerca do que seria a dignidade da pessoa humana, princípio maior e inerente a todos os homens, norte na aplicação de todas as normas jurídicas.

O vocábulo dignidade se origina do latim *dignitate*, e está relacionado à honradez, honra, nobreza, decência, respeito a si próprio. Esse vocábulo não é aplicado exclusivamente com relação à pessoa humana, mas também para abordar certos cargos, instituições e até alguns atributos da religião cristã e do pensamento filosófico e político.

Leciona Wagner Balera que:

> (...) a verdade é que a dignidade da pessoa humana pode ser considerada como o itinerário normativo posto à disposição da comunidade. Não pode esta última rejeitar tal itinerário sem sofrer sérias consequências decorrentes de tal rejeição. Aceitar a dignidade da pessoa humana é aceitar que esse vetor existencial dotará a comunidade de todos os meios e elementos essenciais para atingir seu fim último. A escolha exige que todo e qualquer trabalho de interpretação tome como ponto de referência tal valor. Assim, exemplificativa-

mente, a liberdade de expressão, que todos reconhecem constituir um dos direitos fundamentais, há de reportar-se à dignidade da pessoa, sofrendo as restrições impostas pela honra e boa fama que as pessoas adquiriram ao longo de suas vidas. Aquilo que era um direito fundamental, com cores aparentes de absoluto, pode, se utilizado de modo impróprio, resvalar para a esfera punitiva.[52]

Por sua vez, o vocábulo "pessoa" está diretamente relacionado ao ser humano. Trata-se de definição que resulta de uma elaboração cristã (que tem as tradições grega, romana e judaica). Os gregos usavam-no para denominar uma espécie, os romanos para denominar um aspecto jurídico e formal e os judeus, para denominar uma interlocução divina com o ser humano.

Com efeito, a definição de dignidade humana está diretamente relacionada ao conceito de pessoa, no sentido de *status* que esta ocupa, ou seja, *status* ocupado pelo ser humano.

Alfredo Culleton afirma que:

(...) a própria Modernidade legou o problema aos dias atuais a partir das divergências criadas sobre o conceito de pessoa, as quais colocam a seguinte questão: para alguém ser considerado pessoa basta ser humano, ou seja, ser dotado de "natureza humana", ou para ser pessoa esse alguém tem que estar no gozo atual das capacidades da autoconsciência, linguagem, pensamento etc. São formas de concepção distintas, que têm implicações na origem ou no fundamento da dignidade humana, pois, no primeiro caso, a dignidade decorreria do simples fato de alguém pertencer à espécie humana (do simples fato de ser humano) e, no segundo, como resultado do fato de alguém ostentar características moralmente relevantes, cujo gozo atual e pleno seria *conditio sine qua non* para a caracterização da pessoa. A primeira concepção é susten-

---

52 *Revista do IASP*, n° 25, p. 365.

tada pela corrente vitalista, enquanto a segunda pela corrente atualista ou neokantiana. Ambas estão focadas na clássica definição de Boécio acima citada, mas se distanciam entre si quando valoram de forma diversa, para a conceituação da pessoa, a presença atual ou de capacidade para exercer propriedades como consciência, linguagem, pensamento, sentimento, memória e assim por diante. A corrente atualista não identifica os conceitos de pessoa e de ser humano. Um ser humano não é valorado *per se*, com base no que ele é; o valor moral é atribuído para as operações em si (pensar, raciocinar, sentir) e para o indivíduo apenas à medida que ele realiza essas operações.[53]

Com efeito, todas essas raízes do vocábulo pessoa tiveram influência na formação da expressão dignidade da pessoa humana. O termo dignidade humana, sem dúvida, está diretamente relacionado ao conteúdo que se atribui ao vocábulo pessoa, originariamente utilizado para designar o reconhecimento de um valor, representando um princípio moral baseado na finalidade da existência humana e relacionando-se à própria natureza da espécie e respectivas manifestações de racionalidade, liberdade e finalidade em si, que fazem do ser humano um ente em permanente desenvolvimento, na procura da realização de si próprio.

Historicamente, a dignidade da pessoa humana estava diretamente relacionada à condição social que o indivíduo ocupava em determinada comunidade, sendo certo que a definição de dignidade, tal como a conhecemos hoje, começou a se consolidar após a Segunda Guerra Mundial, portanto, muito depois da promulgação do Código Napoleônico de 1807 e da edição do Código Civil brasileiro de 1916.

Hodiernamente, a noção de dignidade está relacionada à atitude adequada em relação à pessoa humana sendo, portanto, indispensável o entendimento sobre as delimitações do vocábu-

---

53 CULLETON, A. *Op. Cit.*, p. 62.

lo pessoa — um indivíduo que existe em si próprio, não como gênero ou espécie, mas sim como um homem dotado de natureza específica e que faz parte da existência racional e social.

Assim, a dignidade da pessoa humana exige o reconhecimento do ser humano como pessoa, como indivíduo, não necessariamente relacionado ao naturalismo ou ao subjetivismo, mas dotado de compreensão suficiente para argumentar.

2.4.1 – Breve Escorço Histórico da Dignidade da Pessoa Humana

O presente estudo não tem a finalidade de esgotar o tema sobre as raízes históricas do princípio da dignidade humana, mas apenas de contribuir para a compreensão de como as questões históricas tiveram papel relevante na definição dessa dignidade, utilizada como fundamento no artigo primeiro da Constituição Federal de 1988 e, consequentemente, na concretização da autonomia privada, na conservação dos negócios jurídicos e na destinação mais adequada dos lucros auferidos pelas empresas.

A dignidade da pessoa humana, conforme consta do artigo primeiro da Constituição Federal brasileira, define o Estado constitucional e democrático de direito contemporâneo.

No entanto, a história, desde a Antiguidade Oriental até à Idade Contemporânea, demonstra que nem sempre houve reconhecimento do primado do ser humano. Desde a escravatura, reinante nas civilizações orientais, clássicas e europeias, até às perseguições da Inquisição, a discriminação social foi notória e pacificamente aceita pelos filósofos coevos.

De fato, no mundo antigo, a dignidade estava relacionada à honra. Isso, porque a noção de dignidade estava diretamente relacionada à pessoa:

> Agostinho retoma o termo pessoa (*persona*), introduzido por Tertuliano (155-220 d.C.) no Ocidente para distinguir os

membros da Trindade. Pessoa apresenta uma grande vantagem. Ele expressa não uma espécie, mas algo de singular e
indevido. (...) não se emprega o nome de (...) pessoa como
se emprega o de homem, nome comum a todos os homens.
Emprega-se apenas para designar um homem concreto, como
Abraão, Isaac ou Jacó. Ou qualquer pessoa que se poderia indicar com o dedo. (...) Segundo Boécio (480-524), Tomás de
Aquino define a pessoa do seguinte modo: Pessoa significa
(...) o que subsiste em uma natureza racional.[54]

Aristóteles (384-322 a. C.) e Santo Agostinho (354-430)
destinaram parte de seus estudos à distinção entre coisas, animais e seres humanos. Já São Tomás de Aquino, vários anos
mais tarde, associa a concepção de dignidade ao fato de o ser
humano ter sido criado à imagem e semelhança de Deus, rela-
cionando o princípio da dignidade da pessoa humana à supe-
rioridade bíblica do homem sobre os demais seres na natureza,
sem deixar de afirmar a capacidade de autodeterminação do ser
humano, que existe em função das suas próprias vontades.

Francisco de Vitória, em meio ao movimento jusnaturalista dos Séculos XVII e XVIII, abordou a dignidade da pessoa humana ao criticar o processo de escravização e exploração
indígena operado pelos espanhóis, defendendo que os índios
eram em princípio livres e iguais, devendo ser respeitados como
sujeitos de direito.

Da mesma forma, Pufendorf defendia que o Monarca
deveria respeitar a dignidade da pessoa humana, no sentido de
que o ser humano é livre para optar e agir de acordo com a sua
razão, fundamentando na sua natureza social.

Deve-se, no entanto, a Immanuel Kant (1724-1804),
através das suas críticas e análises sobre as possibilidades do conhecimento, uma das contribuições mais decisivas para a definição de dignidade humana.

---

54 ALMEIDA FILHO, A. *Dignidade da Pessoa Humana - Fundamentos e
Critérios Interpretativos*. São Paulo: Malheiros, 2010, pp. 42 e 43.

Ingo Wolfgang Sarlet, a esse respeito, leciona que:

(...) de modo particularmente significativo — o de Immanuel Kant, cuja concepção de dignidade parte da autonomia ética do ser humano, considerando esta (a autonomia) como fundamento da dignidade do homem, além de sustentar que o ser humano (o indivíduo) não pode ser tratado — nem por ele próprio — como objeto. É com Kant que, de certo modo, se completa o processo de secularização da dignidade, que, de vez por todas, abandonou suas vestes sacrais, sem que com isso se esteja a desconsiderar a profunda influência (ainda que expurgada da fundamentação teológica) do pensamento cristão, especialmente dos desenvolvimentos de Boécio e São Tomás de Aquino (notadamente no que diz com a noção de pessoa como substância individual de natureza racional e da relação mesma entre liberdade e dignidade) sobre as formulações kantianas. Construindo sua concepção a partir da natureza racional do ser humano, Kant assinala que a autonomia da vontade, entendida como a faculdade de determinar a si mesmo e agir em conformidade com a representação de certas leis, é um atributo apenas encontrado nos seres racionais, constituindo-se no fundamento da dignidade da natureza humana. Com base nesta premissa, Kant sustenta que "o Homem, e duma maneira geral, todo ser racional, existe como um fim em si mesmo, não simplesmente como meio para o uso arbitrário desta ou daquela vontade. Pelo contrário, em todas as suas ações, tanto nas que se dirigem a ele mesmo como nas que se dirigem a outros seres racionais, ele tem sempre de ser considerado simultaneamente como um fim (...). Portanto, o valor de todos os objetos que possamos adquirir pelas nossas ações é sempre condicional. Os seres cuja existência depende, não em verdade da nossa vontade, mas da natureza, têm, contudo, se são irracionais, apenas um valor relativo como meios, e por isso se chamam coisas, ao passo que os seres racionais se chamam pessoas, porque a sua natureza os distingue já como fins em si mesmos, quer dizer, como algo que não pode ser empregado como simples meio e que, por conseguinte, limita nessa medida todo o arbítrio (e é um objeto de respeito)". Ainda segundo Kant, afirmando a qualidade peculiar e insubstituível da pessoa humana, "no reino dos fins tudo tem ou um preço ou uma dignidade. Quando uma coisa tem um preço, pode pôr-se em vez dela qualquer outra como equivalente; mas quando uma coisa está acima de todo o preço, e portanto não permite equivalente, então tem ela dignidade (...). Esta apreciação dá pois a conhecer como dignidade o valor de uma tal disposição de espírito e põe-na infinitamente acima de todo preço. Nunca ela poderia ser posta em cálculo ou confronto com qualquer coisa que tivesse um preço, sem de qualquer modo ferir a sua santidade".[55]

Hegel, da mesma forma, sustentava a noção de dignidade vinculada à ética. Isso, porque, para ele, o ser humano não nasce digno, mas adquire essa condição quando assume a condição de cidadão; diferentemente de Kant, desvincula da racionalidade a condição do sujeito e sua dignidade.

A esse respeito, Eduardo C. B. Bittar leciona que:

(...) uma ética dos direitos humanos decorre diretamente do princípio da dignidade da pessoa humana. De fato, este princípio equivale a um lugar-comum para o abrigo de todas as gerações de direitos humanos, dos de primeira aos de terceira geração. A justiça não pode ser pensada isoladamente, sem o princípio da dignidade humana, assim como o poder não pode ser exercido apesar da dignidade humana. Em verdade, todos os demais princípios e valores que orientam a criação dos direitos nacional e internacional se curvam ante esta identidade comum ou a este *minimum* dos povos. A própria Declaração de 1948 lhe confere tal posição de superio-

---

55 SARLET, I. *Dignidade da Pessoa Humana e Direitos Fundamentais na Constituição de 1988*. Porto Alegre: Livraria do Advogado, 2009, pp. 35 e 36.

ridade ante os demais princípios e valores. Como referência motivante da cultura dos direitos humanos, além de fundamental, este princípio tem valia universal. Só que, apesar de sua universalidade, sua construção não é fruto de uma dedução da razão, mas sim um construto histórico, e, como tal, deverá ser submetido à ampliação do uso de seu sentido a contextos históricos os mais variados, dos jogos de realidade e de linguagem (...). Só há dignidade, portanto, quando a própria condição humana é entendida, compreendida e respeitada em suas diversas dimensões, o que impõe, necessariamente, a expansão da consciência ética como prática diuturna de respeito à pessoa humana. Trata- se de um ideal, e como todo ideal, um objetivo antevisto a ser atingido, mas nem por isso um ideal utópico, porque se encontra na estrita dependência dos próprios seres humanos, podendo se consagrar como sendo um valor a ser perseguido e almejado, simplesmente porque (parodiando Nietzsche), se trata de algo "humano, demasiado humano".[56]

A dignidade pode ser entendida como um regulador de comportamento, pois o portador de dignidade é digno de ser tratado de determinada maneira. A dignidade é a manifestação vinculante de uma identidade, é a consideração da identidade como dotada de valor e, portanto, reguladora do comportamento. Monarcas e presidentes são nomes, são identidades intimamente relacionadas a valores. Nesse entendimento, todos aqueles que se deparam com eles devem observar padrões estritos de comportamento. A identidade dos monarcas, presidentes e autoridades impõe isso.

A valoração da identidade não é fenômeno subjetivo e arbitrário; afinal, e em sentido amplo, todos valoram quem possui identidade (reis, autoridades). Desse modo, a dignidade é valor positivo e objetivo de uma identidade, e a mudança no

---

56 BITTAR, C. *Direito Civil Constitucional*. São Paulo: Revista dos Tribunais, 2003.

padrão de comportamento ocorre no reconhecimento de valor na identidade de outrem. Ao reconhecer a identidade, automaticamente se reconhece a dignidade, ou seja, são definições indissociáveis.

Por essa razão, a dignidade da pessoa humana expressa a exigência do reconhecimento de todo ser humano como pessoa (identidade). Afirmar que uma conduta fere a dignidade da pessoa humana é o mesmo que dizer que o ser humano não foi considerado como pessoa (identidade).

O conhecimento predicativo ou científico pode ser considerado sinônimo, por figurar como padrão na sociedade contemporânea. O conhecimento predicativo é um "saber que" algo é assim, ou seja, um dogma, um juízo. A pessoa (ser humano) não pode ser aprendida por uma definição diferente do ser humano como ser da natureza (animal racional social) e, por essa razão, pode ser objeto de conhecimento científico — predicativo. Pelo conhecimento científico, o ser humano pode ser compreendido somente através de seu reconhecimento como pessoa, em outras palavras, "sei que" o ser humano é pessoa.

O reconhecimento se dá de modo diferente do conhecimento predicativo, que se move no horizonte dos fenômenos, daquilo que me aparece e é controlável por critérios. Porém, no caso da pessoa, não há critérios. Não se pode estabelecer critérios quanto a isso, afinal, todo ser humano é pessoa.

Ocorre, entretanto, que a história do Ocidente tem-se valido de um critério para estabelecer aqueles que são mais ou menos humanos: a racionalidade. A definição naturalista do ser humano o conceitua como animal racional e social. Ao se diminuir a racionalidade de alguns humanos, pode-se aproximá-los dos animais, de modo que, por serem "menos humanos", deveriam se submeter aos dotados de razão, ou seja, aos plenamente humanos.

A definição de pessoa não permite essa concepção. A pessoa não designa uma universalidade à qual poderiam ser subsumidos casos particulares a partir da aplicação de certos critérios, como ocorre na ciência. Pessoa é existência, e a existência não pode ser definida ou subsumida.

Por essa razão, diz-se que a pessoa é um mistério e não um problema, pois este permite sua resolução por meio da ciência, com todos os seus critérios e hipóteses. O mistério, por sua vez, é aquilo que não é exaurível, é aquilo que força a razão a tomar consciência de seus limites. Reconhecer o ser humano como pessoa, em termos epistemológicos, significa considerá-lo um mistério, transcendente às representações e definições.

O emprego de qualquer critério para definir as pessoas, exigindo-lhes algo além de pertencer ao gênero humano, será inexoravelmente para excluir alguns e elevar outros, acarretando sempre exclusão, opressão e aniquilação.

No pós-guerra, a constitucionalização da dignidade da pessoa humana veio como uma reação à violação consciente arquitetada e perpetrada pelos estados totalitários, pois, para estes, o ser humano é um problema a ser resolvido por definição, por critérios, de modo que os que não se enquadram devem ser eliminados.

A dignidade da pessoa humana jamais poderá ser relativizada ou mercantilizada. Isso, porque, ao atribuir valor (preço), este será sempre relativo a algum padrão (ouro, sal, moeda). O problema é que este padrão é obrigatoriamente definido por outrem, e a dignidade da pessoa humana exige considerar o ser humano como absoluto, o que significa que sua identidade como pessoa é sem relativismo, não depende de fatores externos. O reconhecimento dessa identidade independe de opinião ou ingerência de qualquer natureza. Para todo ser humano, é um bem reconhecer a si mesmo e a outrem como pessoa, em qualquer momento, em qualquer lugar e em qualquer circunstância.

O reconhecimento do outro como pessoa é ponto de partida do raciocínio prático, moral, jurídico ou político, embora a dignidade da pessoa humana não seja uma definição que pode ser explicada por teorias centradas na interpretação e aplicação de normas, mas apenas por uma teoria do reconhecimento.

A Declaração dos Direitos do Homem e do Cidadão, datada de 26 de agosto de 1789, representa marco importante na formação do princípio da dignidade da pessoa humana nos dias atuais, ditando em seu artigo 6º que: "sendo todos os cidadãos iguais a seus olhos, são igualmente admissíveis a todas as dignidades, postos e empregos públicos, segundo sua capacidade e sem nenhuma outra distinção que as de suas virtudes e talentos".

O princípio da dignidade da pessoa humana pode ser encontrado, ainda, na Carta Encíclica *Rerum Novarum* do Papa Leão XIII, acerca das condições dos operários, abordando a dignidade da pessoa humana, no contexto religioso, como forma de valorização das condições sociais do trabalho humano em pleno Estado Liberal. A Encíclica *Rerum Novarum* dispunha que, "quanto aos ricos e aos patrões, não devem tratar o operário como escravo, mas respeitar nele a dignidade do homem, realçada ainda pela do Cristão".

Outra passagem histórica importante no desenvolvimento do princípio da dignidade da pessoa humana foi o texto aprovado em 1946 pela Vigésima Nona Conferência Internacional do Trabalho, em Montreal, que assim dispunha: "todos os seres humanos de qualquer raça, crença ou sexo, têm o direito de assegurar o bem-estar material e o desenvolvimento espiritual dentro da liberdade e da dignidade, da tranquilidade econômica e com as mesmas possibilidades."

No entanto, é importante ressaltar que a dignidade da pessoa humana não se dá apenas onde o ordenamento jurídico a reconhece, sendo preexistente a qualquer forma de se apresentar a legislação. É inegável, no entanto, que o direito tem papel fundamental na sua promoção e preservação.

A esse respeito, Ingo Sarlet afirma que:

> (...) não se deverá olvidar que a dignidade — ao menos de acordo com o que parece ser a opinião largamente majoritária — independe das circunstâncias concretas, já que é inerente a toda e qualquer pessoa humana, visto que, em princípio, todos — mesmo o maior dos criminosos — são iguais em dignidade, no sentido de serem reconhecidos como pessoas

— ainda que não se portem de forma igualmente digna nas suas relações com seus semelhantes, inclusive consigo mesmos. Assim, mesmo que se possa compreender a dignidade da pessoa humana — na esteira do que lembra José Afonso da Silva — como forma de comportamento (admitindo-se, pois, atos dignos e indignos), ainda assim, exatamente por constituir — no sentido aqui acolhido — atributo intrínseco da pessoa humana (mas não propriamente inerente à sua natureza, como se fosse um atributo físico!) e expressar o seu valor absoluto, é que a dignidade de todas as pessoas, mesmo daquelas que cometem as ações mais indignas e infames, não poderá ser objeto de desconsideração. Aliás, não é outro o entendimento que subjaz ao art. 1º da Declaração Universal da ONU (1948), segundo o qual "todos os seres humanos nascem livres e iguais em dignidade e direitos. Dotados de razão e consciência, devem agir uns para com os outros em espírito e fraternidade", preceito que, de certa forma, revitalizou e universalizou — após a profunda barbárie na qual mergulhou a humanidade na primeira metade deste século — as premissas basilares da doutrina kantiana.[57]

2.4.2 - A Dignidade da Pessoa Humana e a Constituição Federal Brasileira de 1988

O princípio da dignidade da pessoa humana no direito brasileiro representa verdadeiro fundamento para efetivação dos ideais do Estado Democrático de Direito, conforme assentado no artigo 1º, III, da Constituição Federal.[58] Nota-se que o

---

57 SARLET, I. *Dignidade da Pessoa Humana e Direitos Fundamentais na Constituição de 1988. Op. Cit.*, p. 49.

58 Artigo 1º da Constituição Federal: "A República Federativa do Brasil, formada pela união indissolúvel dos Estados e Municípios e do Distrito Federal, constitui-se em Estado Democrático de Direito e tem como fundamentos: I - a soberania; II - a cidadania; III - a dignidade da pessoa humana; IV - os valores sociais do trabalho e da livre inicia-

tema foi elevado à categoria de princípio, não sendo incluído no rol de direitos e garantias fundamentais.

Os direitos fundamentais possuem sua base em torno da dignidade da pessoa humana, devendo ser deduzidos os direitos fundamentais autônomos; é impossível o reconhecimento da existência de um direito fundamental à dignidade, mesmo havendo estrita ligação entre eles. A dignidade, por se tratar de uma qualidade do ser humano, não pode ser determinada através do ordenamento jurídico, mas há casos em que a Suprema Corte considera impossível que a dignidade da pessoa humana seja retirada de algum ser humano, embora admita que a proteção a esses seres humanos, decorrente do princípio da dignidade humana, é passível de violação.

A dignidade da pessoa humana, em um primeiro momento, traz a certeza de que, como princípio fundamental, o artigo 1º, inciso III, da Constituição Federal declara como norma jurídico-positiva sua constitucionalidade formal e material, carregada de plena eficácia e com valor jurídico fundamental, constituindo uma indispensável fonte do ordenamento jurídico atual, justificando sua existência e denominação como princípio constitucional de maior hierarquia.

O sistema jurídico é formado por princípios, regras e valores, havendo assim o reconhecimento pleno de sua eficácia no plano constitucional nacional, que eleva a dignidade da pessoa humana à condição de princípio fundamental, não afastando seu valor fundamental, mas sim agregando uma maior eficácia e efetividade.

O fato de a dignidade ser elencada como princípio fundamental, dentro das normas constitucionais, exerce a função de aperfeiçoar as possibilidades fáticas e jurídicas existentes. O conteúdo da regra da dignidade decorre tão somente da ponderação operada no nível do princípio, desde que culminado com outros princípios.

---

tiva; V - o pluralismo político. Parágrafo único: todo poder emana do povo, que o exerce por meio de representantes eleitos ou diretamente, nos termos desta Constituição".

O presente princípio, existente em nossa Carta Magna, possui feição absoluta, ou seja, sempre prevalecerá em razão dos demais princípios, não admitindo ponderação quando houver um embate com outros princípios, devendo sempre se remeter ao conteúdo da dignidade, e revelando, assim, uma diferença estrutural quanto às normas de direitos fundamentais.

Considerando o caráter vinculante da dignidade da pessoa humana, do qual decorrem sua eficácia e aplicabilidade, enfrentamos de modo especial seu vínculo com as normas de direitos e garantias fundamentais, embora a condição de princípio seja totalmente compatível com a aplicabilidade e eficácia na dimensão jurídico-normativa, quer na perspectiva objetiva ou subjetiva.

Esse princípio pode ser avaliado sob diversas facetas. Apesar da celebração dos negócios jurídicos representarem questão típica do direito privado, não há como deixar de abordar a análise do enfoque constitucional do tema, mais especificamente, a própria dignidade da pessoa humana, inclusive diante da eficácia civil dos direitos fundamentais.

Com efeito, a extensão da aplicação do texto da Carta Magna e sua consequente interpretação — em relação às diferentes matérias infraconstitucionais — é matéria sempre de muita relevância, tendo em vista ser inquestionável o fato de que a norma constitucional fornece as balizas. E é assim que os ideais de liberdade, segurança, igualdade, justiça social e dignidade adquirem destaque na interpretação e aplicação dos princípios norteadores do negócio jurídico.

De fato, conforme exposto no escorço histórico, o texto aprovado em 1946 pela Vigésima Nona Conferência Internacional do Trabalho (OIT), em Montreal, dispunha que "todos os seres humanos de qualquer raça, crença ou sexo, têm o direito de assegurar o bem-estar material e o desenvolvimento espiritual dentro da liberdade e da dignidade, da tranquilidade econômica e com as mesmas possibilidades."

A conservação dos negócios jurídicos, além de preservar a sua segurança, visa manter a tranquilidade econômica, o bem-

-estar material, o equilíbrio das partes e, consequentemente, a dignidade da pessoa humana. Aliás, não são poucas as situações em que os direitos fundamentais são violados no contexto das relações entre os particulares.

A dignidade da pessoa humana é fundamento de existência da própria República, para não dizer do Estado de Direito; representa princípio central do arcabouço jurídico, não importando se na esfera pública ou privada. Trata-se de princípio no qual se organiza a sociedade humana, para facilitar a própria convivência no meio social.

A esse respeito, Antonio Junqueira de Azevedo ensina que:

> (...) a vida genericamente considerada consubstancia o valor de tudo que existe na natureza. Esse valor existe por si; ele independe do homem. Do primeiro ser vivo até hoje, há um fluxo vital contínuo; todo ser vivo tem sua própria centelha de vida, mas cada centelha individual surge do fogo que, desde então, queima na Terra e, nesse fogo, cada centelha se insere como parte no todo. A vida em geral fundamenta o direito ambiental e o direito dos animais. Todavia, é, sem dúvida, a vida humana que, sob o aspecto ontológico, representa sua parte excelente. Por isso, a vida humana — globalmente e em cada uma de suas centelhas — deve merecer a maior atenção do jurista. Do ponto de vista que nos interessa, isto é, de cada pessoa humana, a vida é condição de existência. O princípio jurídico da dignidade, como fundamento da República, exige como pressuposto a intangibilidade da vida humana. Sem vida não há pessoa, e sem pessoa, não há dignidade.[59]

A Constituição Federal vigente preleciona em seu artigo primeiro que o Estado Democrático de Direito é pautado na existência digna da pessoa humana. Aliás, o preâmbulo da

---

59 AZEVEDO, A. *Estudos e Pareceres de Direito Privado*. São Paulo: Saraiva, 2004, p. 14.

Constituição afirmou a caracterização de um Estado Democrático de Direito, com a importância de princípios como bem-estar, desenvolvimento e justiça, dentre outros.

Sem dúvida, para uma existência digna, é imperiosa a necessidade de saúde e educação, mas não é só. Outras garantias fundamentais, como a do exercício livre de convicções religiosas, políticas e culturais, se impõem igualmente.

De fato, a inviolabilidade do direito à vida, à liberdade, à igualdade, à segurança e à propriedade — como preleciona o artigo 5º da Carta Magna — está relacionada à ordem econômica que pauta cada sociedade. É importante ressaltar que não se pode equiparar o direito à vida e à liberdade religiosa, política, ou mesmo de ir e vir, às funções macro da ordem econômica e à destinação a ser dada aos lucros auferidos.

2.5 - Dos direitos humanos e a sua eficácia constitucional

O valor social do trabalho constitui postulado básico da dignidade da pessoa humana e corolário da própria cidadania. Os direitos sociais trabalhistas são destinados a outras espécies de trabalhadores, ainda que não sejam sujeitos de uma relação de emprego típica (empregados), como os trabalhadores avulsos, os temporários, os servidores públicos, por exemplo.

A Constituição Brasileira de 1988, alterando a ideologia contida nas cartas anteriores, tradicionalmente individualistas, que excluíam os direitos sociais do elenco dos direitos humanos, inseriu esses mesmos direitos no rol dos direitos e garantias fundamentais: daí a expressão Direitos Constitucionais Fundamentais.

A atual Constituição está em sintonia com o Pacto Internacional dos Direitos Econômicos, Sociais e Culturais, aprovado na XXI Sessão da Assembleia Geral das Nações Unidas em 1966, o qual passou a fazer parte do direito positivo brasileiro a partir de 1992.

Esse tratado considera os direitos sociais, culturais e econômicos inerentes à concretização da dignidade da pessoa humana e defende que o ser humano alcança a liberdade e se livra da miséria na medida em que cria condições para exercício de seus direitos econômicos, sociais e culturais, assim como de seus direitos civis e políticos.

A Constituição Brasileira é uma Constituição do Estado Social, na qual os problemas atinentes a relações de poderes e exercício de direitos são examinados e solucionados tendo por norte os princípios e objetivos fundamentais positivados no seu Título I.

Nesse sentido, para que as normas definidoras de direitos humanos adquiram plena vigência e se relacionem com as demais normas do ordenamento jurídico, é necessário que sua elaboração se dê através de órgão competente, mediante prescrições legais referentes ao procedimento de criação, edição e publicação, atendendo, assim os requisitos necessários para sua vigência perante o direito interno.

A diferença entre os direitos civis, políticos, econômicos, sociais e culturais reside no campo de sua eficácia, já que no campo da vigência não há qualquer diferença. Nesse sentido, os Pactos Internacionais não devem demonstrar apenas os direitos que a pessoa possui, mas também as obrigações estatais a ele inerentes. O Estado deve sempre manter, de maneira progressiva, a implementação dos direitos econômicos, sociais e culturais, sem retrocessos, até o limite de sua capacidade, demonstrando, assim, a plena eficácia das normas ora mencionadas. Isso, porque o Estado possui condições de cumprir essas regras sem uso de força ou dos organismos internacionais.

Há uma mudança de perspectiva que cria novas demandas específicas com novos destinatários, como, por exemplo, as regras que legislam sobre a criança e o adolescente, os idosos, as pessoas com necessidades especiais, dentre outros. A esse respeito, constata-se o conflito entre dois pensamentos distintos: um defende que o poder do Estado deve ser o menor possível, enquanto o outro defende a ampliação de sua atuação para diminuir a desigualdade entre pessoas e grupos sociais.

De uma forma ou de outra, é possível afirmar que os direitos civis e políticos possuem validade fática por serem positivados, tornando-se eficazes diante da omissão do Estado, ao contrário das normas de direitos sociais que dependem da ação deste, diante de uma ação complexa e coordenada.

O programa brasileiro de erradicação da pobreza e a marginalização e redução das desigualdades sociais demonstram a obrigatoriedade das normas de direito econômico, social e cultural, não agindo o governo por mera liberalidade. A intensidade e modo utilizado pelos entes públicos para cumprirem suas obrigações referentes a esses direitos não se confundem com a opção do administrador público em atender as demandas sociais. A existência de diversos serviços destinados aos grupos sociais marginalizados e/ou excluídos demonstram os efeitos produzidos pelas normas de direito econômico, social e cultural, dentro de um mínimo de eficácia e efetividade.

Assim, não é possível comparar a eficácia dos direitos civis e políticos com a dos direitos econômicos, sociais e culturais, diante da Constituição Federal, uma vez, inclusive, que seus objetivos são específicos. Os direitos econômicos, sociais e culturais dependem de políticas públicas, e não podem sofrer retrocessos diante da plenitude dos direitos civis e políticos.

A preocupação com o meio ambiente, por exemplo, mesmo diante da necessidade de obtenção de lucros e resultados positivos pela iniciativa privada, surgiu com a deterioração das condições de vida e a capacidade de estimar o avanço dessa deterioração e perceber a importância dos ecossistemas para manutenção de uma vida digna.

Há diversos estudos na Organização das Nações Unidas que visam fixar obrigações mínimas de cumprimento imediato e dar prioridade ao atendimento de grupos sociais historicamente desfavorecidos, em atenção às obrigações assumidas pelos Estados perante os órgãos internacionais. Desta forma, nota-se a preocupação com os direitos da criança, mulher, idosos, pessoas portadoras de necessidades especiais, dentre outros.

Atualmente, há uma diferenciação entre os direitos econômicos, sociais e culturais de aplicação imediata e os de aplicação progressiva, com a finalidade de especificar as obrigações estatais de modo mais eficaz e facilitar seu cumprimento. Diversos são os esforços para garantir um melhor acesso a esses direitos, visando melhorar a precisão e clareza dos textos internacionais para extrair direitos subjetivos individuais, coletivos ou difusos, dedutíveis judicial ou internacionalmente, resultando em uma tentativa de melhorar a avaliação de um Estado quanto ao cumprimento das suas obrigações.

Verifica-se ainda a existência de casos em que direitos econômicos, sociais e culturais, normalmente atendidos progressivamente, são de fruição imediata, bem como direitos civis e políticos cuja fruição não é imediata — o direito à livre escolha profissional e a fundar sindicato é um clássico exemplo de fruição imediata; nesses casos, a vedação do seu exercício é uma violação à concepção abstrata do ser humano.

Noutro sentido, verificamos direitos civis e políticos que necessitam de medida legislativa do Estado para serem atendidos, como é o caso da criminalização da tortura, que ganhou uma norma jurídica apenas em 1997.

Além disso, há os direitos humanos liberais, que necessitam de medidas do Poder Executivo para ter sua plena eficácia, como o direito à ampla defesa, que pode ser afetado quando alguém deixa de ser assistido por um defensor qualificado fornecido pelo Estado, remunerado pelo acusado ou não.

De maneira geral, na hipótese da destinação eficaz e fraterna do lucro auferido pela empresa e pela iniciativa privada, tem-se que é desnecessária uma legislação específica, sendo que os princípios e normas gerais que norteiam o ordenamento jurídico brasileiro já se desenvolveram nesse sentido.

2.6 - Da efetividade dos direitos humanos

A globalização, que se intensificou nas últimas décadas do século XX, têm raízes históricas no etnocentrismo da sociedade ocidental, no contexto da dominação colonial e pós--colonial. O processo de colonização, inegavelmente, cometeu injustiças, e algumas delas a globalização insiste em preservar.

Trata-se do destino irremediável do mundo, um processo irresistível.

A esse respeito, Alan Greenspan, de forma realista, leciona que:

> (...) as economias, consideradas de *per se*, crescem e prosperam à medida que seus habitantes aprendem especialidades e praticam a divisão do trabalho. O mesmo também ocorre na escala global. A globalização — o aprofundamento da especialização e a ampliação da divisão do trabalho além das fronteiras nacionais — é sem dúvida fundamental para a compreensão de boa parte de nossa história econômica recente. A capacidade crescente de realizar transações e de assumir riscos em todo o mundo está criando uma economia verdadeiramente global. A produção se torna cada vez mais internacional. Parcela considerável do que é montado em forma vendável num país consiste cada vez mais de componentes oriundos de muitos continentes. A capacidade de identificar as fontes de abastecimento de trabalho e de materiais mais competitivos em todo o mundo, em vez de apenas no âmbito do país, não só reduz os custos e a inflação de preços, mas também eleva o índice do valor dos produtos em relação ao valor dos insumos — o indicador mais amplo da produtividade e equivalente útil de padrão de vida. Em média, os níveis de padrão de vida apresentaram melhorias substanciais. Centenas de milhões de pessoas nos países em desenvolvimento foram arrancadas da pobreza de subsistência. Outras centenas de milhões estão experimentando agora níveis de afluência de

que as pessoas nascidas em países desenvolvidos desfrutaram durante toda a vida.

O aumento da concentração de renda que tem acompanhado a globalização reavivou a batalha entre as culturas do bem-estar social e do capitalismo — conflito que muita gente supôs ter acabado de uma vez por todas, depois da desgraça do planejamento central. Também a ameaça do terrorismo paira sobre a sociedade, pondo em risco o império da lei e, em consequência, a prosperidade da humanidade. Encontra-se em curso um debate mundial sobre o futuro da globalização e do capitalismo, cujo desfecho definirá as características do mercado global e nosso estilo de vida nas próximas décadas.[60]

O fenômeno da globalização traz contradição, já que demonstra a existência de um presente comum, mas um passado diferente. A esse respeito, confira-se a lição de Melissa Folmann, segundo a qual:

> (...) através dessa breve análise retrospectiva do movimento de internacionalização dos direitos humanos, é possível perceber que o debate acerca das normas que deveriam ser universalizadas para toda a humanidade, bem como do caráter relativo ou absoluto das mesmas, desenvolveu-se desde o início e em todas as etapas. Tal debate, que antes se polarizava basicamente no eixo ideológico comunismo-capitalismo, hoje pode ser centrado em diversos eixos, como norte-sul, países desenvolvidos-subdesenvolvidos ou ocidente-oriente. Na verdade, em tempos de globalização, a tentativa de compartimentalizar o debate não faz muito sentido, uma vez que a velocidade e a expansão dos meios de comunicação e do transporte de pessoas não permitem concluir que as distintas expressões culturais provêm de localidades geográficas diversas.[61]

---

60 GREENSPAN, A. *A Era da Turbulência - Aventuras em Um Novo Mundo.* Trad. Afonso Celso da Cunha Serra. Rio de Janeiro: Elsevier, 2008, pp. 351 e 352.
61 FOLMANN, M. *Direitos Humanos - os 60 anos de Declaração Uni-*

Na política, a globalização se caracteriza pela interdependência entre os Estados que perderam sua autonomia e sua soberania em favor dos interesses políticos e econômicos de novos atores internacionais, como a Organização das Nações Unidas, OMC e empresas transnacionais. Abriu-se, dessa forma, caminho para a nova tentativa de ocidentalização do mundo.

Neste cenário, observa-se o fenômeno de hierarquização de diferentes tipos de cidadãos, que possuem acesso a determinados tipos de direitos em conformidade com a classe à qual pertencem, criando-se múltiplos níveis de cidadania. Assim, merecem proteção os vulneráveis que pertencem a uma espécie de subcidadania, tais como minorias étnicas e comunidades indígenas.

Por sua vez, a efetividade (derivada do latim *effectivus*, de *efficere*) retrata o fato de uma determinada norma jurídica se impor perante seu destinatário, ou seja, ser observada tanto pelos aplicadores do Direito como pelo destinatário dessas normas — pelo aplicador do Direito nas diversas facetas da interpretação e pelo destinatário na sua aplicabilidade direta propriamente dita.

A efetividade não se confunde com eficácia (derivada derivado do latim *efficacia*, de *efficax*), que retrata o fato de a norma cumprir sua finalidade, tendo solucionado o motivo que a gerou. Eficaz é a possibilidade de qualquer norma gerar efeitos, enquanto efetividade significa a concretização desses efeitos jurídicos. Da mesma forma a efetividade não se confunde com legitimidade que retrata ser a norma jurídica originada do poder competente, ou seja, ser produzida por quem, conforme a lei, possa fazê-lo.

Efetividade é a qualidade de estar sendo cumprido ou em atual exercício, transformando as normas em um instrumento de promoção e distribuição de justiça, e, portanto, como consequência, de distribuição da segurança jurídica.

A concretização dos direitos humanos, ainda que na es-

---

versal da ONU. Curitiba: Juruá, 2008, p. 338.

fera local, está condicionada à efetividade de um sistema global. Não há como falar em proteção dos direitos humanos no âmbito nacional e internacional sem destacar a Declaração Universal dos Direitos Humanos da Organização das Nações Unidas, de 1948, que contém 30 (trinta) artigos divididos em normas gerais e três grupos de direitos individuais, sendo aquelas de caráter filosófico, jurídico, político e norteador, tais como fraternidade universal, liberdade e igualdade de todos os homens.

Antes dessa Declaração, leis e organismos internacionais já existiam e operavam nesse sentido, ainda que de forma marginal. Na Convenção de Genebra de 1864, por exemplo, foi elaborado o primeiro documento internacional que introduziu normas de direito humanitário — componente dos direitos humanos, embora seja relacionado às leis da guerra e visasse regular conflitos internacionais armados de modo a preservar direitos fundamentais das populações afetadas.

Após a Primeira Guerra Mundial, com a finalidade de prevenir novos conflitos e prevendo sanções econômico-militares, foi criada em 1920 a Liga das Nações, que foi dissolvida em abril de 1946 com a criação da Organização das Nações Unidas.

A Organização Internacional do Trabalho, também criada no pós-guerra, é o organismo que visa à melhoria das condições de trabalho no mundo inteiro, sendo responsável, consequentemente, por melhorias sociais de relevância.

A Declaração Universal dos Direitos do Homem, proclamada pela Assembleia Geral das Nações Unidas em 10 de dezembro de 1948 e seus sucessivos pactos internacionais não se restringem ao campo teórico, devendo seus signatários empreender esforços para a universalização dos direitos nela contidos.

A *International Bill of Rights* contém um Sistema Geral, que, juntamente com o Sistema Especial, faz parte do Sistema Global de Proteção e convive com os Sistemas Regionais, atuando como Direito subsidiário e complementar. Ambos têm a especificidade de constituir e garantir proteção adicional aos direitos humanos quando falham as instituições nacionais.

O Pacto Internacional dos Direitos Civis e Políticos, aprovado em 1966, começou a vigorar apenas em 1976, quando se completou o número de ratificações ou adesões necessárias. Esse pacto traz novos direitos a serem protegidos, tais como o direito da criança ao nome e à nacionalidade, identidade cultural e religiosa, dentre outros. Além dos direitos, o Pacto estabelece o dever dos Estados-Partes de assegurar os direitos nele elencados a todos os indivíduos sob sua jurisdição, excetuando-se casos excepcionais como o Estado de Emergência ou quando as limitações são necessárias à integridade da segurança nacional ou manutenção da ordem pública. A novidade residia no sistema de monitoramento: quando da ratificação, o Estado se obrigava a enviar periodicamente relatórios descritivos sobre as medidas administrativas, legislativas e judiciárias adotadas para sua implementação e evolução.

Por meio do Pacto, há possibilidade de um Estado denunciar outro ao Comitê por violações, por meio de *comunicações interestatais*, sendo que o Comitê somente agirá se ambos os Estados tiverem aceitado a sua competência para processamento e posterior mediação do conflito.

Em 26 de Março de 1976, entrou em vigor o Protocolo Facultativo ao Pacto Internacional dos Direitos Civis e Políticos, o qual adicionou a uma sistemática de implementação do Pacto petições individuais a serem apreciadas pelo Comitê de Direitos Humanos. Com isso, a *International Bill of Rights* concretizou a capacidade processual dos indivíduos na seara internacional.

De qualquer forma, ainda a propósito da efetividade dos direitos humanos, com a utilização ou não de *comunicações interestatais*, Ingo Sarlet leciona que:

> (...) em que pese sejam ambos os termos ("direitos humanos" e "direitos fundamentais") comumente utilizados como sinônimos, a explicação corriqueira, e, diga-se de passagem, procedente para a distinção, é de que o termo "direitos fundamentais" se aplica para aqueles direitos do ser humano reconhecidos e positivados na esfera do direito constitucional po-

sitivo de determinado Estado, ao passo que a expressão "direitos humanos" guardaria relação com os documentos de direito internacional, por referir-se àquelas posições jurídicas que se reconhecem ao ser humano como tal, independentemente de sua vinculação com determinada ordem constitucional, e que, portanto, aspiram à validade universal, para todos os povos e tempos, de tal sorte que revelam um inequívoco caráter supranacional (internacional). A consideração de que o termo "direitos humanos" pode ser equiparado aos "direitos naturais" não nos parece correta, uma vez que a própria positivação em normas de direito internacional, de acordo com a lúcida lição de Bobbio, já revelou, de forma incontestável, a dimensão histórica e relativa dos direitos humanos, que assim se desprenderam — ao menos em parte (mesmo para os defensores de um jusnaturalismo) — da ideia de um direito natural.[62]

Acredita-se que o Direito Internacional esteja caminhando no sentido de aprimorar a acionabilidade desses direitos por parte dos indivíduos, criando obrigações para os Estados no sentido de adotar medidas certas e concretas tendentes à implementação desses direitos, como programas de desenvolvimento voltados à educação ou à alimentação, por exemplo. Entretanto, os mecanismos hoje existentes são limitados, diante da demanda por tais direitos no mundo.

Por fim, com relação à obtenção e destinação do lucro em atendimento aos corolários dos direitos humanos internacionais de terceira dimensão, por exemplo, tem-se que os Estados ainda precisarão adotar medidas concretas tendentes à sua concretização. Isso, porque as assertivas quanto ao atendimento dos dispositivos constitucionais e infraconstitucionais ora referidos, como a função social, por exemplo, dizem respeito exclu-

---

62 SARLET, I. *A Eficácia dos Direitos Fundamentais - Uma Teoria Geral dos Direitos Fundamentais na Perspectiva Constitucional. Op. Cit.*, pp. 34 e 35.

sivamente ao território nacional.

2.7 - Atualidade dos direitos humanos

A sociedade contemporânea busca a unificação social e cultural, e a Declaração Universal dos Direitos Humanos em 1948 é reflexo dessa realidade. Em absoluto, muito há para se fazer, porém, o contexto atual de globalização, além de dar maior visibilidade para a temática dos direitos humanos, também a torna visível às diferenças e aponta para outra característica fundamental: a questão cultural e multicultural.

A cultura é um fenômeno dinâmico. A relação entre as mais diferentes culturas destrói, constrói, modifica e recria outras culturas ou partes delas, não só no sentido econômico, mas social, tendo forte influência sobre os hábitos e visões de mundo.

A primeira análise enfoca os aspectos gerais da globalização e dos direitos humanos, enfatizando a fragmentação cultural e política e a imposição histórica do etnocentrismo ocidental.

A segunda etapa aborda os direitos humanos nas perspectivas da pluralidade, universalidade e relativismo, demonstrando a necessidade de construir uma concepção multicultural de direitos humanos inspirada no diálogo entre as culturas e objetivando um multiculturalismo de caráter emancipatório.

Por fim, a terceira abordagem busca estabelecer o diálogo intercultural e debater um novo significado dos direitos humanos para comunidades indígenas isoladas, observando e reconhecendo as diferenças e o direito à diferença.

A abordagem dos direitos humanos tem que se dar de forma plural, universal e relativa. O pluralismo adere ao multiculturalismo, pois permite a coexistência de diversas concepções sobre um mesmo tema, desembocando num diálogo entre culturas diversas para a convivência pacífica, com resultados positivos para todas.

O multiculturalismo pode ser relativista ou universalista. Para os universalistas, os direitos humanos decorrem da dignidade enquanto valor intrínseco à condição humana. A universalidade é sinônimo de igual dignidade de todos os homens, independentemente do espaço territorial no qual cada um se encontra. Já a abordagem relativista não estabelece critérios mínimos para o diálogo entre culturas, tendo tudo por aceito e correto. Em outras palavras, tudo seria culturalmente relativo, sendo que cada cultura e cada sociedade estabelece seus valores, hábitos e práticas sociais.

O relativismo tem perdido importância, tendo em vista que por meio do multiculturalismo universalista é possível defender o caráter geral da Declaração de 1948 para todos, em qualquer lugar e a qualquer tempo. Por essa razão, enquanto os direitos humanos não forem concebidos em seu caráter universalista, tenderão a operar como um "localismo globalizado".

A Declaração de 1948 aborda exclusivamente temas e valores essencialmente ocidentais, recaindo os direitos humanos neste localismo globalizado. Existem manifestações em prol dos direitos humanos de caráter emancipatório e de cunho explícito ou implícito anticapitalista, contra-hegemônico ou não ocidental, de modo a estabelecer debates interculturais sobre o tema. Neste contexto, as comunidades indígenas, por exemplo, devem ter garantias para defender sua cultura e sustentabilidade no seio de instituições democráticas. A denominação de "povos isolados" diz respeito ao fenômeno desses grupos, que se caracterizam pela ausência de relações com as sociedades nacionais ou com reduzido grau de relação e contato, sendo este fenômeno único no mundo, e encontrado somente na América do Sul.

Considerando-se os aspectos culturais e étnicos dos índios isolados e a legislação em vigor no Brasil, entende-se que os índios possuem direito ao isolamento e o Estado deve assegurá-lo. O órgão responsável pela preservação dos povos indígenas isolados é a Coordenação Geral dos Índios Isolados (CGII), vinculada à FUNAI. Segundo a FUNAI, são considerados índios isolados aqueles grupos que não estabelecem relações permanentes com a população nacional. No ano 2000, a FUNAI elaborou oito diretrizes para a preservação dessas comunidades, sendo o foco principal a não obrigatoriedade de contato. Em 2005, o Brasil promoveu na cidade de Belém, Pará, o 1º Encontro Internacional sobre Povos Indígenas Isolados. Nesse encontro criou-se a chamada Aliança Internacional para a Proteção dos Povos Indígenas Isolados, que chamou a atenção dos governos dos países onde existem tais povos (países da bacia amazônica e do Gran Chaco), isolados ou em contato inicial, para que reconheçam oficialmente sua existência e a necessidade de protegê-los, não apenas ao índio em si, mas também de preservar seu habitat e, principalmente, o direito ao isolamento. Internacionalmente, a proteção dos povos indígenas isolados se dá por meio de convênios, tratados e declarações, tais como a Convenção 169 da OIT, uma das mais avançadas sobre o tema, embora não abarque especificamente os povos indígenas. A aplicação, entretanto, não se dá apenas por analogia, mas sim por enquadramento dos índios isolados em situações descritas na convenção. A esse respeito, vale destacar o artigo 14, que cita povos nômades ou itinerantes, definições perfeitamente aplicáveis também aos índios isolados.

A globalização ou mundialização é uma máquina incontrolável, excludente de culturas não assemelhadas à do ocidente; essas culturas, porém, estão emergindo das amarras do pensamento único (ocidental), visando à vida de uma sociedade multicultural organizada em torno dos movimentos de emancipação e de comunicação.

A comunicação ou diálogo multicultural possibilita a emancipação da vida pessoal e coletiva, e a atribuição de nova significação aos direitos humanos. Daí, a necessidade de uma teoria da tradução, que torne as diferentes lutas mutuamente inteligíveis e permita aos atores coletivos um diálogo sobre as opressões a que resistem e as aspirações que os animam.

Nesse contexto, os lucros podem e devem ser aplicados e destinados levando-se em consideração o princípio da fraternidade e os direitos humanos ora referidos.

A esse respeito, Vicenzo Buonuomo ensina que:

> (...) a fraternidade, como valor, apresenta-se também como resposta para a crise da universalidade que envolve a dimensão e o significado dos Direitos Humanos. De fato, a consideração da pertença comum de cada pessoa à família humana remete a uma reflexão essencial: são universais os direitos, ou é universal o ser humano? A dignidade humana, que se realiza na dimensão individual e naquela coletiva própria da fraternidade, não muda as coordenadas geográficas ou os fatos históricos; mantém a sua unicidade quanto à natureza e ao valor, inclusive como elemento constitutivo dos direitos fundamentais. Em substância, no Direito Internacional dos Direitos Humanos, o valor da fraternidade encontra um fundamento substancial na consciência comum da humanidade. É motivo de inspiração e de orientação da normativa internacional elaborada coerentemente com a Declaração Universal e sua expressão. Seguindo tal perspectiva e percorrendo a Declaração Universal, de modo especial o Artigo 29, é possível encontrar uma real, mas certamente não exaustiva indicação dos efeitos da fraternidade. Essas disposições acompanham a dimensão individual da sua posse e o efetivo exercício dos Direitos Humanos com uma dimensão comunitária: "Cada indivíduo tem deveres para com a comunidade, único lugar onde é possível o livre e pleno desenvolvimento da sua personalidade". Não há dúvidas de que essa orientação necessita de uma visão unitária da dimensão da pessoa, que tem consciência de poder viver a própria dignidade e realizar plenamente as próprias aspirações sem se isolar, mas estando numa relação necessária de complemento com os outros — uma reciprocidade que começa no ambiente em que se vive até abranger toda a família humana.[63]

---

63 BUONUOMO, V. *Em busca da fraternidade no Direito da comunidade internacional. In:* CASO, G. et al, orgs. *Direito & Fraternidade: ensaios, prática*

Do exposto, torna-se necessária a abordagem da fraternização do lucro como forma de concretização dos direitos humanos, ora apontada em sua universalidade e de forma atual e segura.

forense. São Paulo: LTr, 2008.

Capítulo III – O lucro e a efetividade dos direitos humanos

O sistema econômico capitalista que dominou a sociedade logo após o período da Guerra Fria criou um ambiente econômico de competição, de acumulação de capital e de preocupação única com o resultado financeiro positivo (lucro), colocando o dinheiro acima de tudo e de todos para os capitalistas.

A esse respeito, leciona Paul-Eugène Charbonneau que "a lei suprema do lucro (logo, do dinheiro) que domina o pensamento capitalista, confirma, aliás, o caráter materialista do sistema. Onde o lucro impera soberanamente, o dinheiro é Deus. Com tal divindade, não poderia haver outra religião que não o materialismo."[64]

De fato, em um mercado cada vez mais competitivo, as pessoas estão atentas a toda forma de obter lucro, como decorrência do processo produtivo ou da prestação de serviços. Para o sistema capitalista e respectiva economia de mercado, a atividade produtiva e o ciclo econômico não têm razão de existir senão para auferir lucro, nem sempre privilegiando o bem-estar da coletividade e a sustentabilidade.

Na busca incessante de como auferir e aumentar os lucros, adotando as premissas das teorias de Adam Smith e David Ricardo, os capitalistas defendem o fim de intervenção do Es-

---

64 CHARBONNEAU, P. *Entre Capitalismo e Socialismo: a Empresa Humana. Op. Cit.*, p. 56.

tado na economia, a livre concorrência, fim das medidas protecionistas e monopólios, e ainda transferem a culpa pela exclusão social aos próprios trabalhadores utilizados na produção capitalista, e não a toda a sociedade ou às unidades produtoras.

No entanto, do ponto de vista jurídico, já não é mais tolerado o lucro conquistado com base na degradação do meio ambiente, na utilização de mão de obra infantil, na propaganda enganosa, em más condições de trabalho, na exploração ou na segregação de seres humanos, enfim, em práticas que atentem contra os direitos humanos e os interesses coletivos e difusos a que nos referimos no capítulo anterior.

Com efeito, permitir o lucro pela atividade empresarial como decorrência das liberdades negativas, sem qualquer controle ou contrapeso, é uma maneira de afastar a efetividade dos direitos humanos. A noção de lucro também está relacionada à de sustentabilidade, uma vez que já não é mais possível imaginar a ideia de lucro como propósito único das empresas, devendo ser levados em consideração os meios utilizados na sua obtenção.

Essa noção de sustentabilidade demanda um novo modelo de gestão dos negócios, que considera as externalidades positivas e negativas das atividades produtivas ou da prestação de serviços, como, por exemplo, o desenvolvimento econômico-social de uma determinada região, a melhoria da qualidade de vida da comunidade local, a emissão de gases de efeito estufa, enfim, o impacto dos negócios no meio em que serão praticados. Nesse sentido, alguns setores da economia são mais demandados que outros. A título exemplificativo, tem-se os setores de papel e celulose, mineração e siderurgia, geração de energia, óleo e gás, e transporte.

Ademais, é importante destacar que não é dado às empresas negligenciar os lucros ou mesmo comprometer seus resultados financeiros, mas, sim, responsabilizar-se pela forma como esses lucros são gerados e o impacto disto para os próprios colaboradores, a comunidade local, e, por que não, a sociedade como um todo, de forma indireta.

Não são poucos os exemplos que se apresentam atualmente de conquistas na obtenção do lucro de forma sustentável e em prol de um bem comum e do respeito aos direitos humanos, em todas as suas dimensões. A esse respeito, Andrew W. Savitz exemplifica:

> (...) as pessoas que exploram o empreendedorismo social apontam para organizações específicas, que se destacaram por diferenciais positivos, mediante a adoção de técnicas típicas de organizações com fins lucrativos, para a consecução de objetivos sociais — como o Grameen Bank, de Bangladesh, cujo fundador, Muhammad Yunus, lançou o movimento do microcrédito. Ao emprestar quantias minúsculas (de US$5 a US$100) a homens e mulheres pobres da área rural de Bangladesh, como capital inicial de microempresas, o Grameen Bank contribuiu para a abertura de dezenas de milhares de pequenos negócios, arrancando da pobreza milhares de vilarejos (...). Exemplo ambicioso é a Safe Water Drinking Alliance, que se descreve como "colaboração estratégica público-privada", cujo objetivo é ajudar famílias em alguns dos países mais pobres do mundo a obter fornecimento regular de água potável segura. A maioria dos residentes do mundo desenvolvido dispõe de água potável limpa como algo certo, mas cerca de 1,1 bilhão de pessoas em todo mundo dependem de mananciais contaminados. As doenças daí decorrentes, principalmente diarreia, resultam na morte desnecessária, por desidratação, de mais ou menos dois milhões de crianças por ano.[65]

Na verdade, uma teoria sobre o lucro deve fazer algo mais do que defini-lo, devendo descrevê-lo sistematicamente como um fenômeno relacionado à sua destinação. A esse respeito, Paul-Eugène Charbonneau afirma que:

---

65 SAVITZ, A. *A Empresa Sustentável*. Rio de Janeiro: Elsevier, 2007, pp. 246 e 247.

(...) ainda que legítimo quando realizado numa justa proporção, o lucro nunca pode ser considerado a razão de ser
de uma empresa. Ora, neste ponto, como nos precedentes, o
neocapitalismo é herdeiro dos pontos de vista liberais e de
Adam Smith. É verdade que esse modo de pensar está até
hoje temperado pelo fato de se haver restituído ao bem comum seus direitos, fazendo-se com que o lucro se enquadre
nas exigências impostas por ele. Mas, uma vez demarcados
os limites, o lucro é sempre o rei. É ele a última razão de ser
dos investimentos, que se distribuem menos em razão das
necessidades e conveniências do que com vistas aos benefícios esperados, de onde resulta uma economia de consumo,
de luxo e de lucro. Parte-se sempre do pressuposto que uma
empresa, para viver, precisa ser lucrativa, de onde se conclui,
por um raciocínio sofístico, que sua razão de ser, logo, sua
finalidade, é o lucro. Ora, necessidade e finalidade são duas
noções essencialmente distintas, e não se poderia reconhecer
o lucro como fim da empresa, embora seja necessário, porque isso equivaleria a aceitar o primado do dinheiro sobre o
homem. A regra continua sendo a do lucro máximo, quando
deveria ser a do lucro mínimo, como veremos depois, a fim de
que o poder aquisitivo seja máximo. Para os neocapitalistas,
o lucro é o fim da economia; conforme o pensamento humanista, deveria ser apenas o motor. Como observa Villain: "No
dia em que (o lucro) se torna, ao contrário, o alvo supremo
do conjunto dos empresários e fim último de suas atividades,
devemos dizer que a ordem dos fins está transtornada e que
a economia não se encontra mais a serviço do homem". Hoje,
como ontem, o dinheiro é que é a medida. No contexto ne-
ocapitalista, temos de reconhecer ainda, com Leclercq, que
"um dos aspectos da desmoralização dos tempos presentes é a
invasão do espírito de lucro, que penetra todas as profissões,
dando um brilho excessivo às profissões cujo fim é o lucro.[66]

---

66 CHARBONNEAU, P. *Op. Cit.*, p. 82.

Por isso, justifica-se uma interpretação e análise jurídica do lucro, numa perspectiva de compatibilizá-lo com os direitos humanos em todas as suas dimensões: desde o início do fluxo econômico, até sua atividade final, sopesando de que forma o lucro foi obtido e sua destinação final.

Daí, o lucro também terá uma função importante para todos: servirá como instrumento de efetivação dos direitos humanos, toda vez que melhorar a qualidade de vida das pessoas e ajudar na preservação do meio ambiente, apoiando a sustentabilidade.

A maneira pela qual o lucro se compatibilizará aos direitos humanos em todas as suas dimensões e, ainda, servirá como instrumento de efetivação desses direitos, depende de uma participação daqueles que têm o poder de mudar, ou, pelo menos, de influenciar os fatores de produção: Estado e unidades produtivas, especialmente e inclusive aqueles que desempenham a atividade empresarial.

3.1 - Do papel do estado para que o lucro garanta a efetividade dos direitos humanos

O Estado tem o papel de estabelecer proteção legítima e democrática em benefício dos cidadãos e dos estrangeiros, residentes ou não no país, sob a ótica de responsabilidade das pessoas jurídicas de direito público, na busca de garantir os direitos. Para tanto, visa perseguir e assegurar o exercício dos direitos sociais e individuais, bem como a liberdade, a segurança, o bem-estar, o desenvolvimento, a igualdade e a justiça, considerados como valores supremos de uma nação fundada na harmonia social.

No entanto, desde o final do século XX, o Estado tem cada vez mais se dissociado de uma visão monopolista e protecionista, abstendo-se (sempre que possível) das funções de intervenção na economia, transferindo as atividades constitucionalmente previstas a outras pessoas jurídicas de direito privado, ainda que em troca de interesse econômico.

De qualquer forma, o papel do Estado é fundamental para que os direitos humanos em todas as suas dimensões sejam efetivados por meio do lucro, tendo em vista que o Estado pode e deve intervir na atividade econômica, colocando um freio ou um contrapeso ao pensamento capitalista de obter somente lucro, sem pensar no próximo e em toda a sociedade.

Sustentamos, neste capítulo, que o Estado tem papel fundamental, pois, num Estado Democrático de Direito, como é o caso do Brasil, pode o Estado adotar medidas efetivas, de âmbito jurídico e político, para que a empresa e o capitalista, quando da obtenção e destinação do lucro, tenham que se submeter ao controle estatal baseado na ordem jurídica.

A evolução histórica das formas de intervenção do Estado na atividade econômica, adotando medidas jurídicas e políticas, demonstra que o Estado pode, sim, interferir no lucro dos capitalistas e fazê-los repensar a maneira pela qual este deve ser obtido e destinado — respeitando a prevalência dos direitos humanos em todas as suas dimensões.

Nos anos 1930 surgiu a era declinante, que se expandiu nos anos 1940 e chegou ao apogeu nas décadas de 1950 e 1960. Nos anos 1970, com a crescente instabilidade das macroeconomias, houve nova redução de seu ritmo de crescimento. Os anos 1980 mostraram uma progressiva incapacidade, tanto para planejar racionalmente a intervenção Estatal no processo de mudança social, quanto para produzir respostas, a um só tempo eficientes e sistematicamente coerentes com o conjunto disperso e contraditório de tensões, conflitos e demanda — um retrato da decadência em quatro décadas de intervencionismo estatal.

Os anos 1990 representam um período histórico de intercruzamento entre duas eras econômicas: o pós-guerra, cujas características são o planejamento estatal através da intervenção governamental, inovações conceituais e pragmáticas em matéria de regulação dos mercados produtor e distribuidor, utilização do direito como instrumento de controle, gestão e direção, entre outras; e a era da economia globalizada, que se afirma a partir da retomada dos fluxos privados de acumulação de capital, marcada pela desregulação dos mercados, financeirização do capital, extinção dos monopólios estatais, privatização de empresas públicas, entre outras. A dependência do crescimento geométrico das taxas de inovação é uma das características mais importantes da nova era.

Na fase de ascensão, o Estado tinha como objetivo maior a integração de políticas macroeconômicas para a expansão do capitalismo, investindo contra o pensamento convencional. Keynes defendia que no âmbito de uma economia capitalista não era necessária uma poupança prévia para efetivação dos investimentos, uma vez que estes dependeriam das expectativas de lucro dos empresários e da disposição dos gestores das finanças.

O estado keynesiano não se limitou a restabelecer o equilíbrio nas transferências bilaterais de recursos, pondo um fim aos fatores que vinham submetendo o capitalismo a crises, mas também desempenhou o papel de viabilizador da acumulação privada e cumpriu a função legitimadora de assegurar à sociedade industrial uma identidade estabelecida, que, a nível jurídico, levou à padronização das relações de trabalho, e, a nível político, orientou a ação governamental no sentido de identificar os focos de tensão.

O Estado se revelou incapaz, não só de lidar com os problemas inéditos gerados pelas transformações da ordem econômica internacional, mas também com problemas mais antigos, que passaram a escapar dos padrões gerais da política macroeconômica, levando normas econômicas, administrativas e trabalhistas a serem reformuladas e reinterpretadas, tendo como resultado o declínio do sistema econômico e comprovando uma falta de eficácia política, administrativa, normativa, operacional e organizacional do sistema keynesiano.

As despesas geradas pela crise de ingovernabilidade crescem mais do que os meios para financiá-las, e uma vez efetivadas se convertem em direitos sociais que acabam não podendo ser suprimidos sem risco de grandes tensões, vendo-se o Estado obrigado a transferir os excedentes do sistema político, reduzindo com isso a capacidade pública e privada de investimento do mesmo sistema.

Após a crise das décadas de 1960 e 70, a governabilidade passou a ser definida como uma condição das reformas, e estas como a estratégia mais adequada para a restauração da mesma. Atualmente, tendo como exemplo mundial a crise econômica internacional de 2008 e o efeito dominó em várias instituições financeiras, resta assente que o mercado e a economia não podem caminhar soltos, necessitando da intervenção estatal, o que rechaça a teoria de Adam Smith.

A teoria keynesiana imperou como um norte na recuperação da crise mundial, tendo em vista que as economias do globo acreditaram que o Estado, e respectivo poder estatal, poderiam incentivar a economia interna pelo fomento do consumo, dos investimentos internos e pela criação de uma infraestrutura que sustentasse a economia interna, melhorando a vida das pessoas.

A esse respeito, Moisés Marques, professor de economia da Fundação Escola de Sociologia e Política de São Paulo, ensina que "mesmo assim, as teorias keynesianas não são onipotentes. O Estado não pode aliviar o mercado o tempo todo sozinho. O mercado também precisa se sustentar. Para isso, a melhor política é a regulamentação e a fiscalização das iniciativas privadas.[67]

Daí o Estado ter que se apoiar no sistema jurídico para que a fiscalização das atividades privadas possa ser efetiva, devendo, para tanto, intervir sempre que necessário, normatizando as relações econômicas para que exista um equilíbrio real entre a atividade econômica e o ser humano, bem como para que a economia esteja a serviço do homem, e não o homem a serviço da economia. É inaceitável, por exemplo, a utilização de mão de obra escrava em qualquer segmento da economia em pleno século XXI.

---

67 Cf Marcia Rodrigues. *A História do Pensamento Econômico - Os Grandes Teóricos e seus Pensamentos.* São Paulo: Discovery, s/d, p. 11.

Logo, o direito é o primeiro instrumento hábil de que dispõe o Estado para fiscalizar e intervir na economia, direcionando a forma de obtenção e destinação do lucro pelos capitalistas; especialmente para que adotem a efetivação dos direitos humanos como algo indissociável do objetivo de suas atividades econômicas, ou seja, para que o lucro tenha com o respeito aos direitos humanos em todas suas dimensões uma relação de dependência.

Nesse sentido positivista-normativo, a eficácia de uma determinada ordem legal é definida como o poder de produção de efeitos jurídicos concretos na regulação de situações, relações e comportamentos previstos pelos códigos e leis vigentes. Já em outra vertente teórica, com maior sensibilidade sociológica, as normas e leis costumam ser eficazes quando encontram na realidade por elas regulada as necessárias condições sociais, econômicas, políticas, culturais e até antropológicas.

Consciente de que seus códigos e leis precisavam dessa base, o Estado regulatório passou a adotar estratégias sutis de distanciamento em relação aos dispositivos legais, a ponto de, muitas vezes, se tornar cúmplice de comportamentos e decisões que os violam, por ação ou omissão. Em relação à perspectiva informal, passou a editar, de forma não sincronizada e em termos lógico-formais, materiais e temporais, sucessivas normas de comportamento, organização e programáticas. Como ocorre com a inflação econômica, a desenfreada e desordenada produção legislativa costuma encurtar horizontes decisórios, acirrar conflitos, inviabilizar o cálculo racional e disseminar insegurança generalizada na vida sociopolítica e no mundo dos negócios.

A inflação jurídica é a desvalorização progressiva do próprio direito positivo, que o impede de exercer suas funções reguladoras e controladoras básicas por meio de normas, leis e códigos. A inflação legislativa abrange o fenômeno da explosão de litígios judiciais e o já mencionado problema da tribunalização da política, aqui definido como um processo altamente disfuncional de evolução e mudança do Direito.

No âmbito específico do Estado-nação, suas instituições

jurídicas acabaram sendo reduzidas, no que se refere ao número de normas e diplomas legais, o que o tornou mais ágil e flexível em termos processuais. O Estado continuou legislando, inclusive em matéria econômica, financeira, monetária, tributária, previdenciária, trabalhista, civil e comercial.

No âmbito da economia mundial, as organizações financeiras e empresariais transnacionais, agindo com base na premissa de que as decisões relativas aos sucessivos estágios das atividades produtivas não devem ser tomadas separadamente, e sim simultaneamente, ampliaram a produção de suas próprias regras, de forma que sistemas de organização e métodos, manuais de produção, regulamentos disciplinares, códigos de conduta e contratos foram padronizados em escala global.

Aspectos importantes de tais mudanças estruturais são a multiplicação e o entrelaçamento de quatro tipos de regras: as normas técnicas, as normas criadas pelos conglomerados transnacionais, e as normas e procedimentos criados por organismos multilaterais.

Outra tendência tem sido tratar as cadeias normativas da economia mundial, as formas legais transnacionais e a interseção das regras autoproduzidas pelas corporações financeiras e empresariais com o direito positivo dos Estados-nação, pelo ângulo do pluralismo jurídico. O direito internacional e o pluralismo jurídico sempre foram tratados de modo não prioritário, devido à ênfase dogmática dada às categorias: o direito internacional devido ao seu baixo grau de coercibilidade, à indiferenciação hierárquica de suas normas e à polêmica em torno de sua viabilidade ou possibilidade de um poder formal soberano em nível supranacional; o pluralismo jurídico devido ao seu potencial corrosivo ou por sua disfuncionalidade no âmbito da dogmática, na medida em que revela a heterogeneidade do direito estatal e a existência da várias ordens jurídicas num mesmo espaço geopolítico. Já a valorização do direito internacional público reside no fato de que, pela decantada debilidade de seu poder de coerção organizada, suas definições evoluíram.

A principal regra do foco analítico para a identificação,

em toda sua complexidade estrutural, do perfil das instituições de direito surgidas com a economia globalizada, é partir da sociedade capitalista como uma formação política constituída por vários modos de produção de poder, articulados de maneiras específicas, com base numa abordagem pluralista fundamentada e legitimada.

Na sociedade capitalista, a natureza do poder e o caráter não são atributos de qualquer política social, institucional ou jurídica específica, mas sim resultantes de suas distintas possibilidades de articulação; interagindo de modo contínuo, esses espaços tendem a criar relações complexas, dinâmicas e inéditas entre si, resultando numa combinação de várias concepções de legalidade e distintas gerações de normas. A fragmentação expressa pelas múltiplas cadeias e microssistemas normativos constituídos a partir dessas interações e intercruzamentos, contudo, está longe de ser caótica; apesar de serem estruturalmente autônomos, esses espaços se influenciam reciprocamente em suas inter-relações.

Na era econômica do pós-guerra, o ordenamento jurídico do Estado intervencionista, com seus instrumentos regulatórios, consistia no direito central que dispunha de condições efetivas para influenciar e condicionar o direito de produção e o produzido no espaço do mercado, devido ao fato de que as empresas dependem das barreiras tarifárias, do protecionismo comercial e dos incentivos e crédito oferecidos pelos programas de crescimento e desenvolvimento industrial, e também da ampliação de leis em defesa do consumidor.

Competitividade, produtividade e integração no plano econômico, associados à fragmentação e marginalidade no plano social, compreendem, de um lado, a diferenciação funcional da sociedade, e de outro um crescente desemprego estrutural, acompanhado da degradação das condições de vida daqueles que foram expulsos do mercado formal de trabalho.

Ao Direito social parece faltar uma condição fundamental para sua implementação, que é uma economia sob a intervenção regulatória de um Estado forte, seja frente às distintas unidades políticas locais ou a qualquer grupo social particular localizado dentro de seus limites territoriais. Esse Direito foi criado quando os laços sociais de natureza estamental foram rompidos pela modernização burguesa, levando ao fim da fragmentação ou dispersão do poder em feudos, ducados, baronatos, principiados e igreja, e à supressão das diferenças locais religiosa ou por nascimento.

Entre as respostas possíveis para a continuidade do Direito social na agenda contemporânea, está a utilização da ideia de Direito social como um projeto de transformação dotado de certo componente utópico, no sentido de em qual direção se pode caminhar, sendo esse caminho formulado e desenvolvido na tentativa de construção de mundos impossíveis, não necessariamente incluindo o processo histórico.

Outra ordem de dificuldade é o alcance da reflexão sobre as transformações institucionais, organizacionais e jurídicas do Estado contemporâneo pelos teóricos do Direito reflexivo, principalmente aquelas decorrentes das tentativas de enfrentar o desafio da inflação legislativa, da juridificação e da ingovernabilidade sistêmica. Ao limitar seus objetos ao controle e harmonização dos distintos procedimentos de negociação em níveis descentralizados no âmbito das cadeias produtivas, o Direito reflexivo enfrenta o desafio de afirmar sua identidade sistêmica.

Por um lado, as instituições traduzem o esgotamento dos modelos político-institucionais vigentes desde o segundo pós-guerra, sob a forma de estados keynesianos e instrumentos jurídicos altamente intervencionistas e regulatórios; por outro, ainda estão em fase de configuração e expansão, num cenário mundial cambiante e repleto de incertezas, dilemas e incógnitas.

As iniciativas para a regionalização, na qualidade de estratégia especialmente concebida para viabilizar a obtenção de melhores condições de participação no intercâmbio mundial, incluíram, em primeiro lugar, o adensamento das experiências de integração europeia, iniciadas entre 1950 e 1951 — com a criação da Autoridade Internacional do Ruhr e da Comunidade

Europeia do carvão e aço, que instituiu o Princípio da Supra-nacionalidade combinando normas do direito internacional e do direito público interno — e concretizadas com o Acordo de Maastricht em 1992.

A segunda iniciativa foi a assinatura, também em 1992, do Tratado Norte-Americano de Livre Comércio (NAFTA), criando com Canadá, EUA e México uma área comum para a livre circulação de bens e serviços.

Já a terceira iniciativa é representada pela constituição, após décadas de intensa competição e muita desconfiança recíproca, de uma área bastante dinâmica de cooperação econômica e comercial envolvendo as Américas, o sudeste asiático e a Oceania, a APEC — Cooperação Econômica Ásia-Pacífico — que hoje congrega 21 países.

A quarta iniciativa se deu pelos esforços de eliminação de barreiras alfandegárias, pela adoção de uma tarifa externa comum, pela formulação de uma política comercial conjunta com relação a terceiros, pelo aumento do volume do comércio regional e pelo aprofundamento de suas respectivas economias por parte dos países do cone sul da América Latina — MERCOSUL.

Ao mesmo tempo em que a globalização revela facetas demasiadamente originais e complexas para permitirem uma avaliação precisa, as instituições jurídicas que acompanham a globalização econômica deverão ser afetadas pelas inevitáveis mudanças de rumo.

Com base nessas ideias, temos por certo que no Brasil o norte legislativo do Estado para intervenção na atividade econômica, na forma de obtenção e destinação do lucro, é a constituição econômica, especialmente a regra matriz da ordem econômica prevista no artigo 170 da Lei Maior. Os objetivos da República Federativa Brasileira estão previstos no artigo 3º e a prevalência dos direitos humanos no artigo 4º, item II, da Carta Maior.

Sustentamos, então, que o Estado tem o papel de intervir na forma de obtenção e destinação do lucro, fiscalizando se os direitos humanos estão sendo respeitados pela empresa e se a mesma tem como premissa para obtenção do lucro os fundamentos econômicos da ordem constitucional (valorização do trabalho humano e da livre iniciativa, por exemplo) e os objetivos da ordem social (assegurar a existência digna conforme os ditames da justiça social). Isso, porque entendemos que a violação do princípio comunitarista previsto na Carta Maior, no que se refere à obtenção e destinação do lucro, é motivo suficiente para o Estado intervir na ordem econômica, gerando resultados práticos na efetivação dos direitos humanos em todas as suas dimensões.

A esse respeito, leciona Andre Ramos Tavares:

> A justiça social, em síntese, deve ser adotada como um dos princípios de finalidade comunitarista expressos na Constituição de 1988 a interferir no contexto da ordem econômica, visando ao implemento das condições de vida de todos até um patamar de dignidade e satisfação, com o que o caráter social da justiça é-lhe intrínseco.[68]

Concluindo, o Estado tem o dever de fiscalizar e intervir na atividade econômica empresarial sempre que os direitos humanos são violados para a obtenção e destinação do lucro, utilizando-se do poder estatal baseado no ordenamento jurídico vigente, especialmente das normas constitucionais econômicas.

3.2 - Da função social da empresa e os direitos humanos

A ideia de função social como um *poder-dever* surgiu na Constituição Alemã de Weimar, em 1919, como forma de superar uma concepção puramente individualista da propriedade.

---

68 TAVARES, A. *Direito Constitucional Econômico*. São Paulo: Editora Método, p. 129.

Nesse sentido, a *função social* de determinado direito está relacionada aos interesses da sociedade. No entanto, a expressão função social é vaga, imprecisa.

Fabio Konder Comparato leciona que:

> (...) se analisarmos mais de perto esse conceito abstrato de função, em suas múltiplas espécies, veremos que o escopo perseguido pelo agente é sempre o interesse alheio, e não o do próprio titular do poder. O desenvolvimento da atividade é, portanto, um dever, mais exatamente, um poder-dever; e isto, não no sentido negativo, de respeito a certos limites estabelecidos em lei para o exercício da atividade, mas na acepção positiva, de algo que deve ser feito ou cumprido.[69]

O conceito de função social está previsto na Constituição Federal nos artigos 5º, XXIII e 170, III; e está diretamente relacionado à satisfação de uma necessidade.

A esse respeito, Guilherme Calmon Nogueira da Gama leciona que:

> (...) o sentido da expressão função social deve corresponder à consideração da pessoa humana, não somente *uti singulus* ou *uti civis*, mas também *uti socius*. Nesse contexto, a doutrina da função social emerge como matriz filosófica apta a restringir o individualismo presente nos principais institutos jurídicos, face os ditames do interesse coletivo, a fim de conceder igualdade material aos sujeitos de direito.
>
> (...)
>
> A ideia de função social como instrumento vem da própria etimologia da expressão. Em latim, a palavra *functio* é derivada do verbo *fungor* (*functus sum, fungi*), cujo significado remete a cumprir algo, desempenhar um dever ou tarefa, ou

---

69 COMPARATO, F. *Estado, Empresa e Função Social*. São Paulo: Revista dos Tribunais, 1996, nº 732, p. 41.

seja, cumprir uma finalidade, funcionalizar.[70]

A função social da empresa, apesar de ser uma decorrência do princípio da função social da propriedade privada, é corolário diverso. Apesar de ser a função social elemento integrante da estrutura da propriedade, é importante realçar o caráter independente da função social da empresa em relação ao princípio da função social da propriedade privada, havendo inegável autonomia de ambos os princípios, até porque a empresa é sujeito de direito e sua atividade deve ser exercida com observância da função social.

Nesse sentido, a função social assumiu importante papel em razão da alteração do quadro político e econômico brasileiro. Isso, porque se trata de prática que visa beneficiar a sociedade, buscando meios que objetivem definir medidas para compensar os impactos causados pelas constantes transformações socioeconômicas oriundas da atividade empresarial e do capitalismo.

A função social da empresa é concretizada se a atividade empresarial observa a solidariedade, promove a justiça social, a livre iniciativa, a busca de pleno emprego, a redução das desigualdades sociais, o valor social do trabalho, a dignidade da pessoa humana e observa os valores ambientais, isto é, se atende a todos os princípios constitucionais e infraconstitucionais que permeiam as atividades econômicas.

Por sua vez, o atual Código Civil, atento às necessidades sociais, foi estruturado com regras sobre eticidade, socialidade e operabilidade, estatuindo cláusulas gerais e impondo os deveres anexos de cooperação, informação, probidade, correção e colaboração nas relações particulares, positivando a função social da empresa.

O prof. Fábio Konder Comparato leciona que "a tendência constitucional é pela função social dos institutos jurídicos,

---

70 GAMA, G. *Função Social no Direito Civil*. São Paulo: Atlas, 2007, pp. 03 e 04.

do que se precisa incluir a empresa como operadora de um mercado socialmente socializado".[71]

Nesse norte, dispõe o Enunciado 53, do Conselho da Justiça Federal:

> Artigo 966: deve-se levar em consideração o princípio da função social na interpretação das normas relativas à empresa, a despeito da falta de referência expressa.

Na verdade, o Código Civil de 2002 (Lei n. 10.406/2002) veio fortalecer a visão da função social da empresa, que já estava prevista na Constituição Federal desde 1988 e de forma menos robusta na Lei das Sociedades Anônimas. O Novo Código Civil, como já fazia a Constituição Federal, instituiu cláusulas gerais de caráter genérico e abstrato, mas com natureza de diretriz, capaz, portanto, de dotar o Código de maior mobilidade, mitigando regras mais rígidas.

Nessa esteira, não se deve visar somente o lucro, mas também atentar para os reflexos que as decisões tomadas pelo administrador têm perante a sociedade, tanto utilizando o bem privado de forma sincronizada com a coletividade, como trazendo realização social para o empresário e para todos aqueles que colaboraram para alcançar tal fim.

Mesmo assim, a empresa deve contratar de forma justa, observando a justiça contratual. Deve buscar a resolução dos efeitos de seus negócios jurídicos reunindo normas e princípios éticos, buscando o equilíbrio entre o livre mercado e os interesses sociais. Além disso, deve cumprir sua função econômica e social de empresa, observando os preceitos constitucionais e a ética nas relações daí decorrentes, isso, porque o desenvolvimento de uma comunidade, e também o da sociedade, depende do fortalecimento de sua economia, sendo a empresa uma

---

71 COMPARATO, F. Função Social da Propriedade dos Bens de Produção. In: *Revista de Direito Mercantil, Industrial, Econômico e Financeiro*, ano 25, n.º 63, São Paulo, 1986, p. 76.

das principais responsáveis pela produção e circulação de bens e serviços. As empresas objetivam a circulação de riquezas de uma determinada comunidade; quando obtêm lucro, podem melhorar a qualidade de vida das pessoas.

3.2.1 - Da Função Social e a Efetivação dos Direitos Humanos de Primeira Dimensão

Como visto, os direitos humanos de primeira dimensão têm por objeto a liberdade, a segurança e a integridade física, psíquica e moral da pessoa, assegurando-lhe, ainda, a participação na vida pública.

Ao cumprir sua função social, a empresa traz desenvolvimento econômico compatível com os direitos humanos de primeira dimensão, no momento em que a liberdade, segurança e integridade do ser humano são respeitados. Quando um agente econômico privado, ou unidade produtiva privada, dá correta destinação ao seu lucro para efetivar um direito humano, fica plenamente atendido o direito humano da própria unidade produtiva.

Isso, porque, quando o Direito não só permite, como resguarda o direito de o agente econômico privado escolher de que forma destinará seu lucro (por exemplo, a um projeto social de desenvolvimento da cultura), está garantindo o direito de liberdade em relação ao lucro, ou seja, garantido o direito humano de primeira dimensão decorrente da liberdade por meio da propriedade privada e a livre iniciativa.

O lucro empresarial pode efetivar os direitos humanos quando obtido e destinado pensando no bem-estar do ser humano e na sustentabilidade. Nesse contexto, não é mais tolerado o lucro conquistado com base na utilização de mão de obra infantil, de mão de obra escrava, com a utilização de um meio ambiente de trabalho ruinoso (perigoso, insalubre ou mediante assédio moral), enfim, com a exploração ou segregação de seres humanos.

Ao contrário, a obtenção do lucro por meio dos fatores de produção — trabalho humano e riquezas naturais — pode efetivar os direitos humanos de liberdade, igualdade e segurança, respeitando a integridade e a dignidade do ser humano na medida em que os mesmos são respeitados. O homem sem trabalho ou num ambiente de trabalho danoso tem escamoteada a sua dignidade, trazendo exclusão social e sendo afastado da justiça social constitucionalmente protegida, bem como de sua condição de agente do ciclo econômico.

Por outro lado, quando obtido de maneira responsável para com a coletividade, o lucro fortalece os fatores de produção, gerando maior dignidade para as pessoas e preservando o meio ambiente.

Em havendo qualquer conflito sobre os diferentes interesses que permeiam a atividade empresarial, deve-se nortear pelos princípios inseridos no artigo 170 da Constituição Federal, de onde se apreende que a obtenção do lucro com função social e na sua destinação correta atende os direitos humanos de liberdade, igualdade, propriedade privada e cidadania.

3.2.2 - Da Função Social e a Efetivação dos Direitos Humanos de Segunda Dimensão

A função social da empresa na obtenção e destinação dos lucros também resulta na efetivação dos direitos humanos de segunda dimensão, pois fomenta a conquista e a ampliação dos direitos sociais.

Os direitos humanos de segunda dimensão são o direito ao trabalho, à saúde, à educação, dentre outros, cujo sujeito passivo é o Estado, que tem o dever de realizar prestações positivas aos seus titulares. Esses direitos foram positivados pelas constituições francesas liberais de 1791 e 1793, vindo de encontro à consciência da população, verdadeira interessada na efetivação de tais direitos, devido aos problemas resultantes da revolução industrial e das condições de vida dos operários, sendo ampliados pela Declaração dos Direitos Humanos de 1948.

O lucro, quando decorrente de uma atividade empresarial comprometida com a sociedade e destinado a investimentos em programas sociais, no segmento de cultura, educação, lazer, saúde e preservação ambiental, atende plenamente os direitos humanos de segunda dimensão. Não se trata, aqui, de transferir ao empresário o múnus do Poder Público de efetivar direitos sociais, mas sim uma forma de contribuir para a conquista e efetivação desses direitos, de contribuir de forma participativa para essas conquistas sociais, visto que o lucro pode também promover o desenvolvimento econômico e realizar direitos humanos.

3.2.3 - Da Função Social e a Efetivação dos Direitos Humanos de Terceira Dimensão

A função social da empresa, por fim, efetiva também os direitos humanos de terceira dimensão, visto que traz o espírito de solidariedade e fraternidade e respeita os direitos coletivos *lato sensu*.

Os direitos humanos de terceira dimensão se caracterizam por direitos difusos e pela indeterminação dos sujeitos. Seus titulares são grupos sociais, cuja proteção se transfere à coletividade como um todo. Esses direitos não representam apenas recomendações éticas que o Estado deve seguir, mas norma jurídica regulamentadora de um direito humano que deve, obrigatoriamente, ser garantido pelos poderes constituídos.

Nessa esteira, na obtenção do lucro o empresário não pode degradar o meio ambiente (artigo 170, VI, CF) e deve respeitar os direitos dos consumidores (artigo 170, V, CF), efetivando assim os direitos humanos de terceira dimensão.

É importante destacar que o atendimento dos direitos humanos em quaisquer das dimensões descritas não é função específica da atividade empresarial, nem sua função social, ou seja, não é dever exclusivo da atividade empresarial, devendo ser atribuída também ao Estado no desempenho de suas funções, conforme afirmamos no capítulo anterior.

E nem se diga que a correta destinação de lucro é uma questão de benevolência ou de liberalidade pela unidade produtiva privada, sendo, ao contrário, um dever jurídico para com a efetividade dos direitos humanos em todas as suas dimensões, para melhoria da qualidade de vida da coletividade e preservação do meio ambiente, com fundamento na função social da empresa, cabendo ao Estado aprovar normas jurídicas e estabelecer políticas públicas relativas ao lucro que sirvam, ao mesmo tempo, para incentivar nas unidades produtivas — privadas e públicas — a preocupação em destinar parte ou a totalidade dos lucros para a efetivação dos direitos humanos em todas as suas dimensões.

Note-se, a propósito, que no seu Preâmbulo a Declaração Universal dos Direitos Humanos estabelece o respeito aos direitos humanos para "todos os órgãos da sociedade", expressão esta que deve incluir as empresas privadas e o Estado (e respectivas empresas estatais).

Nesse mesmo sentido, o Decreto n. 7037 de 21/12/2009, que aprova o Programa Nacional de Direitos Humanos — PNDH-3 — "propõe instrumentos de avanço e reforça propostas para políticas públicas de redução das desigualdades sociais concretizadas por meio de ações de transferência de renda, incentivo à economia solidária e ao cooperativismo, à expansão da reforma agrária, ao fomento da aquicultura, da pesca e do extrativismo e da promoção do turismo sustentável".

Nesse contexto, e por sua vez, as empresas estatais como unidades produtivas também devem optar pela destinação dos lucros em prol do bem-estar coletivo; todavia, não se pode atribuir somente ao Estado e às empresas públicas o dever de destinar o lucro à coletividade, tendo em vista que, na prática, as empresas estatais não priorizam a efetivação dos direitos humanos em detrimento do lucro. Em exemplo recente, a Câmara contrariou o governo e destinou 75% dos recursos dos royalties do petróleo para a educação e 25% para a saúde. O governo desejava 100% para a educação. Enquanto o governo desejava destinar 50% dos rendimentos do Fundo Social para a educação, a Câmara e o Senado decidiram destinar 50% de todos os recursos auferidos pelo Fundo, não apenas os rendimentos.

Assim, fica claro que a correta destinação dos lucros para efetivação dos direitos humanos deve ser um dever jurídico e não mera liberalidade, visto que no sistema capitalista adotado no Brasil há o risco de outros interesses prevalecerem sobre os direitos humanos quando se fala em destinação de lucros.

Por isso, sustenta-se a ideia de que as empresas, como todos os atores do ciclo econômico, têm que atender os direitos humanos em todas as suas dimensões por meio da destinação do lucro, visando o bem-estar da coletividade e o desenvolvimento da pessoa humana, ao garantir resultados práticos que suprem as necessidades do homem, tais como cultura, empregabilidade, saúde e medicamentos, dentre outros.

Daí, ter o Estado importante papel fiscalizador da efetivação dos direitos humanos e ainda o dever de adotar políticas públicas para redução das desigualdades sociais, por meio de ações de transferência de renda e incentivo à economia solidária. Neste ponto, é forçoso concluir que a correta destinação do lucro visando o bem-estar da coletividade é exemplo de uma ação concreta de transferência de renda e economia solidária na efetivação dos direitos humanos em todas as suas dimensões, sendo, portanto, um dever jurídico.

Por fim, *não se deve confundir função social da empresa com responsabilidade social da empresa.* Isso, porque a responsabilidade social representa uma postura voluntária daquele que exerce a atividade empresarial, enquanto a função social incide sobre o exercício da atividade empresarial e é de observância cogente por força do comando constitucional, sendo, portanto, obrigatória. A função social da empresa estará cumprida se seus bens de produção tiverem uma destinação compatível com os interesses da coletividade, realizando a produção e distribuindo esses bens à comunidade, fazendo circular riquezas e gerando empregos, verdadeira cláusula geral.

No mais, o atendimento da função social da empresa está diretamente relacionado ao seu objeto social, enquanto que os corolários de atendimento à responsabilidade social podem ultrapassar o próprio objetivo social. Com efeito, a responsabilidade social não é imposta por lei, e entendimento contrário — de que ações de responsabilidade social seriam obrigatórias — conduziria inevitavelmente a uma violação do princípio da legalidade, segundo o qual o particular não pode ser *obrigado a fazer ou deixar de fazer alguma coisa senão em virtude de lei*.

De qualquer forma, sem prejuízo de sua não obrigatoriedade, é necessário o estudo da responsabilidade como forma de garantir a efetividade dos direitos humanos.

3.3 - Da responsabilidade social da empresa e os direitos humanos

O cenário mundial de desequilíbrios sociais e ambientais denotou a necessidade de as grandes organizações empresariais, que geralmente possuem poder político e econômico relevante, se responsabilizarem socialmente pela eventual degradação do meio ambiente, pela prática de preços abusivos e até pela qualidade de vida de seus colaboradores diretos e indiretos, bem como dos demais consumidores de seus produtos e serviços.

Essa responsabilidade social, a princípio assumida apenas pelas grandes corporações, passou a também fazer parte da vida de pequenos e médios empreendedores, observadas, logicamente, as devidas proporções no volume de negócios. A utilidade da empresa para a sociedade passou a ser questionada e, consequentemente, não somente sua forma de produzir lucros, mas também a destinação eficaz desses lucros produzidos.

É inegável, nos últimos anos, a evolução da definição de sustentabilidade. De fato, quanto maior a exploração das suas implicações no ramo dos negócios, maior a transformação nos processos produtivos como um todo, com a finalidade de atender, por exemplo, a redução da geração de resíduos, da poluição do meio ambiente e a diminuição do impacto da extração de recursos naturais, dentre outros.

Ocorre que, à medida que evolui a noção de sustentabilidade, a ideia de lucro como tradicionalmente abordada passa a ser afetada. A obtenção de lucro pelo lucro, sem mensurar as consequências, como seu impacto na sustentabilidade, não pode mais ser aceita.

Atentar à sustentabilidade não significa negligenciar a obtenção de lucro ou de resultados financeiros, mas sim obtê-los de forma mais racional e segura, atendendo ao bem comum. Nesse sentido, o lucro passa a ser também uma recompensa pelo bem comum.

Vale lembrar que nos grupos pré-históricos a regra básica era a proteção a vida, a solidariedade e a partilha com todos, já que as comunidades eram pequenas se comparadas à realidade atual. Em seu seio, originariamente, pugnava-se pela cooperação pacífica e não pela competição. A obtenção de lucro fraterno não deixa de ser uma forma de cooperação pacífica, em detrimento de uma competição que destrói os próprios recursos que mantêm viva uma comunidade.

Com a diferenciação socioeconômica provocada pela nova divisão internacional do trabalho e pelo paradigma da especialização flexível da produção pós-fordista, gerando estruturas bastante heterogêneas que se intercruzam e se entrelaçam pela diversidade de interesses em diferentes locais, regiões, países e continentes, a atual sociedade se converteu numa pluralidade conflitante de múltiplos grupos, organismos e coletividades com interesses específicos, jogos próprios de linguagem e seus cálculos racionais de ação, na forma de bancos comerciais, de investimento, fundos de pensão, companhias seguradoras, conglomerados empresariais, centrais sindicais, câmaras de comércio e outras entidades representativas.

Nesse contexto internacional, constam algumas sociedades enraizadas em termos históricos e outras em contínuo processo de inovação, transformação e generalização dos padrões de produção, consumo e trabalho. A expansão e multiplicação desses grupos, organizações e coletividades tornam a vida política mais fragmentária, modificam o perfil das regulações institucionais, mudam as formas e procedimentos de integração social e condicionam a direção da própria evolução da sociedade.

Esse fenômeno não é novo, e foi originalmente detectado, tanto em alcance, quanto em implicações, pelos estudos de Max Weber, que mostram como a sociedade moderna torna os sujeitos objetos de rotinas carentes de espontaneidade, abrindo caminho para uma individualidade desprovida de espírito que conduz à alienação, tecnificação, juridificação e burocratização da vida social. Dentre suas várias consequências, uma das mais importantes é a superação de situações em que era possível fazer referência apenas às relações sociais entre as pessoas, passando a ser considerado um grupo determinado e a coletividade em que o mesmo se encaixa. Do mesmo modo, a vida familiar tende também a se dar cada vez mais no âmbito de organizações (empresas), entre outros motivos devido à globalização e aos novos processos de gestão, racionalização e atuação adotados pelas empresas, os quais não resultam necessariamente na geração de tempo livre, com possibilidades concretas de lazer e expansão das capacidades intelectuais e espirituais dos indivíduos.

Ao contrário, na medida em que as grandes corporações dispõem de um conjunto de unidades produtivas que não podem funcionar isoladamente, ligadas por relações tanto horizontais quanto verticais a uma matriz industrial, tais processos abriram caminho para a generalização do trabalho em domicílio, o que acabou transformando o espaço doméstico de um enorme contingente de famílias num verdadeiro campo de trabalho. A vida familiar, social, política e cultural passa a ser essencialmente constituída sob a égide de organizações complexas, e quanto mais essas organizações expandem suas técnicas de autocontrole baseadas em hierarquias funcionais, na interconexão entre tarefas de planejamento e execução, ocorre a substituição da ênfase no desempenho individual pelo estímulo à eficiência do trabalho em equipe, à utilização de meios materiais e à combinação de símbolos, valores e normas, transformando seus integrantes em homens organizacionais, com capacidade de adaptação, tolerância às frustrações e alto grau de lealdade organizacional.

Como consequência, determinados valores, metas e procedimentos, se não desaparecem, tornam-se mais difíceis de serem obtidos, já que essas organizações são complexas demais para terem sua unidade garantida por meio de crenças comuns e de uma base cívico-moral. E nessa sociedade, os cidadãos não são mais capazes de forjar um acordo, limitando-se a aceitar e seguir acriticamente as diretrizes impostas pelas organizações às quais estão vinculados e nas quais estão inseridos, cuja principal característica é a tríplice capacidade de ação estratégica, associativa e criativa em face da crescente complexidade com seu meio ambiente.

O Estado assume suas feições eminentes quando já não consegue promover a coordenação macroeconômica sem o consentimento e a colaboração dessas organizações complexas. Ao contrário do Estado liberal clássico, com sua estrutura político-institucional assentada na centralidade e exclusividade da produção legislativa e na divisão dos poderes, esse Estado assume uma dimensão organizacional mais reduzida, enxuta e compacta, e passa a ser pautado e condicionado pelo mercado.

As instituições do Direito surgidas na dinâmica da transnacionalização dos mercados de insumo, finanças, produção e consumo ainda estão em fase de configuração e desenvolvimento, e esse entrelaçamento poderia ser viabilizado por meio de um tipo de norma bastante peculiar, procedimental ou processual, cujo papel seria balizar a interação e assegurar o equilíbrio entre as diferentes organizações complexas que neles atuam. Por outro lado, em termos práticos, essa norma teria condições de fazer com que as diferentes organizações complexas levassem em conta, nos seus respectivos processos de tomada de decisões, as exigências antagônicas e conflitantes oriundas de seu ambiente, campo ou esfera de atuação, tendo por função neutralizar a propensão natural de tais organizações, principalmente aquelas situadas nos setores estratégicos da economia.

Na medida em que aumenta a complexidade das características apontadas, nenhum sistema, seja produtivo, financeiro, educacional ou cultural, dispõe de condições para aspirar à direção efetiva da sociedade, sendo este o caso do sistema político, que é autônomo no exercício de suas funções e, ao mesmo tempo, atrelado a todos eles por relações de interdependência que não admitem a prevalência de um sistema determinado.

Formado por normas de organização e distribuição diretiva de competências, e acima de tudo pelas normas procedimentais e processuais, cabe ao Direito reflexivo preservar processos de autorregulação em cada área específica da sociedade e assegurar a integração de seus sistemas parciais diferenciados, não interferindo na autonomia de funcionamento de cada sistema particular e procurando equilibrar as diferentes pressões vindas dos sistemas externos.

Esses sistemas particulares são, portanto, empresas que têm atividade econômica no sistema de economia de mercado e que devem se integrar aos fatores externos, adaptando suas condutas internas de modo a compatibilizá-las com os interesses de toda a sociedade, surgindo daí uma responsabilidade social, com todos e para todos os homens. O tema da responsabilidade social empresarial entrou em evidência em meados dos anos 1950, mais especificamente nos Estados Unidos, através de Howard Bowen, que teve sua obra *Social Responsibilities of the Businessman* traduzida para vários idiomas.

Concluindo, é preciso que as empresas que objetivam lucros tenham práticas e condutas que não resultem em violação dos direitos humanos. Para tanto, as organizações empresariais devem participar de forma ativa e responsável na sociedade e no meio ambiente de maneira mais ampla, preocupando-se não só com seus lucros, mas também com aqueles que se submetem às suas práticas empresariais e das mesmas dependem para sua sobrevivência. Práticas socialmente responsáveis aliadas à geração de lucro são o resultado que deve ser buscado, não somente a longo, mas a curto e médio prazo, para que o negócio se apresente de forma sustentável. Trata-se, assim, de desenvolvimento econômico e financeiro atrelado à responsabilidade social, de uma forma de manifestar lucro: o lucro fraterno, ou lucro que respeite os direitos humanos em todas as suas dimensões.

Nesse diapasão, Paulo Rogério dos Santos Lima leciona que:

> (...) nesse contexto de debate e reflexão, a ADCE-Brasil elaborou dez pontos que acredita capazes de reunir empresários em torno do ideal de uma empresa solidária e atuante, sendo oportuno colocá-los como marcos iniciais da discussão em território brasileiro.
>
> 1- Aceitamos a existência ou valor transcendente de uma ética social e empresarial, a cujos imperativos submetemos nossas motivações, interesses, atividades e a racionalidade de nossas decisões.
>
> 2- Estamos convencidos de que a empresa, além de sua função econômica de produtora de bens e serviços, tem uma função social que se realiza através da promoção dos que nela trabalham e da comunidade na qual deve integrar-se. No desempenho desta função, encontramos o mais nobre estímulo à nossa autorrealização.
>
> 3- Julgamos que a empresa é um serviço à comunidade, devendo estar aberta a todos os que desejam dar às suas capacidades e às suas poupanças uma destinação social e criadora, pois consideramos obsoleta e anacrônica a concepção puramente individualista da empresa.
>
> 4- Consideramos o lucro como indicador de uma empresa técnica, econômica e financeiramente sadia e com a justa remuneração do esforço, da criatividade e dos riscos assumidos. Repudiamos, pois, a ideia do lucro como única razão da atividade empresarial.
>
> 5- Compreendemos como um compromisso ético as exigências que, em nome do bem comum, são impostas à empresa, especialmente pela legislação fiscal e pelo direito social.
>
> 6- Temos a convicção de que nossa atividade empresarial

deve contribuir para a crescente independência tecnológica, econômica e financeira do Brasil.

7- Consideramos nossos colaboradores todos os que conosco trabalham, em qualquer nível da estrutura empresarial. Respeitamos em todos, sem discriminação, a dignidade essencial da pessoa humana; queremos motivá-los a uma adesão responsável aos objetivos do bem comum, despertando suas potencialidades e levando-os a participar cada vez mais da vida da empresa.

8- Consideramos, como importante objetivo da empresa brasileira, elevar constantemente os níveis de sua produtividade, sempre acompanhada pelo crescimento paralelo da parte que, por imperatividade e justiça social, cabe aos assalariados.

9- Comprometemo-nos a dar a todos os nossos colaboradores condições de trabalho, de qualificação profissional, de segurança pessoal e familiar tais, que a vida na empresa seja para todos um fator de plena realização como pessoas humanas.

10- Estamos abertos ao diálogo com todos os que comungam de nossos ideais e preocupações, no sentido de contribuir para o permanente aperfeiçoamento e atualização de nossas instituições econômicas, jurídicas e sociais, a fim de garantir para o Brasil um desenvolvimento justo, integral, harmônico e acelerado (Opinião ADCE -Brasil, 1984).[72]

A atuação das empresas, historicamente, esteve atrelada à sua função econômica com o objetivo de acumular capital, inclusive através do lucro. Assim, a acumulação de lucro proporcionava a distribuição de dividendos aos sócios ou acionistas ou o investimento no negócio. No entanto, a competição pela obtenção do maior e melhor lucro precisa ser pautada pela cooperação pacífica e não pela competição, que enseja a destruição dos próprios recursos naturais necessários à sobrevivência da espécie.

---

72 LIMA, P. *Responsabilidade Social - A experiência do selo Empresa Cidadã na cidade de São Paulo*. São Paulo: Editora PUC-SP, 2005, pp. 31 e 32.

Nesse contexto, a definição de responsabilidade social abrange todos os compromissos assumidos pela empresa em relação aos seus valores éticos, sociais e ambientais para desenvolver seu objetivo contratual e/ou estatutário.

A esse respeito, ensina Paulo Rogério dos Santos Lima que:

> (...) valores, relacionados à ética, ao aspecto social, ao meio ambiente, além de outros, devem caminhar paralelamente na construção de um ambiente sustentável para a sociedade e para a própria organização empresarial. Portanto, valores ou indicadores econômicos não podem ser os únicos constituintes da relação empresarial com os seus diversos públicos existentes. Caso contrário, a empresa estará sempre imersa em um sistema restrito somente aos propósitos de sua função econômica, o que não representa o verdadeiro sistema aberto e vivo de uma instituição que faz parte da sociedade.[73]

Com efeito, a definição de responsabilidade social empresarial foi lançada no Conselho Empresarial Mundial para o Desenvolvimento Sustentável, em 1998, na Holanda: "A responsabilidade social corporativa é o comprometimento permanente dos empresários de adotar um comportamento ético e contribuir para o desenvolvimento econômico, melhorando simultaneamente a qualidade de vida de seus empregados e de suas famílias, da comunidade local e da sociedade como um todo". Criado também em 1998, o Instituto Ethos, organização não governamental com a finalidade de auxiliar na compreensão e incorporação da definição de responsabilidade social, aprimorou essa definição, dispondo que:

> (...) trata-se do comprometimento constante dos empresários com comportamentos éticos e com o desenvolvimento econômico que também englobam a melhoria da qualidade

---

73 Idem: p. 38.

de vida dos empregados e de suas famílias, bem como da comunidade local e da sociedade como um todo, para torná-la justa e sustentável.[74]

Notadamente, o papel da empresa na sociedade já não é exclusivamente econômico, mas também de cunho social, não sendo dado àquele que aufere lucro com qualquer atividade empresarial separar o interesse econômico do social.

A responsabilidade social apresenta fatores internos e externos. Os internos estão relacionados ao capital humano utilizado no processo produtivo ou de prestação de serviços. Os externos estão relacionados ao cuidado com o meio ambiente ou com a saúde pública, por exemplo.

Paulo Rogério dos Santos Lima ensina que:

> (...) a organização empresarial está envolvida com o que se pode chamar convencionalmente de responsabilidade social interna (resint), ou seja, responsabilidade pelo desenvolvimento integral de seus funcionários, principalmente no que se refere à qualidade de vida. Alencastro (1997) resume, com certa propriedade, os principais mecanismos relacionados ao lado interno da responsabilidade social da empresas. Para ele, a maior parte das organizações, independente do porte, pode desenvolver mecanismos para contribuir com a satisfação dos funcionários. Esses mecanismos podem ser serviços, instalações, atividades e oportunidades, como, por exemplo: aconselhamento pessoal e de carreira; desenvolvimento de carreira e da ocupacionalidade (preparação para o mercado de trabalho; atividades culturais e recreativas; educação não relacionada com o trabalho; creche; ambulatório; licença especial para tratar de responsabilidades familiares e/ou com a comunidade; planos especiais de aposentadoria; segurança fora do trabalho; horários flexíveis; realocação e recolocação; benefícios de aposentadoria, incluindo plano de saúde; pro-

---

74 Fonte: http://www.ethos.org.br/docs/institucional.

grama de recuperação de drogas e alcoolismo; transporte, refeições e prevenção de doenças profissionais).[75]

Com efeito, trata-se de típico fator interno. Com relação ao fator externo da responsabilidade social, tem-se que o foco está nos investimentos relacionados a programas sociais ou de proteção ao meio ambiente, entre outros. Não se trata de atos de caridade, mas de comprometimento com a própria existência da organização empresarial. Todos esses fatores permeiam o comprometimento ético-empresarial, representando uma forma de obtenção de lucro com respaldo moral, independentemente da destinação que se dará ao mesmo. Não se deve confundir responsabilidade social (fatores internos e externos), utilizada na obtenção de lucro, com destinação eficaz e socialmente responsável do lucro auferido, atributo da função social da empresa.

As diversas mudanças ocorridas no Estado brasileiro deram ensejo à sua divisão em três setores sociais, ou esquema trinário: (i) o primeiro setor, representado pelo Estado, pelo Governo e as finalidades públicas; (ii) o segundo setor, o privado; e (iii) o terceiro setor, representado pelas organizações da sociedade civil destinadas ao atendimento das demandas sociais.

As empresas do setor privado (segundo setor) podem e devem ter como finalidade precípua o lucro, sob pena de perderem a sua razão de ser. O lucro, no entanto, além de ser distribuído entre os sócios ou acionistas ou ser reinvestido na própria empresa, pode ser aplicado em atividades que ajudem a melhorar a qualidade de vida dos seres humanos.

A esse respeito, leciona Cristiani de Oliveira Silva Duarte que:

> (...) em um mundo globalizado, em que a informação é a cada dia mais veloz e acessível, deixando os negócios sempre à vista dos mercados e do capital internacional, a ética nos negócios está tornando-se questão de sobrevivência. Os grandes

---

75 LIMA, P. *Op. Cit.*, pp. 52 e 53.

investidores já rejeitam participar de empresas com histórico de desrespeito aos direitos humanos e ao meio ambiente. E multiplicam-se os fundos de investimentos em empresas que comprovam boa conduta ou vão além, aplicando parte de seus lucros em atividades que ajudem a melhorar a qualidade de vida de seus funcionários e da comunidade em geral. (...) Conclui-se, então, que independentemente de discutir se a prática da ética e da responsabilidade social empresarial representa uma nova mentalidade, nova moda, ou até mesmo estratégia de vendas, uma questão é essencial: a empresa que optar por esse novo padrão de estratégia de reestruturação produtiva irá gerar diferencial para manter-se em um mercado globalizado e altamente competitivo.[76]

Na verdade, não se deve afastar o papel da empresa na obtenção do lucro, cuja aplicação deve promover a equidade e a justiça social. Tal pode ser alcançado através da destinação eficaz do lucro.

Para tanto, é mister melhorar a qualidade de vida de seus colaboradores, e, consequentemente, de suas famílias. A melhora da qualidade de vida da comunidade local e da sociedade como um todo são consequências indiretas, mas que, certamente, se farão presentes.

3.3.1 - Da Ética e o Lucro

Questão preponderante atinente à responsabilidade social, como adjetivo na forma de auferir o lucro e, em seguida, na sua destinação, diz respeito à ética. Agir de forma ética é fazer o bem, combater fraquezas, cultuar virtudes. A palavra tem origem no grego *ethos*, que quer dizer modo de ser, o caráter.

A ética descreve uma ciência de costumes e pretende re-

---

76 DUARTE, C. *Responsabilidade Social Empresarial: dimensões históricas e conceituais*. São Paulo: Editora Fundação Peirópolis, p. 31.

gular a maneira como o ser humano deve viver, deve ser, traduzindo um processo consciente e intuitivo que auxilia na escolha entre um vício ou uma virtude, entre o bem e o mal, entre o justo e o injusto. A prática da ética na atividade empresarial requer disposição, vontade política e competências adequadas para tornar as ações empresariais concretas e objetivas, minimizando as resistências e as incompreensões.

Isso, porque a adoção de postura ética constrói a reputação de uma empresa, de uma marca, cujo valor está atrelado à imagem da empresa. O exemplo deve partir de todas as esferas de atuação, sem qualquer exceção. Tanto as empresas como, individualmente, as pessoas que as integram, precisam estabelecer e seguir diretrizes e parâmetros de comportamentos e de atividades como referências para as suas ações.

A atividade empresarial deve ser permeada por um conjunto de valores, orientando a definição de diretrizes a serem concretizadas pelos hábitos e costumes. A prática da ética empresarial deve servir como guia para a definição de prioridades na busca dos objetivos da organização.

Ainda que uma empresa não tenha um código de ética formal, deve haver um conjunto de princípios e normas para nortear suas práticas diárias. A ética deve ser defendida nas relações com clientes, fornecedores, competidores, empregados, governo, enfim, em todas as esferas, para que o lucro seja concebido no contexto mais amplo da produtividade e da responsabilidade social.

Os primeiros passos são: abandonar a busca pela promoção do lucro a qualquer preço e o uso das justificativas sem fundamento jurídico e moral para suas práticas rotineiras aéticas. Para justificar a ética na atividade empresarial, Newton de Lucca leciona:

(...) como e onde encontrar-se, então, a justificativa filosófica para a ética empresarial? Poder-se-ia dizer, numa tentativa muito singela de resposta, que a atividade empresarial constitui, evidentemente, uma profissão. Ela é, como foi visto, a atividade econômica organizada para a produção e circulação de bens e de serviços. Trata-se, portanto, de uma profissão para a qual deve existir também um conjunto de normas éticas, tal como existem para os juízes, para os advogados, para os membros do Ministério Público, para os médicos e assim sucessivamente.

Sabe-se da extrema importância da ética profissional. Por ela entende-se o conjunto de regras de conduta a que se submetem (ou, pelo menos, deveriam considerar-se submetidos) aqueles que exercem uma determinada atividade. Essas regras de conduta — por muitos designadas de deontológicas — distinguem-se das normas da moral comum, seja porque nelas a necessidade de rigor ético deva ser muito maior do que a de uma atividade comum, seja porque, eventualmente, possa ser até menor, em face da peculiaridade da atividade profissional exercida.[77]

A ética se ocupa de juízos de valor universais e que dizem respeito à própria atividade do homem livre, daí importar para o estudo da responsabilidade social na obtenção do lucro. A responsabilidade ética diz respeito à utilização de atividades e políticas que atendam a uma série de normas, padrões e expectativas de comportamento, em consonância com o interesse público coletivo e difuso — valores tendentes a atender expectativas sociais corretas e que afetam a obtenção de lucro e até a credibilidade das organizações.

A esse respeito, Paulo Rogério dos Santos Lima leciona que:

> (...) a atuação social de agentes econômicos não pode ser somente trabalhada pela ótica do exercício da cidadania e pelo comprometimento com projetos, planos e programas sociais. A boa conduta dos negócios também faz parte da responsabilidade social das empresas. Ser ético é respeitar os direitos

---

77 LUCCA, N. *Da Ética Geral à Ética Empresarial.* São Paulo: Quartier Latin Editora, 2009, p. 341.

de todos os públicos que se relacionam com a organização e, logicamente, daqueles que não possuem nenhum vínculo com ela. Ser ético é respeitar os padrões morais existentes na sociedade à qual pertence a organização. Ser ético é exercer a função econômica sem o uso de artifícios ilícitos para conseguir qualquer tipo de vantagem. Ser ético é respeitar o meio ambiente e preservar a vida, conforme será visto a seguir.[78]

Mas não se trata apenas de influir na comunidade local ou ser bem-visto na sociedade. As organizações empresariais devem pensar na responsabilidade social. Entendemos que a responsabilidade social não é só o comprometimento do empresário com a adoção de um padrão ético de comportamento que contribui para o desenvolvimento econômico, uma estratégia para melhorar a qualidade de vida de seus funcionários, estendida às suas famílias e a toda a sociedade. Em que pese o fato de a responsabilidade social ter uma natureza de voluntariado, isto é, advir de um ato voluntário do empresário, ainda assim é fundamental para a efetivação dos direitos humanos, cuja fruição em todas as suas dimensões deve ser obrigatória para todos, independentemente de ser um dever jurídico.

3.4 - Os tributos sobre o lucro para a efetividade dos direitos humanos

Uma das primeiras experiências brasileiras na tributação do lucro se deu em 1944, com a instituição do imposto sobre os lucros extraordinários, que tinha a finalidade de obrigar à constituição de reservas para troca de equipamentos industriais ou para regulação de estoques, bem como neutralizar a inflação através da redução do poder de compra dos particulares. Outra finalidade era a tributação dos lucros de guerra e a necessidade de que uma parte deles fosse revertida para a coletividade.

---

78 LIMA, P. *Op. Cit.*, p. 81

A ação desenvolvida pelo governo em cada um dos setores da economia também é fator determinante na obtenção e destinação do lucro das empresas. Como atividade econômica organizada, a empresa está sujeita aos movimentos da política financeira, tributária e política determinada pelo Estado.

Com efeito, o valor pago a título de tributos por uma empresa está diretamente relacionado à extensão de seus lucros e de sua renda não operacional, assim como às concessões feitas pelo Estado no cálculo da renda que será tributável e a alíquota aplicável.

José Luiz de Almeida Nogueira Porto ensina que:

> (...) a ação desenvolvida pelos governos em cada um desses setores provoca determinados movimentos da conjuntura, que se refletem nos lucros das empresas, forçando-as a uma contínua atividade de reajuste às novas condições. A) a política financeira é das que mais diretamente atingem as empresas. Os tributos elevam as despesas e aumentam os custos. O lançamento de empréstimos públicos aumenta a procura de capitais financeiros disponíveis, sendo de se notar que o Estado oferece vantagens indiretas aos tomadores de seus títulos, que as empresas não podem oferecer, como isenções fiscais, poder liberatório para obrigações tributárias e até pagamentos de juros em moedas estrangeiras, o que no Brasil é vedado por lei às empresas privadas. Quando todos esses incentivos se mostram insuficientes, recorre o Estado aos empréstimos compulsórios e as próprias empresas são compelidas a subscrever tais empréstimos, quando a posição delas é a de concorrentes do Estado no mercado de capitais financeiros. (...) Os tributos específicos, ou as isenções ou reduções de impostos em favor de determinadas atividades, podem, ainda, impedir ou incentivar desvios de capitais, de trabalho e de iniciativa de um setor para outro ou de um lugar para outro. Os impostos relativamente módicos que pesam sobre as atividades agrícolas no Brasil visam compensar o menor lucro proporcionado pela agricultura. A concessão de isen-

ção de impostos para indústrias ou outras atividades é prática muito adotada em municípios brasileiros, a fim de atrair empresas para seus territórios. Em verdade, a política fiscal nunca é neutra e os impostos se apresentam, frequentemente, como arma de intervenção do Estado, tendente a provocar modificações na estrutura econômica da Nação, consideradas vantajosas do ponto de vista geral.[79]

Da mesma forma, se há desvalorização interna da moeda desacompanhada da mesma desvalorização externa, a produção nacional sofre concorrência estrangeira, afetando diretamente a obtenção do lucro. O Estado pode ainda, de acordo com as necessidades globais, incentivar a expansão de determinadas áreas da economia, reduzindo ou aumentando tributos.

O tributo, portanto, é o sustentáculo para a melhoria da qualidade de vida das pessoas, com maiores investimentos do Estado nas áreas da saúde, educação, lazer e moradia, enfim, todas as necessidades coletivas.

Por isso, legislações que tributam ou não o lucro, como, por exemplo, o Regulamento do Imposto de Renda e a Participação nos Lucros e Resultados, servem de instrumento para efetivação dos direitos humanos em todas as suas dimensões.

De fato, quando se tributa a obtenção do lucro ou sua destinação, ou, ainda, quando se deixa de tributar a obtenção do lucro, também se efetivam os direitos humanos em todas as suas dimensões, tendo em vista que o lucro auxilia no desenvolvimento econômico.

O lucro, tributado ou não de forma correta, pensando no bem-estar social e no meio ambiente, atende sua função social e a própria função social da empresa, que não se confunde com a responsabilidade social anteriormente tratada. Quando se criam tributos no sentido *latu*, para a exploração do meio ambiente, quando se criam tributos para a remessa de capital e de lucros para o exterior, quando se tributam grandes fortu-

---

79 PORTO, P. *Op. Cit.*, pp. 185 a 188.

nas, estar-se-á pensando na coletividade e no meio ambiente. Por outro lado, a tributação dos lucros auferidos em demasia impede que a empresa reinvista no próprio negócio (e continue auferindo lucro), ou mesmo dê destinação eficaz a esse recurso.

Assim, o tributo sobre o lucro é uma das formas de efetivação dos direitos humanos em todas as suas dimensões, e eis que serve de instrumento para o equilíbrio econômico, para o bem-estar social e para a preservação do meio ambiente.

3.5 - A fraternização do lucro por meio da atividade empresarial e dos empregos

Uma das formas de fraternização do lucro auferido pelas empresas é através da possibilidade de participação dos empregados nos seus resultados. O direito ao lucro é primário, e diz respeito ao *status* de sócio, acionista ou titular da empresa. Essa participação constitui instrumento de incentivo ao aprimoramento das organizações econômicas, no sentido de melhor habilitá-las a enfrentar a concorrência.

A Constituição de 1946 dispunha sobre a participação obrigatória e direta do trabalhador nos lucros da empresa, mas o texto não era autoaplicável. A participação nos lucros dependia de lei ordinária para ser posta em prática, lei que não foi promulgada. Ao contrário da Constituição de 1946, as Cartas de 1967 e 1969 não aludem à participação obrigatória direta: está presente a concepção economista-produtivista típica do regime capitalista.

A Constituição de 1988 inclui, entre os direitos dos trabalhadores urbanos e rurais, participação nos lucros ou resultados desvinculada da remuneração e participação na gestão da empresa. A participação na gestão da empresa foi conferida em caráter excepcional pelo Plenário da Assembleia Constituinte. A Constituição não pode acolher a participação na gestão como regra, apenas como exceção.

Recentemente, a participação nos lucros foi prevista por medidas provisórias, cuja adoção é manifestamente imprópria para regular o instituto. Lei ordinária sobre participação em lucros existe: o artigo 35, da Lei n° 2004, de 03 de outubro de 1953, assegura tal direito aos empregados da empresa Petróleo Brasileiro S.A. (Petrobras). Nesse sentido, dispõe a Medida Provisória n° 955/95, que a participação não substitui ou complementa a remuneração devida a qualquer empregado, nem constitui base de incidência de qualquer encargo trabalhista ou previdenciário, não se lhe aplicando o princípio da habitualidade.

A regulamentação tem caráter flexível; diferente dos antigos projetos, não há mais tantas exigências condicionantes de programa de participação. O legislador estabeleceu parâmetros sobre a matéria, deixando o conteúdo dos programas para ser estabelecido através de negociação coletiva entre a empresa e uma comissão escolhida pelos respectivos empregados. Dada a grande flexibilidade atribuída à Medida Provisória n° 955/95, qualquer um dos critérios de participação em lucros pode ser adotado no acordo entre a empresa e a comissão representativa dos respectivos empregados. Para a participação nos lucros, a comissão de empregados abrangerá trabalhadores em geral, mas para a participação nos resultados, a comissão de trabalhadores deverá ser integrada apenas pelos interessados diretos na produção do setor empenhado na realização da meta prefixada.

Participação em resultado quer dizer recebimento de benefício decorrente de operação relacionada com índices de produtividade, qualidade de produto ou realização de metas previamente programadas. A participação pode se relacionar com produtividade, com os funcionários tendo algum tipo de benefício quando produzem mais que o previsto; pode se relacionar também com qualidade, quando a unidade produzida corresponder a padrão de qualidade previamente estabelecido, gerando outro benefício; e pode ainda relacionar-se com meta, quando ocorre uma superação da mesma.

A primeira característica da participação em resultados ou prêmios (alhures, salários suplementares visando maior produtividade) é a complementaridade, que impede que constitua o único elemento da remuneração, agregando-se a um salário--base.

A segunda característica diz com a maior produtividade do trabalhador, medida em termos de quantidade ou qualidade. Os primeiros são os prêmios de produção (forma coletiva), e os segundos, prêmios de rendimento (caráter individual); outros prêmios são os de assiduidade, de poupança etc.

Todos os benefícios, concedidos com as apontadas características, mas desprovidos de natureza salarial, são programas de participação em metas ou incentivos à produtividade. O benefício pode ser proporcionado através do fornecimento de bens e não de pecúnia. A Consolidação das Leis do Trabalho dispôs expressamente não se limitarem aos de caráter pecuniário, compreendendo também as concessões *in natura*. Os programas de participação em resultado não podem ficar sujeitos a critérios de avaliação subjetiva, o prêmio deve ser definido como benefício sujeito à condição objetiva, assim como os programas de participação em resultados.

A participação nos lucros se tornou instrumento de integração entre o capital e o trabalho, como incentivo à produtividade. A participação em lucros representa uma solução social, uma integração do trabalhador com o desenvolvimento da empresa, mas não elimina a realidade da luta de classe. O fato de não poderem os empregados exercer controle sobre o andamento dos negócios, nem terem acesso à elaboração do balanço, contribui decisivamente para negar ao instituto o condão de solucionar a questão social.

A participação nos lucros é utilizada como instrumento para transformar o trabalhador em parceiro interessado no bom funcionamento da empresa, e não em adversário. Se a participação nos lucros vier acompanhada de participação na gestão, ela poderá constituir meio de integração do trabalhador no desenvolvimento da empresa. Nesse sentido, considerando que lucro é o ganho, vantagem ou benefício que se obtém de alguma atividade e cujo resultado depende da prévia pactuação de metas que poderão ser atingidas, é importante ressaltar os resultados positivos que foram produzidos, ensejando que os trabalhadores poderão auferir benefícios pecuniários, também previamente ajustados.

Os empregados não são titulares do lucro da empresa, já que não correm o risco da atividade empresarial, que pode obter resultados positivos ou negativos. A participação dos trabalhadores nos resultados só se dará quando eles forem positivos), exercendo direito secundário de participação. O empregado não assume perdas, pois não se associa ao empregador. Só a empresa assume os riscos da atividade econômica e, em consequência, não se cogitará de participação em resultados negativos.

Poucos são os países que impõem a participação dos empregados nos lucros das empresas. A título de exemplo, podemos citar a Bolívia, Chile, Equador, México, Peru e Venezuela. Nesses casos, a legislação infraconstitucional determina que, na hipótese de obtenção de lucro pelo empregador no final de um determinado exercício, uma fração deste deverá ser distribuída entre os empregados. Nos demais países, se existe a participação dos empregados nos lucros, a mesma se dá por força de acordos coletivos de categoria ou por decisão do Conselho de Administração Social.

A esse respeito, o professor Sérgio Pinto Martins faz minuciosa pesquisa sobre o tema na legislação comparada, e ensina que:

> (...) na Alemanha também não existe dispositivo legal que regulamente a participação nos lucros, que é feita por meio de pactos coletivos. A Lei de Incentivo à Formação do Patrimônio do Trabalhador (*Drittes Gesetzes zur Förderung der Vermögensbildung der Arbeitnehmer*), de 1975, com as alterações de 16-8-77, estabelece nos art. 7º a 11º apenas uma forma de participação nos resultados (*Ergebnisbeteiligung*), desde que haja economia de material, redução do desperdício, melhor aproveitamento do tempo, melhoria dos métodos de trabalho. (...) Argentina. O art. 14 "bis" da Constituição argentina versa

sobre a "participação nos lucros das empresas, com controle da produção e colaboração na direção". O Decreto nº 390/76, que regulamenta a Lei nº 21.297, determina que a participação nos lucros é uma forma de remuneração (art. 104); é um salário complementar ou suplementar, um acréscimo ao salário, decorrente do resultado do trabalho, porém não pode ser a única remuneração do emprego. (...) Áustria. O Direito austríaco prevê diferentes modalidades de remuneração, inclusive a participação nos lucros (*Gewinnbeteiligung*). Entretanto, nesse país representa uma forma de gratificação (*Tantieme*), e é paga a membros da diretoria e dos conselhos das sociedades de capital e altos empregados (*leitende Angestellte*). A participação dos lucros também pode ocorrer em relação a todos os funcionários da empresa, ou apenas a parte deles. (...) Bélgica. A Bélgica não tem exatamente um sistema de participação nos lucros, pois o Instituto Nacional de Seguridade Social exige a contribuição sobre os valores distribuídos. Entretanto, conta com um sistema de participação no capital das empresas por meio de compra de ações. Quando o empregado adquire as ações, somente poderá negociá-las após um período de cinco anos. (...) Bolívia. Lei de 21-11-24, que faz parte da Lei de Trabalho de 1942, determina que os empregadores devem pagar aos empregados uma gratificação anual (*prima anual*), desde que haja lucro no final do exercício, correspondendo a uma fração dos salários dos operários e dos trabalhadores não braçais, em importância não inferior a um mês de salário (art. 57 da Lei de 1942). (...) Costa Rica. O art. 164 do Código de Trabalho de 1943 determina expressamente que a participação nos lucros é uma forma de pagamento de salário. (...) Equador. A percentagem de participação nos lucros pelos empregados é de 7% sobre o lucro líquido (Decreto de 2-12-48). É feita de maneira global entre trabalhadores intelectuais e operários, na proporção de seus salários. O trabalhador, porém, só recebe 5% de sua parte, e o restante é depositado, em seu nome, num fundo que tem por objetivo financiar obras de assistência social em favor dos assalariados. (...) Espanha. A

Constituição espanhola de 9-12-31 previa, no art. 46 *in fine*, a participação nos lucros com a seguinte redação: "participação dos empregados na direção, na administração e nos benefícios de empresa". Atualmente, Montoya Melgar (1978, p. 335) considera que a participação nos lucros tem natureza salarial, visto que é apenas uma parte ou a totalidade do pagamento feito pelo empregador ao empregado. (...) Chile. O art.55 do decreto-lei nº 2.200, de 1º-5-78, determina que os estabelecimentos que têm finalidade lucrativa e que obtenham lucros devem gratificar anualmente seus funcionários, na proporção não inferior a 30% dos referidos lucros ou excedentes. A participação será distribuída de maneira proporcional ao tempo de serviço de cada emprego em cada período anual. (...) Colômbia. O art. 127 do código Substantivo do Trabalhador, de 1950, define salário referindo-se à participação nos lucros como uma de suas modalidades (*participación de utilidades*). O art. 28 evidencia que o trabalhador participa dos lucros, mas não assume os riscos da atividade empresarial ou suas perdas. Há a obrigatoriedade do pagamento de uma gratificação de fim de ano (*prima anual ou prima de servícios*), que tem por fundamento a participação nos lucros da empresa. (...) Japão. No Japão há um bônus semestral que está ligado à lucratividade da empresa. Esse bônus representa 20 a 25% do salarial total de cada empregado. (...) México. Os lucros são calculados pelo rendimento tributável, nos termos da legislação do Imposto de Renda. A participação nos lucros é repartida em duas partes: metade é dividida em parcelas iguais, entre os trabalhadores, em função do número de dias em que cada um tenha trabalhado na empresa durante o ano. A outra metade é distribuída proporcionalmente ao valor do salário de cada um, excluídas as suplementações eventuais. (...) Panamá. A Constituição de 1946 não estabelece participação nos lucros, porém dispõe que a lei pode determinar a referida participação, de acordo com as condições econômicas do país. O art.13 da Lei nº 8, de 30-4-81, reza que a participação nos lucros estabelecida em lei ou norma coletiva não constitui salário. (...) Peru. A atual Constituição, de 1979, em seu art. 56, declara que o Estado reconhece o direito dos trabalhadores a participar da gestão das empresas. Trinta por cento do lucro apurado no final do exercício deve ser distribuído aos empregados. A participação nos lucros é feita de acordo com a atividade da empresas: (a) 4% na mineração, (b) 8% na pesca, (c) 10% na indústria de telecomunicações. É feita para todos os empregados de forma proporcional ao tempo em que prestam serviços durante cada exercício econômico. (...) Portugal. Prevê o art. 262 do Código do Trabalho que "não se considera retribuição a participação nos lucros da empresa, desde que ao trabalhador esteja assegurada pelo contrato uma retribuição certa, variável ou mista, adequada ao seu trabalho. (...) Suíça. O art. 322º, alínea 1, do Código das Obrigações estabelece que, se, no contrato de trabalho, o trabalhador tiver direito à participação nos lucros, esta será calculada com base no resultado do exercício anual. Muitas vezes, os trabalhadores recebem, além do salário, outra remuneração adicional, que é chamada de gratificação de resultados ou de produção. O pagamento sobre o total do resultado do empreendimento recebe a denominação de participação nos resultados do negócio. (...) Turquia. O art. 323 do Código de Obrigações estabelece que, se for estipulado que parte dos lucros deve ser acrescida aos salários, o empregador é obrigado a fornecer aos empregados as informações dos ganhos ou prejuízos da empresa, permitindo-lhes que consultem seus livros contábeis. O acréscimo tem natureza salarial e não pode consistir no único pagamento feito ao empregado. (...) Uruguai. A legislação uruguaia não trata da participação nos lucros. Entende-se, porém, que é um pagamento de mera liberalidade do empregador, devido apenas uma vez por ano. Tal remuneração não pode substituir o salário. Se for pagamento com habitualidade, passa a ter natureza de salário. (...) Venezuela. O art. 87 da Constituição de 1961 prevê a participação nos lucros, que será fixada em lei. A *Ley del Trabajo* de 1975 determina, no art. 82, que toda empresa deve distribuir aos empregados 10% do lucro líquido, deduzindo-se dos lucros brutos as despesas gerais da empresa, o juro do capital, que é limitado a 6% ao ano, e 10% que são destinados a um fundo de reserva.[80]

Diversas são as formas de os colaboradores de uma empresa participarem nos lucros: (i) de maneira parcial, se apenas alguns empregados fizerem jus ao benefício; (ii) de maneira geral, quando todos empregados fazem jus, independentemente da participação na obtenção de metas; (iii) de forma individual ou coletiva, quando a participação é direcionada a uma pessoa ou a um grupo que possua características próprias; (iv) atual ou diferida, quando a participação nos lucros fica para o futuro; (v) imediata ou mensal, dependendo da forma de apuração dos resultados.

De qualquer forma, para que haja distribuição de lucros, ou seja, participação dos empregados nos lucros, o resultado da empresa há que ser positivo. Nesse norte, não se deve confundir distribuição de lucros entre os empregados com abonos ou gratificações anuais desvinculadas da apuração do lucro efetivamente auferido. Da mesma forma, não há que se confundir participação dos empregados nos lucros sociais com abono salarial. De fato, alguns países preveem o pagamento de abono salarial, cuja natureza jurídica é distinta.

Ainda nesse sentido, participação nos lucros não se confunde com participação na gestão, com gratificação, prêmio, comissão, gorjeta, salário-tarefa e incentivos para aumento na produção. Apesar de todas as formas de remuneração serem pagas aos trabalhadores, a origem, a motivação para o nascimento de cada pagamento é a existência de habitualidade ou não, algo absolutamente distinto, como a própria nomenclatura de cada instituto traduz. Os tratados e declarações universais (como por exemplo, a Declaração Universal dos Direitos do Homem) não

---

80 MARTINS, S. *Participação dos Empregados nos Lucros das Empresas. Op. Cit.*, pp. 11 a 23.

determinam diretrizes de participação dos empregados nos lucros sociais.

O primeiro documento de que se tem notícia sobre a participação dos empregados nos lucros é o decreto napoleônico de outubro de 1812, que regulava a participação dos atores da Comédie Française nos lucros do Théâtre Français.

No Brasil, desde a Constituição de 1946, diversas foram as tentativas de converter a participação dos empregados nos lucros sociais em lei.[81] No entanto, a questão não tem apenas implicações no direito do trabalho, mas também no direito societário, no direto civil e no direito tributário, para dizer o mínimo.

Algumas empresas pagam anualmente participação nos lucros sociais, adquirindo, portanto, habitualidade o referido pagamento. Nesse caso, os Tribunais Superiores entenderam que se tratava de remuneração habitual, sendo pagamento feito sobre forma de percentagem ou qualquer forma imprópria de gratificação, razão pela qual foi editada a Súmula 251, do TST, que prevê que "a participação nos lucros da empresa, habitualmente paga, tem natureza salarial, para todos os efeitos legais".

Note-se que, em se admitindo que a empresa aufira lucros durante diversos exercícios seguidos e efetue pagamento de um valor aos empregados, em forma de percentual ou não, o mesmo tem natureza salarial para todos os efeitos legais. O inciso XI, do artigo 7º, da Constituição Federal brasileira prevê "participação nos lucros ou resultados, desvinculada da remuneração, e, excepcionalmente, na gestão da empresa, conforme definido em lei". Conforme já exposto, os vocábulos lucro

---

81 Nesse sentido, podemos citar diversos Projetos de Lei, como o de nº 2.403/76, de Antunes de Oliveira; 4.397/77, de Octávio Ceccato; 5.606/78, de José Zavaglia; 332/79, de Humberto Lucena; 410/79, de Getúlio Dias; 86/79, de Jorge Arbage; 1.195/79, de Celso Peçanha; 1.209/79, de Antônio Zacharias; 1.399/79, de Freitas Diniz; 1.400/79, de João Faustino; 1.840/79, de Moacir Lopes; 4.480/81, de Benedito Marcílio; 5.232/85; de Raul Bernardo; 8.411/86, de Floriceno Paixão; 1.090/88, de Francisco Amaral.

e resultado não se confundem; têm conotação absolutamente distinta, razão pela qual o legislador utilizou a preposição "ou resultados".

A respeito da autoaplicabilidade do inciso XI, Sergio Pinto Martins ensina que:

> (...) há três teorias tratando da autoaplicação do inciso XI do art. 7º da Constituição. A primeira teoria preconiza que a parte que trata da desvinculação da remuneração já é autoaplicável, pois não necessita de lei para complementar o dispositivo constitucional. A segunda teoria complementa a primeira, dizendo que só a participação na gestão é que depende de lei e não a participação nos lucros ou resultados. A terceira afirma que existe necessidade de lei para que o dispositivo seja autoaplicável. (...) Entendo, entretanto, que todo o inciso XI do art. 7º da Constituição depende de regulamentação infraconstitucional, e não apenas parte dele. Assim, se a empresa conceder a participação nos lucros a seus empregados, antes da lei regulamentadora, deve-se aplicar a regra da antiga Súmula 251 do TST: tendo o pagamento da participação nos lucros habitualidade, integrará o salário para todos os efeitos, inclusive com incidência de FGTS e da contribuição previdenciária. Caso assim não se entenda, e não havendo regulamentação infraconstitucional, poder-se-ia dar ensejo a fraude, pois o empregador criaria pagamentos mascarados com rótulo de participação nos lucros apenas para aqueles não terem natureza salarial e não pagarem encargos sociais sobre tais verbas. A própria alínea j do § 9º do art. 28 da Lei nº 8.212/91 (Lei de Custeio da Previdência Social) interpretou corretamente a questão, dizendo que somente quando for editada a lei específica sobre participação nos lucros é que não haverá a incidência da contribuição previdenciária. Trata-se de interpretação autêntica feita pelo legislador ordinário em relação ao preconceito constitucional contido no inciso XI do art. 7º.[82]

---

82 MARTINS, S. *Op. Cit.*, pp. 79 e 83.

Já a Lei 10.101, de 19 de dezembro de 2000, em seu artigo primeiro, prevê que "esta Lei regula a participação dos trabalhadores nos lucros ou resultados da empresa como instrumento de integração entre o capital e o trabalho e como incentivo à produtividade, nos termos do artigo 7º, inciso XI, da Constituição".

E continua, em seu artigo 2º:

> (..) a participação nos lucros ou resultados será objeto de negociação entre a empresa e seus empregados, mediante um dos procedimentos a seguir descritos, escolhidos pelas partes de comum acordo: I - comissão escolhida pelas partes, integrada, também, por um representante indicado pelo sindicato da respectiva categoria; II - convenção ou acordo coletivo. Parágrafo 1º - dos instrumentos decorrentes da negociação deverão constar regras claras e objetivas quanto à fixação dos direitos substantivos da participação e das regras adjetivas, inclusive mecanismos de obtenção das informações pertinentes ao cumprimento do acordado, periodicidade da distribuição, período de vigência e prazos para revisão do acordo, podendo ser considerados, entre outros, os seguintes critérios e condições: I - índices de produtividade, qualidade ou lucratividade da empresa; II - programas de metas, resultados e prazos, pactuados previamente."

É indispensável ressaltar a preocupação do legislador brasileiro com índices de produtividade, qualidade ou lucratividade da empresa e os programas de metas, resultados e prazos. Isso, porque o pagamento de participação aos trabalhadores está relacionado com a obtenção de lucro, independentemente ou não de sua habitualidade.

Os incentivos fiscais e tributários sobre a participação dos empregados nos resultados sociais, ainda que essa participação se apresente de forma habitual, será, sem qualquer dúvida, uma das formas de fraternização dos resultados auferidos pela empresa e, portanto, uma das formas eficazes de se tratar positivamente a obtenção de lucros ou resultados sociais positivos, em todas as suas formas.

Se uma empresa é saudável, ou seja, tem equilibrados os seus custos de produção de bens e serviços, a obtenção de lucro não somente poderá, como deverá ser habitual e, da mesma forma, a participação dos empregados, sem que tal represente uma das formas de pagamento de salário.

Diversas são as vantagens na distribuição de lucros aos colaboradores de determinada empresa, incluindo a própria flexibilização dos direitos trabalhistas e a maior eficiência da atividade organizada desenvolvida pela empresa. No entanto, sem dúvida, a maior vantagem é a fraternização do lucro e a possibilidade de desenvolvimento da responsabilidade social.

Sérgio Pinto Martins elenca algumas vantagens na participação dos empregados nos lucros sociais:

> (..) seriam vantagens da participação nos lucros: introdução de sistema de flexibilização dos direitos trabalhistas; maior eficiência na empresa ou sua recuperação e maior capacidade de crescimento; melhor integração do trabalhador na empresa, com consequente aumento de produtividade; estímulo à produtividade nas empresas e à manutenção dos postos de trabalho; as empresas que a quisessem conceder não teriam mais a incidência das contribuições do FGTS e previdenciária, nem a participação teria natureza de salário, pois é desvinculada da remuneração; uma forma de introdução de salário variável ou flexível, que também envolvesse o fator desempenho do trabalhador para a realização de resultados para a empresa; a participação nos lucros valorizaria um ambiente psicológico favorável, de harmonia entre o capital e o trabalho; desenvolvimento da ideia da melhoria da gestão, de modo a adaptar-se à concorrência e competitividade exigidas na globalização da economia; estímulo ao empregado para produzir, gerando clima de reciprocidade entre trabalhador e empregador, que só irá gerar benefícios e ganhos para

a empresa. Seria a saída para menores encargos por parte das empresas, pois poderiam remunerar o empregado com salário fixo, que seria abaixo, e um salário variável, que poderia ser alto. Isso implicaria redução dos custos fixos da empresa e barateamento de seu produto final; o aspecto remuneração poderia implicar garantia de empregos, contratação de mais empregados e diminuição de desemprego e até menos inflação; seria um meio, inclusive, de assegurar a sobrevivência da empresa.[83]

Pelo exposto, é inegável que uma das formas de fraternização do lucro auferido pelas empresas é através da possibilidade de participação dos empregados no seu produto. Trata-se de forma de tratamento positivo do lucro, e, portanto, incentivo para que sua obtenção se dê fraternalmente.

Não se deve, entretanto, utilizar o instrumento da participação dos empregados nos lucros sociais como forma de fazê-lo correr os riscos da atividade do negócio, nem para compensar baixos salários, mas sim fazer com que a empresa possa dar uma destinação mais eficaz aos resultados positivos, incentivando, inclusive, que esses se repitam e assim uma cadeia de fraternidade se amplie.

3.6 - A interrupção da atividade empresarial como causa da não efetivação dos direitos humanos pelo lucro

A atividade empresarial e respectivo lucro dependem, por óbvio, da existência da empresa e da preservação da sua atividade econômica, havendo um interesse social na existência da atividade empresarial, geradora de empregos e de renda.

De fato, a empresa em funcionamento gera inúmeros empregos diretos e indiretos, fomentando a atividade econômi-

---

83 Idem, pp. 109 e 110.

ca e melhorando as condições de vida de determinado grupo e daqueles que dependem da empresa para sua sobrevivência (não só os empregados, mas também prestadores de serviços e fornecedores). Logo, a interrupção abrupta da atividade empresarial, causada ou não pela quebra da empresa, pode ensejar não somente a perda de vários empregos, como também o não recolhimento de tributos já nascidos em decorrência da atividade empresarial, dentre outros efeitos.

Por isso, não é à toa que a Lei de Recuperação Judicial deixa claro que a preservação e a continuidade da empresa é seu objetivo maior, conforme dispõe expressamente o artigo 47, da Lei número 11.101/05, Lei de Recuperação Judicial, ao mencionar que "a recuperação judicial tem por objetivo viabilizar a superação de crise econômico-financeira do devedor, a fim de permitir a manutenção da fonte produtora, do emprego dos trabalhadores e dos interesses dos credores, promovendo, assim, a preservação da empresa, sua função social e o estímulo à atividade econômica".

De fato, a interrupção da atividade empresarial gera diversos efeitos negativos, não somente para os sócios e acionistas, como também para os colaboradores diretos e indiretos. Dependendo da representatividade de uma determinada empresa em uma região, sua quebra ou mesmo interrupção de atividade pode ensejar o abalo na economia de uma determinada comunidade e/ou região inteira.

A preservação e continuidade da empresa, portanto, tangencia os direitos humanos, e como tal deve ser um dever de todos, tanto do empresário, como do Estado e de todas as pessoas. Por outro lado, é inegável que quanto maior a assunção de risco na atividade empresarial, maior a probabilidade de obtenção de lucro em grande escala.

A esse respeito Alan Greenspan leciona que:

> (...) quanto maior for a liberdade econômica, maior será o escopo para o risco do negócio e sua recompensa, o lucro, e, portanto, maior também será a propensão para assumir

riscos. As sociedades em que predominam pessoas dispostas a assumir riscos formam governos cujas regras fomentam a assunção de riscos produtivos sob o ponto de vista econômico: direito de propriedade, abertura comercial e igualdade de oportunidades. Suas leis criam poucos benefícios regulatórios a serem vendidos por servidores públicos ou por políticos. O índice mede o grau de esforço consciente do país para restringir os mercados competitivos. A classificação, portanto, não é necessariamente indicador de "sucesso" econômico, uma vez que cada país, ao longo do tempo, por meio de suas políticas e leis, escolhe o próprio grau de liberdade econômica.

(...)

Assim, resta uma questão crítica: admitindo que os mercados de competição aberta fomentem o crescimento econômico, será que existe um *trade-off* ótimo entre desempenho econômico e o estresse competitivo por ele imposto, de um lado, e a civilidade defendida, por exemplo, pelos europeus continentais e por muitos outros? Muitos europeus, jocosamente, estigmatizam o regime econômico dos Estados Unidos como "capitalismo de caubói". Os mercados livres altamente competitivos são considerados obsessivamente materialistas, carecendo, em boa parte, de valores culturais significativos.[84]

Assumir riscos na atividade empresarial deve ser algo feito com responsabilidade, e não de forma desmedida, sob pena de colocar em risco desde vários empregos até o próprio pagamento correto dos tributos inerentes à atividade, e assim sucessivamente. Portanto, é forçoso concluir que a interrupção das atividades da empresa e da obtenção de lucro também é uma das formas de violar os direitos humanos das pessoas que da mesma dependem.

Nesse diapasão, caso a atividade empresarial seja respeitadora dos direitos humanos em todas as suas dimensões, merece ser ponderado como fundamento para a sua preservação, por exemplo, o deferimento da recuperação judicial, que permi-

---

84 GREENSPAN, A. *A Era da Turbulência. Op. Cit.*, pp. 26 e 268.

tirá que o lucro seja novamente auferido de forma responsável e dentro das premissas ora desenvolvidas.

Diversos são os exemplos de empresas que paralisaram suas atividades, gerando um efeito dominó na economia de uma determinada região, uma vez que prejudicaram não somente os trabalhadores, que, algumas vezes, não conseguem receber seus direitos trabalhistas, como também diversos fornecedores e transportadores que vivem da economia local, obrigando até à migração. Assim, merece ser preservada a empresa cujo objetivo seja o lucro, mas calibrado pelos direitos humanos em todas suas dimensões.

Pelo exposto, há que se ponderar que a efetividade na aplicação dos direitos humanos através da obtenção de lucro se dá desde as medidas adotadas para sua obtenção até sua correta destinação após o resultado positivo.

Capítulo IV – O lucro e o capitalismo

4.1 - O capitalismo e a destinação do lucro

O capitalismo tem na livre iniciativa e na propriedade privada os pilares para a obtenção do lucro, permitido pelo sistema. Todavia, não é aceitável que o capital seja transformado somente em mais capital, sem pensar no ser humano e na melhoria da qualidade de vida das pessoas.

Nessa esteira de raciocínio, abordamos que o lucro, quando corretamente obtido e/ou destinado, serve de instrumento para a efetivação dos direitos humanos em todas as suas dimensões. Especialmente, quando se fala em direitos humanos, é impossível não abordar o enfoque constitucional do capitalismo humanista, isto é, do regime capitalista-humanista adotado pela Carta Maior brasileira.

Assim, aborda-se outra faceta do lucro como efetivador dos direitos humanos: eis que a correta obtenção e destinação do lucro efetiva a igualdade, a liberdade e a fraternidade, decorrentes dos direitos humanos na análise do capitalismo sob o prisma humanista.

Apesar de fundado no liberalismo econômico e trazer desenvolvimento, o capitalismo não se mostrou um sistema perfeito, mas passível de colapsos e incapaz de resolver os principais problemas que atingem o ser humano no planeta. Principalmente na década de 1920, as atividades do mercado não foram capazes de contornar uma crise que parecia crônica, baixando o nível de emprego, o que daria origem a uma falta de postos de trabalho. Entretanto, mesmo com as possíveis crises o sistema de produção capitalista continuou dominando grande parte dos países do globo, em muitas formações históricas e sociais, sofrendo mutações para a obtenção de maior lucro.

A economia de mercado que dominou o mundo não foi, por si só, capaz de equilibrar as relações econômicas, nem de trazer somente benefícios à humanidade, necessitando cada vez mais da intervenção estatal na ordem econômica para que as crises mundiais não trouxessem efeitos nefastos ao ser humano. Já a partir do século XX, o Estado começa a injetar recursos na economia por meio de seus gastos, atuando preventivamente contra as crises no investimento privado.

Com o tempo e como consequência, ocorreu o desenvolvimento considerável do capitalismo de Estado, sob a forma de controle estatal das finanças, do trabalho, dos preços, enquanto se transformava no principal comprador do mercado, colocando suas encomendas de armamentos, munições e provisões para o exército e até víveres essenciais para a população. Esse cenário foi observado, na Segunda Guerra Mundial, com amplitude muito mais vasta do que na Primeira.

Os anos seguintes ao fim da Segunda Guerra foram o ponto de partida para o desenvolvimento diferenciado da economia capitalista. Sofrendo os efeitos da guerra, vários países reconstruíram sua base produtiva aproveitando-se do financiamento e dos planos de expansão econômico-militares. Esse período da economia chegou a ser chamado de "os trinta anos gloriosos" do capitalismo, pois o crescimento econômico foi forte e contínuo em várias regiões do mundo.

Modernamente, a denominada globalização econômica supostamente trouxe maior desenvolvimento econômico, sem, todavia, colocar o bem-estar e a dignidade do ser humano como seu fim, privilegiando somente uma forma de aumentar o lucro com a abertura mundial dos mercados e a fixação de preços também em âmbito mundial.

A esse respeito, Alan Greenspan leciona que:

(...) o problema é que a dinâmica que define o capitalismo, a intransigente competição de mercado, se choca com o anseio humano por estabilidade e certeza. Ainda mais importante, amplos segmentos da sociedade são dominados por forte senso de injustiça, cada vez mais intenso, em relação à distribuição das recompensas do capitalismo. A competição, a força mais poderosa do capitalismo, gera ansiedade em todos nós. Uma das principais fontes desse sentimento é o medo crônico de perda do emprego. Outra angústia mais profunda decorre das mudanças constantes, positivas ou negativas, promovidas pela competição, no *status quo* e no estilo de vida, cuja estabilidade é fonte de conforto para a maioria das pessoas.

(...)

Nunca vi com bons olhos empresas rivais tentando atrair clientes da Townsend-Greenspan. Mas, para competir, tive de melhorar. Precisei oferecer melhores serviços. Empenhei-me em aumentar minha produtividade. No final das contas, evidentemente, melhorei minha situação em decorrência desse esforço. O mesmo ocorria com meus clientes e acho que também com meus concorrentes. Bem no fundo, essa é provavelmente a mensagem do capitalismo: "destruição criativa" — o sucateamento das velhas tecnologias e das velhas maneiras de fazer as coisas para ceder espaço ao novo — é a única maneira de aumentar a produtividade e, portanto, de elevar o padrão de vida de maneira duradoura. A descoberta de ouro, de petróleo ou de outros recursos naturais, a história nos ensina, não produz o mesmo efeito.

Não há como negar as conquistas do capitalismo. As economias de mercado foram bem-sucedidas ao longo dos séculos, mediante a erradicação completa dos ineficientes e dos maldotados e a premiação dos que se antecipam às demandas dos consumidores e a atendem por meio do uso eficiente de recursos de mão-de-obra e de capital.[85]

A globalização nada mais é do que a criação de um mer-

---

85 GREENSPAN, A. *Op. Cit.*, p. 259.

cado internacional com a tentativa de que os preços sejam fixados mundialmente, visando maior lucro. Vale lembrar a famosa frase de Thomas Jefferson: "O espírito egoísta do comércio não conhece países e não sente paixão ou princípio, exceto o lucro".

Daí, somente com a correta destinação do lucro, revertido em prol da humanidade e com a incidência multidimensional dos direitos humanos, o capitalismo pode ser considerado humanizado e fraterno, ainda que globalizado. O capitalismo exige condições para se estabelecer e prosperar, e as condições são traçadas pelo Estado, que pode ser hostil ou favorável, de acordo com sua capacidade de resistência.

O futuro do capitalismo se concretizou verdadeiramente no campo das hierarquias sociais, entre elas as militares, religiosas e políticas. Um ponto em comum das sociedades ocidentais é que as classes mais baixas, ou a burguesia não dominante, permanecem ao longo do tempo (séculos, por vezes) parasitando as classes dominantes, vivendo junto dela, lucrando com seus erros, se aproveitando de seus hábitos de consumo, de sua ociosidade e imprevidência. Mesmo havendo novas gerações sempre dispostas a emergir, o processo é incessante.

Por isso, é fundamental que o capitalismo harmonize a iniciativa e a propriedade privadas com os direitos humanos em todas suas dimensões, inclusive na obtenção e destinação dos lucros.

4.2 - Do capitalismo no Brasil e o lucro

A organização da produção mercantil no Brasil foi feita pelos proprietários dos meios de produção, sendo os trabalhadores representados pelos escravos ou servos. Até o início do século XX, a economia de mercado se pautava pela necessidade de subsistência, uma vez que a vida das pessoas, de forma geral, dependia da economia doméstica, razão pela qual até o vestuário, muitas vezes, era fabricado em casa.

O período em que se iniciou a crise da economia colonial

é, também, o momento em que foi constituída a escravista economia mercantil cafeeira em território nacional. A esse respeito, pode-se dizer que se revitalizaram tanto a escravidão quanto a produção mercantil, que não era mais colonial. Portanto, essa revitalização se deu nos quadros de uma economia nacional.

A implantação da indústria escravista teve poucas chances de êxito após a crise da economia cafeeira mercantil--escravista. Um outro fator foi a economia local passar a sofrer intensamente a influência estrangeira, como, por exemplo, a proibição de fabricação de panos no Brasil em 1785, que favoreceu a importação de tecidos britânicos por capitais comerciais portugueses.

É nesse contexto que os efeitos da revolução industrial chegam ao Brasil e tendem a modificar a noção anterior de lucro. O lucro era definido como o rendimento do dono de um negócio por executar uma tarefa após extrair as despesas. *Data venia*, entendemos não ser essa a forma correta de definir lucro. O lucro não tem natureza de rendimento, muito menos o do dono do negócio. Pelo contrário, o lucro é decorrência da técnica aprimorada na produção de um bem ou serviço, aprimoramento esse que deve beneficiar a todos aqueles que contribuíram com o objetivo social, inclusive os acionistas ou sócios. Assim sendo, ainda que não seja dado a todos serem acionistas ou sócios de uma atividade empresarial organizada, é possível dar destinação adequada e eficaz ao lucro produzido, de forma que a coletividade possa ser beneficiada, ainda que de forma indireta e em proporção diferente dos acionistas ou sócios.

Não era o que ocorria à época no Brasil.

Por outro lado, entendemos ser necessário desvincular a questão da obtenção ou não de lucro da existência de classes sociais. Isso, porque, se a obtenção de lucro se der de forma fraterna e com vistas a beneficiar uma coletividade (ainda que forma indireta e em proporções diferentes), não fará diferença, nesse contexto, a existência de classes sociais. Nesse sentido, é importante destacar a crítica feita por Alan Greenspan a respeito de como uma cultura local pode influenciar na forma de acumulação da riqueza e sua distribuição nas classes sociais:

> (...) atitudes positivas em relação ao sucesso nos negócios, por exemplo, reações favoráveis profundamente enraizadas na cultura, têm atuado ao longo das gerações como importantes trampolins para o bem-estar material. Sem dúvida, as sociedades imbuídas de tais atitudes garantem aos negócios muito mais liberdade de competição do que as sociedades que veem as empresas como entidades aéticas ou geradoras de tensão. Com base em minha experiência, mesmo muitas das sociedades que reconhecem as vantagens do bem-estar material do capitalismo competitivo se veem em conflito por duas razões correlatas. Primeiro, a competição e o risco geram estresse, que a maioria das pessoas prefere evitar; segundo, em não poucas prevalece uma ambivalência profunda em relação à acumulação de riqueza.
>
> (...)
>
> O objetivo do Estado de bem-estar social é reduzir essa concentração de renda e de riqueza, o que se faz, principalmente, por meio de legislação que, através da regulamentação, limita a assunção de riscos e, através de tributação, reduz as recompensas pecuniárias que podem advir da assunção de riscos.[86]

A ideia de que às classes dominantes é dado auferir mais lucros que as demais deve ser afastada através da possibilidade de que essa obtenção de lucro beneficie a coletividade, independentemente de a que classe social esteja vinculada.

A obtenção do lucro pelo lucro não é um fator social que se estabeleceu no século XXI como uma plataforma sólida. Diversos são os exemplos de empresas socialmente responsáveis, cuja obtenção de lucro beneficia, sim, a atividade empresarial organizada, e também beneficia a coletividade, que pode ser beneficiada, inclusive, mediante reinvestimento do capital para tornar a empresa autossustentável ou pela capitalização social dos trabalhadores — uma forma de seguridade social em tem-

---

86 Idem, pp. 262 e 263.

pos de crise para evitar a necessidade de dispensa de funcionários quando a empresa não apresentar lucro, por exemplo. Por outro lado, existe a possibilidade de se auferir lucro através da especulação; essa forma, no entanto, não atende as peculiaridades da função social da empresa e de sua responsabilidade social.

De qualquer forma, o lucro é fundamental para a vida saudável das empresas, estando a vida útil de uma pessoa jurídica de direito privado ligada intimamente à sua capacidade de gerar lucro. Assim, se essa capacidade deixa de existir, a empresa pode deixar de atender os ditames de seu objeto social. Sem lucro, num sistema capitalista, os trabalhadores perdem seus empregos, as cidades entram em declínio, as zonas rurais entram em processo de morbidade e o desenvolvimento deixa de acontecer.

No sistema socialista, por exemplo, a ausência de lucro afeta a livre iniciativa e a inovação, implicando estagnação e recuo tecnológico substancial. No entanto, a obtenção de lucro deve se dar de forma responsável e não abusiva. O lucro pode ser considerado abusivo quando excede regra governamental estabelecida anteriormente por força de lei. Daí a importância de se observar a legislação infraconstitucional que trata da obtenção de lucro, no sentido de verificar se a mesma está compatibilizada com a incidência multidimensional dos direitos humanos em todas as suas dimensões.

No caso do Brasil, o lucro advém da atividade econômica de um sistema capitalista, mas de um sistema capitalista humanizado, em que a regra matriz da ordem econômica está prevista no artigo 170 da Lei Maior, harmonizando os princípios dos artigos 1º e 3º.

4.3 - O Capitalismo Humanista e o lucro

Nesse norte, se analisada corretamente a estrutura jurídica do capitalismo no Brasil, torna-se forçoso reconhecer que a disciplina jurídica do capitalismo adotada na Constituição Federal não é o capitalismo liberal, nem o capitalismo que fundamenta a globalização econômica, mas sim um capitalismo humanista, no sentido de reconhecer a supremacia dos direitos humanos sobre a ordem jurídica nacional, sob uma perspectiva humanista do Direito Econômico.

Esse é o marco teórico do Capitalismo Humanista, baseado numa filosofia jus humanista que, adota o adensamento das estruturas de liberdade, igualdade e fraternidade como sustentáculo de um capitalismo em prol da humanidade. A Lei Universal da Fraternidade é um pensamento jurídico aplicado ao capitalismo que tem por base o amor ao próximo, representado pelo amor de Jesus Cristo, como símbolo do humanismo cristão e de que "estamos conectados a tudo e a todos", como assinala Ricardo Sayeg.[87]

Encontra-se na Declaração Universal dos Direitos Humanos a síntese desse pensamento jurídico e da análise do Direito na qual seus princípios resguardam a dignidade da pessoa humana, princípio constitucional atualmente previsto no artigo 1º, III, da Lei Maior.

O capitalismo tradicional, fundado na livre economia de mercado, não foi suficiente para melhorar a vida das pessoas, principalmente o neoliberalismo, que fez ressurgir as teorias econômicas de Adam Smith e David Ricardo, cujos pilares são o individualismo, a falta de fraternidade e o pensamento na eficiência econômica. Daí, a filosofia humanista recepcionar a Lei Universal da Fraternidade, transportando-a para o Direito Econômico, no sentido de que o capitalismo e seus problemas merecem ser resolvidos pela fraternidade.

Com efeito, a filosofia humanista de Direito Econômico harmoniza as liberdades negativas com a responsabilidade para com o próximo, ou seja, aplica a fraternidade às relações jurídicas e econômicas como uma obrigação legal e não meramente moral, para que aqueles que exercem atividade econômica

---

87 SAYEG, R.; BALERA, W. *O capitalismo humanista - Filosofia humanista de direito econômico.* Petrópolis: KBR, 2011, p. 21

sempre equilibrem seus interesses individuais com o interesse coletivo.

Por conseguinte, adota-se a filosofia humanista de Direito Econômico e do Capitalismo Humanista, e, especialmente, seu marco teórico da fraternidade como obrigação jurídica de todos (Estado, sociedade civil e dos homens), para que o lucro seja fraternizado em sua destinação, pensando nos socialmente excluídos e no planeta.

De fato, a partir da visão humanista integral do Direito, baseada na fraternidade do pensamento cristão, a doutrina humanista recepciona o respeito aos direitos humanos em todas as suas dimensões e os aplica no Direito, harmonizando o direito econômico com os direitos humanos e com toda a principiologia da Constituição Federal Brasileira de 1988, de cunho capitalista-humanista.[88]

Daí, a necessidade de respeito à dignidade da pessoa humana, ao bem-estar de todos e à diminuição das desigualdades pela concretização dos direitos humanos em todas suas dimensões.

Com efeito, apesar de o capitalismo ter vencido na economia global, sabemos que os grandes problemas do ser humano, tais como a fome, a pobreza e as epidemias, ainda não foram superados, mas uma coisa é certa: a adoção desse regime econômico contribuiu para o desenvolvimento do homem e poderá servir de instrumento para a melhoria da humanidade. Para tanto, é mister ressaltar, nesse marco teórico e filosófico, o instituto jurídico aplicável ao sistema capitalista previsto na Lei Maior: o fraternalismo jurídico presente na Constituição Fede-

---

88 Cf. Sayeg, "Essa é a filosofia humanista do Direito Econômico, que nada mais é do que o transporte teórico da Lei Universal da Fraternidade para o Direito Econômico, o que ora se propõe e que certamente constitui um novo marco teórico de análise jurídica do capitalismo – cujo objetivo na seara econômica é, então, resolver por meio da fraternidade, levando-se em conta as três dimensões subjetivas dos direitos humanos, a tensão dialética entre a liberdade e a fraternidade." Idem, p. 25.

ral, aplicável ao instituto do lucro como um valor constitucional supremo.

Em seu preâmbulo, menciona que:

> (...) nós, representantes do povo brasileiro, reunidos em Assembleia Nacional Constituinte para instituir um Estado Democrático, destinado a assegurar o exercício dos direitos sociais e individuais, a liberdade, a segurança, o bem-estar, o desenvolvimento, a igualdade e a justiça como valores supremos de uma *sociedade fraterna*, pluralista e sem preconceitos, fundada na harmonia social e comprometida, na ordem interna e internacional, com a solução pacífica das controvérsias, promulgamos, sob a proteção de Deus, a seguinte Constituição da República Federativa do Brasil (grifo nosso).

As sociedades fraternas e seu respectivo fraternalismo nada mais são que a regência da Lei Universal da Fraternidade nas relações jurídicas, no sentido da aplicabilidade dos direitos humanos em todas as suas dimensões, ou seja, o "espírito de fraternidade" previsto no artigo 1º da Declaração Universal dos Direitos Humanos. Esse é o jus humanismo que, se aplicado ao capitalismo, traduz o adensamento, segundo assinala Ricardo Sayeg: "no tocante ao capitalismo, que é baseado na liberdade, evidencia-se a missão dos direitos humanos: incidir em sua multidimensionalidade, sob a perspectiva de adensamento, para reconhecê-la e a ela agregar a igualdade e a fraternidade".[89]

Existe, portanto, no capitalismo, um dever natural de fraternidade, de todos os homens para todos os homens.[90]

---

89 SAYEG, R.; BALERA, W. *Op. Cit.*, p. 33.
90 Cf. Sayeg, "Por implicação, o homem, a humanidade e o planeta devem ser fraternalmente tutelados, daí que a concretização, no capitalismo, dos direitos humanos em todas as suas dimensões pelo dever natural de fraternidade, surge como direito subjetivo natural, em especial dos excluídos e exigível não só do Estado, mas também, horizontalmente, da sociedade civil e de todos os homens, nisso abrangendo também as relações individuais privadas". *Op. Cit*, p. 215.

Na seara econômica e de sua respectiva atividade, tem-se por certo que a harmonização entre o regime capitalista adotado na Constituição Federal e a fraternidade está prevista na regra matriz de direito econômico e no artigo 170, *caput* da Lei Maior. Com efeito, se analisadas à luz da Lei Universal da Fraternidade, é forçoso concluir que as finalidades da ordem econômica, especialmente a garantia da existência digna, conforme os ditames da justiça social, são temas associados à solidariedade e à fraternidade, previstos na regra matriz da ordem econômica na Constituição Federal, concretizando de forma concomitante os direitos humanos de primeira, segunda e terceira dimensões.

Concluindo, a fraternidade deve ser enfocada como uma obrigação jurídica nas atividades econômicas, e não como mera virtude moral. E quando se pensa no lucro, se parte dele for destinada aos homens excluídos e ao planeta, estar-se-á, automaticamente, concretizando os direitos humanos em todas suas dimensões.

O lucro, quando corretamente destinado, dá dignidade aos seres humanos que estão sujeitos ao capitalismo humanizado, respeitando a incidência dos direitos humanos. Em outras palavras, a fraternização do lucro decorre, portanto, do direito econômico humanista e tridimensional, colocando o capital a serviço do homem e não o homem a serviço do capital.

É na dignidade da pessoa humana e no espírito fraterno, princípio constitucional que permeia toda a atividade econômica, que reside o limite para que o lucro não seja perseguido em si mesmo, isto é, ambos servem de freio e contrapeso para que o lucro atenda os direitos humanos em todas as suas dimensões e esteja compatível com o capitalismo humanista adotado na Carta Maior.

4.4 - A dignidade da pessoa humana e a fraternidade por meio do lucro

A dignidade humana é um atributo da pessoa, e existe somente pelo fato de ela existir como tal, uma qualidade que traduz a necessidade de respeito, não somente por parte do Estado, mas também da sociedade, tudo para garantir uma existência minimamente saudável, no mais amplo sentido.

A esse respeito, Ingo Sarlet ensina que:

> (...) temos por dignidade da pessoa humana a qualidade intrínseca e distintiva reconhecida em cada ser humano que o faz merecedor do mesmo respeito e consideração por parte do Estado e da comunidade, implicando, neste sentido, um complexo de direitos e deveres fundamentais que assegurem a pessoa tanto contra todo e qualquer ato de cunho degradante e desumano, como venham a lhe garantir as condições existenciais mínimas para uma vida saudável, além de propiciar e promover sua participação ativa e corresponsável nos destinos da própria existência e da vida em comunhão com os demais seres humanos.[91]

Extrai-se da definição acima a preocupação do reconhecimento dos direitos garantidos constitucionalmente, não somente pelo Estado, mas também pela sociedade, característica de um direito inalienável do ser humano e fator relevante na celebração dos negócios jurídicos, apesar de questão típica do direito privado.

Nesse sentido, é possível extrair uma função estimulante, que diz respeito à obtenção de lucro como forma de promover o negócio, assim como a abertura de novas empresas, sem que haja necessidade de ferir o princípio da dignidade da pessoa humana, pelo contrário, respeitando seus ditames e peculiari-

---

91 SARLET, I. *Dignidade da Pessoa Humana e Direitos Fundamentais na Constituição de 1988. Op. Cit.*, p. 67.

dades, na qualidade de princípio, como abordado pela Carta Magna.

O desafio de obter uma definição unânime, concisa e válida universalmente do que seja a dignidade da pessoa humana é enorme. Deve-se utilizar a razão e sua relação com o cuidado da própria condição humana, uma vez que o complexo rol de posições de ordem jurídico-constitucional roga pela sua proteção e reconhecimento.

Carlos Ayres Britto afirma que:

> (...) toda essa histórica e formal proclamação de ser a pessoa humana portadora de uma dignidade "inata" é o próprio Direito a reconhecer o seguinte: a humanidade que mora em cada um de nós é em si mesma o fundamento lógico ou o título de legitimação de tal dignidade, não cabendo a ele, Direito, outro papel que não seja o de declará-la. Não propriamente o de constituí-la, porque a constitutividade em si já está no humano em nós.
>
> Em palavras outras, a circunstância do humano em nós é que nos confere uma dignidade primaz. Dignidade que o Direito reconhece como fator legitimidade dele próprio e fundamento do Estado e da sociedade.[92]

Não se pode admitir que a dignidade da pessoa humana sirva de sustentação para ações extremistas infundadas, que alegam ser defensoras dos direitos fundamentais. Há quem defenda a compreensão e aplicação desses mesmos direitos como verdadeiras "barragens que impedem o livre fluxo do fundamentalismo", servindo como um obstáculo duradouro contra aqueles que violam os direitos humanos.

Seguindo essa linha, a civilização e humanização da globalização econômica resultarão na redução ou até na neutralização dos males que acarretam a violação dos direitos huma-

---

92 BRITTO, C. *O Humanismo como Categoria Constitucional*. Belo Horizonte: Editora Forum, 2010, pp. 25 e 26.

nos, que poderiam ser amplamente defendidos caso houvesse uma globalização da área jurídica tendo como ponto inicial a dignidade da pessoa humana.

Podemos afirmar que os membros da ordem comunitária e da ordem jurídica que não respeitam a qualidade, os valores, os deveres e direitos atribuídos aos seres humanos, não respeitam a própria humanidade, sua nação e o coração pulsante que há dentro de cada um, não se fazendo merecedores do respeito e cuidados recíprocos. O grau de comprometimento de cada membro da sociedade mundial está diretamente ligado ao êxito no cumprimento da função dos direitos humanos na mencionada globalização jurídica.

Assim como verificamos esse estreito laço entre a função dos direitos humanos e o comprometimento de cada um, há um laço entre os mais variados discursos de dignidade da pessoa humana emanados pelas mais diversas religiões e crenças, surgindo, inclusive, em uma "religião civil" que serve como freio ao extremismo evidenciado, mas não como resultado do fundamentalismo moral, ético, religioso ou político.

Logo, pensar que o lucro possa ser obtido ou destinado de maneira que a dignidade da pessoa humana seja violada é o mesmo que considerar o ser humano é menos importante que o lucro, contrariando todo o sistema econômico humanista e fraternalista previsto na Lei Maior.

4.5 - Da fraternização para obtenção e destinação do lucro

Com base nesses marcos teóricos do Capitalismo Humanista, tem-se que a solução mais eficaz para compatibilizar o lucro com o sistema capitalista humanista é por meio da fraternidade e da solidariedade quando da obtenção e destinação do lucro.

4.5.1 - Da fraternidade em suas diversas acepções

Fraternidade é o reconhecimento dos direitos essenciais do ser humano (criatura de Deus), estendendo tal conhecimento a outras pessoas. A ética da fraternidade é o estudo e prática dos direitos essenciais do ser humano, que tem como finalidade o bem e o humanitarismo.

A Lei da Fraternidade é a Lei de Deus, que nos une, não fazendo distinção de raça, classe social, cultura ou credo, entre outros. Na medida em que as pessoas evoluem, o grau de compreensão da lei da fraternidade aumenta e se aprofunda a percepção da fraternidade universal.

A fraternidade é conceder aos outros o mesmo que gostaríamos de ter, excluindo a desigualdade econômica e social; é mister tê-la em mente, mas não isoladamente das demais virtudes. Segundo o Evangelho, quem não tem fraternidade, não trata os outros irmãos como tais, também será tratado assim, seja no âmbito da ação, seja do pensamento, já que, muitas vezes, podemos repudiar os acontecimentos.

Agnes Bernhard assim conceitua a fraternidade:

> (...) segundo opinião comum, o conceito de fraternidade está ligado aos princípios de liberdade e de igualdade, assegurados por constituições em todos os Estados modernos. O conceito de fraternidade pressupõe a liberdade individual e a igualdade de todos os homens, e está numa relação de interdependência mútua com esses dois princípios. Os três conceitos têm por raiz a dignidade da pessoa humana. O objetivo atingido de proteger os Direitos Humanos quanto ao alcance da tutela e da garantia do indivíduo, deve valer — segundo o conceito da fraternidade — como garantia mínima para cada indivíduo, em cada tempo e em cada lugar, inclusive os direitos sociais. A partir do conceito de fraternidade, poder-se-ia refletir numa forma totalmente nova — considerando as relações com os princípios de liberdade e de igualdade —

sobre o fundamento dos direitos fundamentais e dos direitos em geral. Aqueles fundamentais, considerados do ponto de vista da fraternidade, poderiam assumir o seu significado, não como um bem atribuído ao indivíduo, mas pela sua capacidade de saber criar ordem entre indivíduos e grupos. A liberdade, a propriedade ou a igualdade tornam-se direitos relevantes somente se organizam as relações entre os homens e são definidos consequentemente. Alguns autores criticam o fundamento exclusivamente individualista dos Direitos Humanos. Outros falam de direitos fundamentais, chamando-os de "direitos relacionais". René-Jean Dupuy fez notar que, aos poucos, nos damos conta de pertencer a uma única família humana, e que a tutela dos Direitos Humanos não se limita apenas à dos próprios direitos, mas também aos direitos dos outros. Exige-se — afirma Cohen-Jonathan — uma visão ampla do homem, que considera feita a si a ofensa ao outro. Esse conceito de fraternidade contém também o aspecto da solidariedade e da equidade.[93]

A esse respeito, confira-se a lição de Fausto Goria, segundo o qual:

> (...) essa fraternidade pode consistir, por exemplo, na escuta atenta da parte contrária para captar todas as suas exigências — sempre falando do Direito privado —, seja nas negociações pré-contratuais, seja no decurso do cumprimento da prestação, ou, em geral, no desenrolar-se da relação (pensemos, sobretudo, na prestação de uma obra, subordinada ou autônoma, nas empreitadas e também nas crises matrimoniais), seja no caso de uma ação judicial. Muitas vezes experimentou-se que tal atitude acaba induzindo a parte contrária a assumir uma atitude análoga, com vantagem mútua. Se levarmos em consideração um organismo judiciário ou, de

---

93 In: CASO, G. *Direito & Fraternidade: ensaios, prática forense. Op. Cit.*, pp. 61 e 62.

qualquer forma, público, o funcionário que queira ser fraterno poderá fazer uso dos próprios poderes arbitrários para ir
ao encontro das exigências, mesmo que mínimas ou ligadas a
situações contingentes, das pessoas interessadas.[94]

Nesse contexto, o lucro, se considerado como algo positivo quando bem obtido e destinado, será mais um instrumento
para alcançar o bem de todos, diminuindo a desigualdade econômica e social.

4.5.2 - Do Princípio da Fraternidade ou Solidariedade

Os ideais da Revolução Francesa de igualdade e liberdade, conquistados pelos revolucionários, podem ser exemplifica-
dos no sufrágio universal, na elaboração de uma Constituição,
na queda e fim das regalias concedidas aos membros do clero e da nobreza, na diminuição da interferência do Estado nas
relações privadas, por exemplo. No entanto, um dos ideais da
Revolução, a fraternidade, não foi muito valorizado pelos fran-
ceses. Na Constituição francesa de 1791 a fraternidade é citada,
porém não como um princípio, e sim, como mera virtude civil.
Já em 1848, na elaboração de uma nova Constituição, a fraternidade foi oficialmente declarada juntamente com a amplitude
da concepção de solidariedade.

Na Declaração Universal dos Direitos Humanos de 1948
é possível verificar-se que a fraternidade é colocada como um
princípio fundamental dos direitos humanos, considerado
como norteador dos direitos econômicos e sociais.

A partir do século XVIII, a fraternidade entre os indivíduos tornou-se figura principal dos discursos de revolucionários com o objetivo de pôr fim ao Antigo Regime. No entanto,
apenas no século XX a fraternidade começou a ser praticada.

No Brasil, podemos ver a aplicação desse princípio

---

94 Idem: pp. 28 e 29.

exemplificado na implementação de quotas nas universidades públicas, e também na isenção de tributos para pessoas de baixa renda, segundo a Lei. É possível observar a aplicação do princípio da fraternidade (solidariedade) também na proteção ao meio ambiente, que se torna um direito humano e, automaticamente, um dever do Estado e de toda a sociedade.

Reconhecendo mais uma vez o princípio da fraternidade e tendo como objetivo o bem-estar da sociedade fraternal, em maio de 2008 o Supremo Tribunal Federal concedeu liberdade à realização de pesquisas com células-tronco embrionárias para a cura de doenças.

Leciona Carlos Aurélio Mota de Souza que:

> (...) o princípio da fraternidade assume papel central, pois a sociedade fraterna é antes solidária. A fraternidade é princípio de organização social, ao permitir que os semelhantes sejam diferentes, garantindo a liberdade de atuação na esfera econômica em uma visão global da sociedade. A solidariedade é necessária na dinâmica da atividade produtiva, como os movimentos de responsabilidade social das empresas buscam realizar. As relações econômicas são fatos humanos e comunitários com dimensão ética, situando-se no interior do processo produtivo, e não em momentos seguintes.[95]

Por outro lado, com relação ao lucro e sua fraternização, diversos são os exemplos que podemos citar ao longo da história, atinentes à sua *função estimuladora*, como a descoberta de novas matérias primas a serem utilizadas no processo produtivo, a invenção de novas máquinas, o aprimoramento de técnicas de trabalho e a mantença de áreas de pesquisa científica, entre outras. A expectativa na obtenção de lucro, sem dúvida, representa um incentivo ao progresso dos meios de produção e implementação de novas técnicas na prestação de serviços.

Por sua vez, também é possível extrair do lucro uma *fun-*

---

95 *Revista do IASP*, n° 25, p. 103.

ção *orientadora*, que diz respeito à análise do grau de saturação dos mercados ou à sua insatisfação. Com o mercado saturado ou insatisfeito, é possível orientar a produção em um novo rumo. *Contrario sensu*, a função orientadora do lucro também permite avaliar uma eventual carência do mercado, e, da mesma forma, orientar o rumo da produção.

Como exposto neste capítulo, o lucro tem uma função fiscal, uma vez que o Estado busca parte dos recursos que necessita no lucro das empresas da iniciativa privada, através da sua tributação. Outra função atribuída ao lucro é a capitalização, atinente à retenção de parte do lucro auferido no negócio para investimento na própria empresa, mediante autofinanciamento.

A esse respeito, José Luiz de Almeida Nogueira Porto preleciona que:

> (...) o fato de assinalarmos que o lucro constitui a principal fonte de novos investimentos não significa que esse efeito seja sempre conveniente. Realmente, o investimento provoca a momentânea substituição da procura de bens de consumo pela procura de bens de capital, a qual só depois de certo tempo acarreta, por sua vez, nova procura de bens de consumo. (...) Só na hipótese de subinvestimento, em que as poupanças sejam maiores do que as oportunidades de investir, a retenção dos lucros em poder das empresas pode ser realmente perniciosa.[96]

E continua:

> (...) os lucros, quando se formam, já não estão capitalizados em sua maior parte, não restando ao empresário sequer a ilusão de decidir sobre seu destino. Isso porque, na empresa, não existem operações estanques que se sucedem, deixando cada uma seu lucro mensurável e palpável, mas sim um fluxo contínuo de operações interdependentes e inseparáveis, cujo

---

96 PORTO, J. *Contribuição para a Teoria do Lucro. Op. Cit.*, p. 222.

resultado individual é frequentemente ignorado. O desenvolvimento dos negócios obriga a uma reinversão contínua dos lucros e inclusive de parte dos juros implícitos, e essa reinversão não se processa só no momento em que os lucros são apurados mediante balanço, mas sim no momento mesmo em que eles se formam.[97]

Logicamente, essas não são as únicas funções que podem ser atribuídas ao lucro nos dias atuais, mas constituem, sem dúvida, uma justificativa da importância de destacar o lucro fraterno.

De fato, um problema fundamental da sociedade moderna é que o lucro atenda também o interesse coletivo, distribuindo entre os cidadãos os resultados de um progresso, seja mediante a diminuição de horas de trabalho, seja aumentando o poder de compra, ou seja através da promoção da sustentabilidade planetária.

Nesse norte, a concreta e responsável destinação do lucro pela atividade empresarial pode auxiliar na melhor distribuição de renda, na melhor qualidade de vida no ambiente de trabalho e na melhor distribuição da carga tributária, por exemplo. Isso implica a possibilidade de fraternização do lucro, que nada mais é que reverter parte de seu conteúdo para garantia dos direitos humanos de primeira, segunda ou terceira dimensão, de acordo com o objeto social e a amplitude da atividade empresarial desenvolvida.

---

97 Idem, p. 227.

Capítulo V – O lucro e o respeito ao ser humano

O Brasil adotou o regime econômico do capitalismo, conforme previsão constitucional expressa nos artigos 1º e 170, respeitando-se a dignidade da pessoa humana e a valorização do trabalho, em detrimento da simples acumulação de capital. No entanto, diante da liberdade econômica, da individualidade e da defesa do interesse pessoal em detrimento do coletivo para busca da maior vantagem e maior eficiência econômica, a adoção do regime capitalista, pura e simplesmente, não foi suficiente para resolver vários problemas sociais.

A eficiência econômica, o resultado positivo e o lucro, muitas vezes, atendem interesses meramente especulativos do capitalismo, sem haver solidariedade com o próximo, principalmente aqueles que são excluídos socialmente, inexistindo, ainda, preocupação com a sustentabilidade do planeta.

De fato, o lucro está intrinsecamente ligado à atividade empresarial que o originou e, uma vez auferido (resultado positivo), pode ter destinação: (i) de investimento na própria atividade empresarial que o originou; (ii) de distribuição para os sócios ou acionistas; ou ainda (iii) na concretização de corolários da função social decorrente da atividade empresarial e dos direitos humanos pela iniciativa privada.

Entretanto, o lucro não pode ser um fim em si mesmo, sob pena de nada reverter para a coletividade e resultar no aumento da exclusão social e do esgotamento planetário.

O neoliberalismo e a globalização da economia empobreceram os países em desenvolvimento, aumentando as desigualdades sociais e diminuindo a dignidade das pessoas, com o objetivo único de auferir maior lucro. A globalização, inicialmente, trouxe malefícios, por escamotear a sustentabilidade planetária e desrespeitar as minorias, não assegurando o mínimo vital para o bem-estar do ser humano.

Entende-se que o capitalismo liberal fundamentalista aumenta a desigualdade entre os seres humanos, afastando cada vez mais da dignidade os excluídos socialmente. A solução para harmonizar a tensão entre a liberdade e a igualdade, e para que o capitalismo se desenvolva de forma justa e solidária, é encontrada na aplicação dos direitos humanos ao capitalismo adotado pela Lei Maior, por meio da fraternidade, pela humanização das relações econômicas.

Nesse contexto, as atividades econômicas desenvolvidas no sistema capitalista pelas empresas privadas (economia de mercado) não podem olvidar os objetivos constitucionais, principalmente o de construir uma sociedade mais justa e solidária, como previsto no artigo 3º, I, da Lei Maior. A partir da Constituição de 1988, a justiça social passou a interferir na atividade econômica e nas relações jurídicas decorrentes, sendo inerente o compromisso de dependência entre os indivíduos, de pensar no próximo e em si mesmo, isto é, de ser solidário, para que todos possam atingir sua dignidade e para que o planeta tenha maior sustentabilidade.

Assim sendo, entende-se como necessária a melhor distribuição das riquezas, gerando uma melhoria da qualidade de vida e possibilitando aos seres humanos viverem dignamente com o mínimo vital. Não é à toa que a regra matriz da ordem econômica (artigo 170 *caput* da Lei Maior) consagra a existência digna e a mencionada justiça social, enunciando expressamente princípios como a valorização do trabalho humano, a livre iniciativa e objetivos da ordem constitucional — existência digna, conforme os ditames da justiça social.

As finalidades constitucionais da atividade econômica, aparentemente, se mostram incompatíveis com o lucro decorrente do sistema capitalista. Destaca José Afonso da Silva:

> (...) num sistema que abraça a economia de mercado, essencialmente individualista, de acumulação e concentração de capital, fundado no poder privado de domínio dos meios de produção e dos lucros respectivos, sempre se manifesta grande diversidade de classe social, de modo que a distribuição de riquezas pela qual clama a justiça social jamais se verifica. A justiça social só se realiza através de equitativa distribuição de riqueza, permitindo a cada um dispor dos meios materiais necessários para viver dignamente, o que não se obtém pela organização do mercado ao sabor de suas próprias leis.[98]

A produção de riquezas pela atividade econômica não pode ter a finalidade única de acumulação de recursos para produção de um resultado positivo ou negativo, devendo o lucro, ao contrário, ser um instrumento para a concretização dos direitos humanos.

Por sua vez, a atividade empresarial, como organização econômica, transcende a própria pessoa do empresário. O lucro é o fruto do capital, e deve ser revertido não somente para aqueles que exercem a atividade empresarial econômica, mas também em prol de todos, de forma fraterna, para diminuir as desigualdades e atingir a justiça social.

Para tanto, a adequação do lucro ao sistema capitalista humanista adotado no Brasil está diretamente relacionada à destinação que se queira dar e à forma de sua aquisição. Destinar corretamente o lucro nada mais é do que aplicar o resultado financeiro em ações concretas que atendam os direitos humanos, tais como projetos sociais, aquisição de bens essenciais à sadia qualidade de vida (alimentos, medicamentos) para distri-

---

98 SILVA, José Afonso da. *Curso de Direito Constitucional Positivo*. 16ª Ed. São Paulo: Malheiros, 1999, p. 763.

buição entre os mais necessitados, investimentos em projetos de incentivo à cultura, ao esporte, à inclusão social e à recomposição do meio ambiente, entre outros.

No entanto, para a concretização dos direitos humanos deve haver um resultado prático, não bastando a simples intenção ou provisão para a reversão do lucro em prol da coletividade, mas exigindo sua imediata aplicação assim que o mesmo é auferido.

Nesse norte, para equilibrar e frear os interesses meramente especulativos da economia de mercado, os sistemas jurídicos que adotam a Lei Universal da Fraternidade conseguem, por meio da efetivação dos direitos humanos, equilibrar o regime capitalista com a dignidade da pessoa humana, para que o capital esteja a serviço do homem e não o homem a serviço do capital. No âmbito jurídico o lucro é permitido e legal, e decorre da propriedade e da livre iniciativa, mas deve também ser revertido para a coletividade, para que os direitos humanos sejam aplicados em todas suas dimensões.

A forma como se compreende a expressão "direitos humanos" está diretamente relacionada aos direitos que serão considerados inalienáveis e universais, devendo ser tratados como prioridade na absorção dos direitos coletivos.

Competitividade, produtividade e integração no plano econômico, e fragmentação e marginalidade no plano social, compreendem, de um lado, a diferenciação funcional da sociedade, e de outro um crescente desemprego estrutural, acompanhado de degradação das condições de vida daqueles que foram expulsos do mercado formal de trabalho.

5.1. - Da utilização indevida da mão de obra infantil e escrava e o papel do Estado

Extrai-se da leitura do presente que, em diversas passagens, abordamos a inaceitabilidade da utilização de mão de obra escrava em pleno século XXI, em qualquer segmento da economia.

De fato, não é tolerado o lucro conquistado com base na poluição do meio ambiente, na utilização de mão de obra infantil ou escrava, na propaganda enganosa, enfim, em práticas que atentem contra os interesses coletivos e difusos, especialmente contra a dignidade das pessoas e com o esgotamento planetário, sob pena de retroceder-se ao regime fundamentalista do capitalismo, do qual a acumulação do capital é a razão de existir.

No entanto, a realidade do trabalho escravo não se assemelha à escravidão havida no Brasil até o século XIX, quando a escravidão tinha base legal e era aceita pela sociedade. Atualmente, o trabalho escravo e infantil possuem características próprias, como o aliciamento feito por prepostos daquele que se beneficia com a obtenção final de eventual resultado positivo — o lucro.

Diante da flagrante proibição pela legislação dessa modalidade de se apresentar do labor, o trabalhador é geralmente iludido por falsas promessas e contrai dívidas, que mais tarde serão responsáveis por sua permanência no trabalho em condição análoga à de escravidão — compostas, por exemplo, do custo de transporte do trabalhador até local de trabalho, além da aquisição de produtos de alimentação, higiene e saúde, que fica restrita ao fornecimento pelo próprio empregador, com preços mais altos que os normalmente estipulados em outros estabelecimentos. E mais, quando se deslocam de outros países, podem ter seus documentos retidos para evitar futura fuga.

Normalmente, esses trabalhadores não possuem acesso à alimentação, moradia ou saúde dignos; sofrem por impossibilidade de livre locomoção, violência física e danos ambientais, como vítimas do trabalho infantil e outras inúmeras violações aos direitos trabalhistas. O trabalho escravo se alimenta de dois elementos: a vulnerabilidade e a fragilidade econômica das vítimas aliadas à perspectiva de impunidade do explorador.

Na legislação brasileira, a Constituição Federal de 1988 garante ser livre o exercício de qualquer trabalho, ofício ou profissão, atendida as qualificações profissionais que a lei estabelecer (artigo 5º, inciso XII); e, no artigo 6º, inclui o trabalho entre os direitos sociais. O artigo 149 do Código Penal Brasileiro, alterado pela Lei nº 10.803, de 11 de dezembro de 2003, trata dos crimes contra a liberdade pessoal ao prever que:

> Artigo 149. Reduzir alguém a condição análoga à de escravo, quer submetendo-o a trabalhos forçados ou a jornada exaustiva, quer sujeitando-o a condições degradantes de trabalho, quer restringindo, por qualquer meio, sua locomoção em razão de dívida contraída com o empregador ou preposto:
> Pena - reclusão, de dois a oito anos, e multa, além da pena correspondente à violência.
> §1 - Nas mesmas penas incorre quem:
> I - cerceia o uso de qualquer meio de transporte por parte do trabalhador, com o fim de retê-lo no local de trabalho;
> II - mantém vigilância ostensiva no local de trabalho ou se apodera de documentos ou objetos pessoais do trabalhador, com o fim de retê-lo no local de trabalho.
> §2 - A pena é aumentada de metade, se o crime é cometido:
> I - contra criança ou adolescente;
> II - por motivo de preconceito de raça, cor, etnia, religião ou origem.

> Por sua vez, no plano internacional, a Convenção nº 29 da Organização Internacional do Trabalho — OIT, aprovada no Brasil pelo Decreto Legislativo nº 24, de 29 de maio de 1956, e promulgada através do Decreto nº 41.721, de 25 de junho de 1957, conceitua o trabalho forçado (ou obrigatório) como "todo trabalho ou serviço exigido de um indivíduo, sob ameaça de qualquer penalidade e para o qual ele não se ofereceu de espontânea vontade".[99]

---

99 A esse respeito, confira-se ementa de julgado do Inq 3412/ AL – ALAGOAS, Min. MARCO AURÉLIO, DJe-222 DIVULG 09-11-2012 PUBLIC 12-11-2012.

E nesse aspecto o papel do Estado se torna relevante. Como exemplo, temos a Comissão Nacional Para a Erradicação do Trabalho Escravo — CONATRAE —, órgão colegiado vinculado à Secretaria Especial dos Direitos Humanos da Presidência da República criado em agosto de 2003, para monitorar a execução do Plano Nacional para a Erradicação do Trabalho Escravo. Esse Plano contém 76 ações, cuja responsabilidade de execução é compartilhada por órgãos do Executivo, Legislativo, Judiciário, Ministério Público, entidades da sociedade civil e organismos internacionais.

Dentre as atribuições do CONATRAE, estão: (i) acompanhar o cumprimento das ações constantes do Plano Nacional para a Erradicação do Trabalho Escravo, propondo as adaptações que se fizerem necessárias; (ii) acompanhar a tramitação de projetos de lei relacionados com o combate e erradicação do trabalho escravo no Congresso Nacional, bem como propor atos normativos que se fizerem necessários à implementação do Plano; (iii) acompanhar e avaliar os projetos de cooperação técnica firmados entre o Governo brasileiro e os organismos internacionais; (iv) propor a elaboração de estudos e pesquisas e incentivar a realização de campanhas relacionadas à erradicação do trabalho escravo.

Nesse sentido, foi editado o Decreto 5.017, de 12 de março 2004, que promulga o Protocolo Adicional à Convenção das Nações Unidas contra o Crime Organizado Transnacional Relativo à Prevenção, Repressão e Punição do Tráfico de Pessoas, em Especial Mulheres e Crianças, com os objetivos de: prevenir e combater esse crime; proteger e ajudar as vítimas desse tráfico, respeitando plenamente os seus direitos humanos; e promover a cooperação entre os Estados-Partes de forma a atingir esses objetivos.

O Estado de São Paulo fez editar a Lei 14.946/2013,[100] que dispõe sobre a cassação da inscrição no cadastro de contribuintes do Imposto sobre Operações Relativas à Circulação

---

100 Cf. Portaria CAT Nº 19 DE 22/02/2013.

de Mercadorias e sobre Prestações de Serviços de Transporte Interestadual e Intermunicipal e de Comunicação — ICMS —, de qualquer empresa que faça uso direto ou indireto de trabalho escravo ou em condições análogas.

Essa lei prevê sanções adicionais àquelas já constantes da legislação federal para utilização de trabalho escravo ou infantil, tais como: (i) o impedimento de exercerem o mesmo ramo de atividade, mesmo que em estabelecimento distinto, por dez anos; (ii) a proibição de entrarem com pedido de inscrição de nova empresa, no mesmo ramo de atividade, por dez anos; (iii) a perda do direito ao recebimento de créditos do Tesouro do Estado, instituído pelo Programa de Estímulo à Cidadania Fiscal do Estado de São Paulo, de que trata a Lei nº 12.685, de 28 de agosto de 2007; (iv) o cancelamento dos créditos já calculados ou liberados, referentes ao Programa de Estímulo à Cidadania Fiscal do Estado de São Paulo.

Ainda a título ilustrativo, vale mencionar a Comissão Estadual de Erradicação do Trabalho Escravo do Rio Grande do Sul — COETRAE-RS —, que se reuniu em cinco grupos com a finalidade de promover a organização de ações gerais para enfrentamento e repressão, ações de reinserção e prevenção, ações de informação e capacitação, e ações específicas de repressão econômica, para analisar e colaborar com a minuta do Plano Estadual de Erradicação do Trabalho Escravo no Rio Grande do Sul.

Nessa esteira, vale ressaltar a existência do Movimento Ação Integrada — um projeto de inserção de ex-trabalhadores escravos que foi lançado durante audiência pública da Subcomissão Permanente do Tráfico Nacional e Internacional de Pessoas e Combate ao Trabalho Escravo do Senado. O projeto é uma iniciativa do SINAIT — Sindicato Nacional dos Auditores Fiscais do Trabalho —, com o apoio técnico da Organização Internacional do Trabalho — OIT —, que visa à inserção de trabalhadores egressos de condições análogas à escravidão em cursos profissionalizantes e no mercado de trabalho.

Assim, a noção de lucro também está relacionada à de

sustentabilidade, uma vez que já não é mais possível imaginar a ideia de lucro como propósito único das empresas, devendo ser levado em consideração quais os meios utilizados na sua obtenção. Por outro lado, mas ainda sobre o papel do Estado para que o lucro garanta a efetividade dos direitos humanos, a noção de sustentabilidade relacionada à atividade empresarial e à obtenção de lucro demanda um novo modelo de gestão dos negócios, que considera as externalidades positivas e negativas das atividades produtivas ou da prestação de serviços, como, por exemplo, o desenvolvimento econômico-social de uma determinada região, a melhoria da qualidade de vida da comunidade local, a emissão de gases de efeito estufa, enfim, o impacto dos negócios no meio em que serão colocados.

É importante destacar que às empresas não é dado negligenciar os lucros, nem mesmo comprometer seus resultados financeiros; no entanto, devem se responsabilizar pela forma como esses lucros são gerados e seu impacto sobre a sociedade, incluindo os próprios colaboradores, a comunidade local e, por que não, toda a sociedade de forma indireta.

As práticas socialmente responsáveis, aliadas à geração de lucro, são o resultado que deve ser buscado para se alcançar o desenvolvimento econômico e financeiro, atrelado à responsabilidade social, de uma forma específica de se manifestar do lucro: o lucro fraterno. A obtenção de lucro deve ser entendida como uma das formas de produção de riqueza para a sociedade, porém, de forma sustentável e fraterna.

Eventuais desequilíbrios da economia local ou mundial, assim como peculiaridades dos fatores de produção — entre eles a mão de obra e a busca por matérias prima, por exemplo — são elementos determinantes na existência de lucro em sua forma positiva ou negativa, em curto ou longo prazo. Vencer esses desequilíbrios é determinante para a manutenção sadia da atividade empresarial. A utilidade da empresa para a sociedade passa a ser questionada, e, consequentemente, não somente a forma de produzir lucros, mas sua destinação eficaz para a concretização dos direitos humanos.

É inegável, nos últimos anos, a evolução da definição de sustentabilidade. De fato, quanto maior a exploração de suas implicações no ramo dos negócios, maior a transformação nos processos produtivos como um todo, com a finalidade de atender, por exemplo, a redução da geração de resíduos, a poluição do meio ambiente e a diminuição do impacto da extração de recursos naturais, entre outros.

A obtenção de lucro pelo lucro, sem mensurar suas consequências, como o impacto sobre a sustentabilidade, passou a não mais ser aceita. Sustentabilidade não significa negligenciar a obtenção de lucro ou de resultados financeiros, mas sim obtê-los de forma mais racional e segura, atendendo ao bem comum. Nesse sentido, o lucro também passa a ser uma recompensa pelo bem comum, e atender a função social da empresa abrange todos os compromissos assumidos em relação aos seus valores éticos, sociais e ambientais para desenvolver seu objetivo contratual e/ou estatutário.

As empresas do setor privado podem e devem ter como finalidade precípua o lucro, sob pena de perderem a sua destinação e de verem violadas suas liberdades negativas. No entanto, o lucro deve ser aplicado em atividades que ajudem a melhorar a qualidade de vida dos seres humanos.

A obtenção de lucro não deve ser vista como um *plus* na atividade empresarial, mas sim como seu objetivo. Isso porque, o resultado negativo — prejuízo — pode causar efeitos nefastos na sociedade. No entanto, a obtenção do lucro não pode se dar a qualquer preço, sob pena de se ferir os direitos humanos, em última instância, não atendendo a empresa sua função social.

O respeito às liberdades negativas — propriedade e livre iniciativa — pode auxiliar na concretização dos direitos humanos se adotada uma visão fraterna dos resultados positivos pela atividade empresarial (obtenção de lucros), revertendo o lucro para a redução das desigualdades e sustentabilidade planetária. Para tanto, é mister melhorar a qualidade de vida de seus colaboradores e, consequentemente, de suas famílias. A melhoria de qualidade de vida da comunidade local e da sociedade como um todo são consequências indiretas, mas que, certamente, se farão presentes.

O enfoque constitucional do lucro fraterno recepciona a justiça social e a existência digna, no sentido de que são objetivos constitucionais que a atividade econômica tem que atingir, concretizando de forma concomitante os direitos humanos, de primeira, segunda e terceira dimensões.

Assim sendo, o lucro fraterno é aquele decorrente da atividade empresarial e econômica que respeita os direitos humanos desde sua obtenção, bem como quando se lhe dá correta destinação, pensando nos seres humanos excluídos e na sustentabilidade planetária, para que sejam reduzidas as desigualdades sociais e mantida a sustentabilidade planetária.

Referências Bibliográficas

ADEODATO, João Maurício. *Uma Teoria Retórica da Norma Jurídica e do Direito Subjetivo*. São Paulo: Noeses, 2012.

AGUILLAR, Fernando Herren. Direito Econômico. São Paulo: Atlas, 2006.

ALEXY, Robert. Teoria dos Direitos Fundamentais. São Paulo: Malheiros, 2008.

ALMEIDA FILHO, Agassiz. Dignidade da Pessoa Humana. Fundamentos e Critérios Interpretativos. São Paulo: Malheiros, 2010.

ALMEIDA, Amador Paes. Direito de Empresa no Código Civil. São Paulo: Saraiva, 2008.

ALTHUSSER, Louis. Polémica sobre Marxismo y Humanismo. México: Siglo Veintiuno, 1978.

ANTUNES, Henrique Sousa. Da Inclusão do Lucro Ilícito e de Efeitos Punitivos entre as Consequências da Responsabilidade Civil Extracontratual: a sua Legitimação pelo Dano. Coimbra: Coimbra, 2011.

ARENDT, Hanna. A Promessa da Política. Rio de Janeiro: Difel, 2005.

ARON, Raymond. O Marxismo de Marx. Trad. Jorge Bastos. São Paulo: ARX, 2008.

ATIENZA, Manuel. Marx y Los Derechos Humanos. Lima: Palestra, 2008.

ÁVILA, Humberto. Teoria dos Princípios. Da Definição à Aplicação dos Princípios Jurídicos. São Paulo: Malheiros, 2004.

AZEVEDO, Antônio J. Estudos e Pareceres de Direito Privado. São Paulo: Saraiva, 2004.

BAKAN, Joel. A Corporação. A Busca Patológica por Lucro e Poder. São Paulo: Novo Conceito, 2008.

BALERA, Wagner. Direito Internacional dos Refugiados nos 25 Anos da Declaração de Cartagena. São Paulo: Editora Plêiade, 2009.

BASTOS, Celso Ribeiro. Curso de Direito Constitucional. São Paulo: Saraiva, 1998.

BENATO, João Vitorino Azolin. ABC do Cooperativismo. São Paulo: Cenacope, 2007.

BICUDO, Hélio. Direitos Humanos e sua Proteção. São Paulo: FTD, 1997.

BIGO, Pierre. Marxismo e Humanismo. Introdução à Obra Econômica de Karl Marx. São Paulo: Editora Herder, 1966.

BITENCOURT NETO, Eurico. O Direito ao Mínimo para uma Existência Digna. Porto Alegre: Livraria do Advogado, 2010.

BITTAR, Carlos Alberto. Direito Civil Constitucional. São Paulo: Revista dos Tribunais, 2003.

BOBBIO, Norberto. Teoria do Ordenamento Jurídico. Brasília: Editora Polis, 1990.

BONAVIDES, Paulo. Curso de Direito Constitucional. São Paulo: Malheiros, 1997.

BRAUDEL, Fernand. A Dinâmica do Capitalismo. Lisboa: Teorema, 1985.

BRITTO, Carlos Ayres. O Humanismo como Categoria Constitucional. Belo Horizonte: Editora Forum, 2010.

BULHÕES, Octávio Gouvea de. Dois Conceitos de Lucro. Rio de Janeiro: Apec, 1969.

CANO, Wilson. Introdução à Economia. São Paulo: Editora UNESP, 2006.

CANOTILHO, José Joaquim Gomes. Direito Constitucional e Teoria da Constituição. Coimbra: Almedina, 1998.

CANOTILHO, José Joaquim Gomes. Estudos sobre Direitos Fundamentais. Coimbra: Coimbra, 2008.

CARVALHOSA, Modesto. Direito Econômico. In: Obras Completas. São Paulo: Editora Revista dos Tribunais, 2013.

CASO, Giovanni. Direito & Fraternidade. São Paulo: Editora Ltr, 2008.

CHARBONNEAU, Paul-Eugène. Entre Capitalismo e Socialismo: a Empresa Humana. São Paulo: Pioneira, 1983.

CHOMSKY, Noam. O Lucro ou as Pessoas. Rio de Janeiro: Bertrand Brasil, 2010.

COBBAN, Alfred. A Interpretação Social da Revolução Francesa. Rio de Janeiro: Jorge Zahar Editor, 1987.

COMPARATO, Fabio Konder. A afirmação histórica dos Direitos Humanos. São Paulo: Saraiva, 2010.

_____. Estado, Empresa e Função Social. São Paulo: Revista dos Tribunais, 1996.

CULLETON, Alfredo. Curso de Direitos Humanos. São Leopoldo: Editora Unisinos, 2009.

DIAS, Joaquim José de Barros. Direito Civil Constitucional. São Paulo: Malheiros, 2002.

DINIZ, Maria Helena. Curso de Direito Civil Brasileiro. Teoria Geral do Direito Civil. Vol.1. São Paulo: Saraiva, 2013.

_____. Curso de Direito Civil Brasileiro. Direito de Empresa. São Paulo: Saraiva, 2009.

DUARTE FILHO, Paulo Cesar Teixeira. A Bitributação Econômica do Lucro Empresarial. Porto Alegre: Sergio Antonio Fabris Editor, 2011.

DUARTE, Cristiani de Oliveira Silva. Responsabilidade Social Empresarial: dimensões históricas e conceituais. São Paulo: Editora Fundação Peirópolis Ltda., 2005.

ENGISCH, Karl. Introdução ao Pensamento Jurídico. Lisboa: Fundação Calouste Gulbenkian, 2001.

FACHIN, Luiz Edson. Estatuto Jurídico do Patrimônio Mínimo. Rio de Janeiro: Renovar, 2006.

FARIA, José Eduardo. Direitos Humanos, Direitos Sociais e Justiça. São Paulo: Malheiros, 2010.

_____. O Direito na Economia Globalizada. São Paulo: Malheiros, 2004.

FARJAT, Gerard. A Noção de Direito Econômico. Belo Horizonte: Movimento Editorial Faculdade de Direito da UFMG, 1996.

FAYT, Carlos S. Los Derechos Humanos y El Poder Mediático, Político y Económico. Su Mundialización en el Siglo XXI. Buenos Aires: La Ley, 2001.

FERRAZ JUNIOR, Tércio Sampaio. Constituição de 1988: Legitimidade, Vigência e Eficácia, Supremacia. São Paulo: Atlas, 1989.

_____. Introdução ao Estudo do Direito: Técnica, Decisão, Dominação. São Paulo: Atlas, 2007.

_____. Poder Econômico. Direito, Pobreza, Violência, Corrupção. São Paulo: Editora Manole, 2009.

_____. Teoria da Norma Jurídica. Rio de Janeiro: Forense, 2006.

FOLMANN, Melissa. Direitos Humanos. Os 60 Anos da Declaração Universal da ONU. Curitiba: Juruá, 2008.

FONSECA, João Bosco Leopoldino da. Direito Econômico. Rio de Janeiro: Forense, 2010.

FOUCAULT, Michel. A Verdade e as Formas Jurídicas. Rio de Janeiro: Nau Editora, 2005.

FREDERICO, Celso. Marx no Século XXI. São Paulo: Cortez, 2008.

FROMM, Erich. Conceito Marxista do Homem. Rio de Janeiro: Zahar Editores, 1983.

GAMA, Guilherme Calmon Nogueira da. Função Social no Direito Civil. São Paulo: Atlas, 2007.

GILISSEN, John. Introdução Histórica ao Direito. Lisboa: Fundação Calouste Gulbenkian, 2008.

GOMES, Fátima. O Direito aos Lucros e o Dever de Participar nas Perdas nas Sociedades Anónimas. Coimbra: Almedina, 2011.

GRASSI, Ernesto. Humanismo y Marxismo. Madrid: Biblioteca Hispânica de Filosofia, 1977.

GRAU, Eros Roberto. A Ordem Econômica na Constituição de 1988. Interpretação e Crítica. São Paulo: Revista dos Tribunais, 1991.

_____. O Direito Posto e o Direito Pressuposto. São Paulo: Malheiros, 2005.

GREENSPAN, Alan. A Era da Turbulência. Aventuras em Um Novo Mundo. Trad. Afonso Celso da Cunha Serra. Rio de Janeiro: Elsevier, 2008.

GUASTINI, Ricardo. Das Fontes às Normas. São Paulo: Quartier Latin, 2005.

GUDIN, Eugênio. Princípios de Economia Monetária. Rio de Janeiro: Agir, 1979.

GUERRA FILHO, Willis Santiago. Dos Direitos Humanos aos Direitos Fundamentais. Porto Alegre: Livraria do Advogado, 1997.

_____. Teoria Política do Direito. Uma Introdução Política ao Direito. Brasília: Brasília Jurídica, 2000.

HART, Hebert L. A. O Conceito de Direito. Lisboa: Fundação Calouste Gulbenkian, 2001.

HEATH, Joseph. Lucro Sujo. Rio de Janeiro: Elsevier, 2009.

HESSE, Konrad. A Força Normativa da Constituição. Porto Alegre: Sérgio Antonio Fabris Editor, 1991.

KANT, Immanuel. Crítica da Razão Pura. São Paulo: Martim Claret, 2005.

LAMBERTON, D. M. Teoria do Lucro. Rio de Janeiro: Bloch Editores, 1967.

LEAL, Leogevildo Pereira. Marxismo e Socialismo. Análise Crítica da Revolução Cubana. Belo Horizonte: Editora Fórum, 2008.

LEITE, Carlos Henrique Bezerra. Direitos Humanos. Rio de Janeiro: Lumen Juris, 2010.

LEWIS, Gregory. O Preço do Lucro. Lisboa: Lyon Multimedia Edições, 1992.

LIMA, Paulo Rogério dos Santos. Responsabilidade Social. A Experiência do Selo da Empresa Cidadã na Cidade de São Paulo. São Paulo: Editora PUC-SP, 2005.

LISBOA, Roberto Senise. Dignidade e Solidariedade Civil-Constitucional. In: Revista de Direito Privado, 2010, n° 42 e 30.

LUCCA, Newton de. Da Ética Geral à Ética Empresarial. São Paulo: Quartier Latin, 2009.

MACHADO, Mariângela Campos. Fraternidade. São Paulo: Editora Diretriz, 2004.

MANDOLFO, Rodolfo. El Humanismo de Marx. México: Fondo de Cultura Económica Editora, 1973.

MARITAIN, Jacques. Humanismo Integral. São Paulo: Dominus Editora S/A, 1962.

MARTINS, Ana Maria Guerra. Direito Internacional dos Direitos Humanos. Coimbra: Almedina, 2006.

MARTINS, Sérgio Pinto. Participação dos Empregados nos Lucros das Empresas. São Paulo: Atlas, 2009.

MARX, Karl. O Capital: Crítica da Economia Política. Tradução de Gabriel Deville. São Paulo: Edipro, 2008.

MEIRELES, Manuel. O Lucro: Esboço para uma Teoria do Lucro como Fruto da Alavancagem Tecnológica do Capital. São Paulo: Editora Arte & Ciência Villipress, 2000.

MELGARÉ, Plínio. Dignidade da Pessoa Humana - Fundamentos e Critérios Interpretativos. São Paulo: Malheiros, 2010.

MELLO, Celso Antônio Bandeira. Conteúdo Jurídico do Princípio da Igualdade. São Paulo: Malheiros, 1998.

_____. Eficácia das Normas Constitucionais e Direitos Sociais. São Paulo: Malheiros, 2009.

MILL, John Stuart. Ensaio sobre a Liberdade. São Paulo: Editora Escala, 2006.

_____. Sistema e Lógica Dedutiva e Indutiva e Outros Textos. São Paulo: Editor Victor Civita, 1979.

MIRANDA, Pontes de. Tratado de Direito Privado. Parte Especial. Tomo XXVI. São Paulo: Bookseller, 2003.

_____. Tratado de Direito Privado. Parte Especial. Tomo II. São Paulo: Bookseller, 2000.

MORAIS, Luis Fernando Lobão. A Função Social do Lucro e a Sociedade Pós-Capitalista. São Paulo: Emopi, 2008.

MOREIRA, Vital. A Ordem Jurídica do Capitalismo - Perspectiva Jurídica. Coimbra: Centelha, 1973.

NAVES, Marcio Bilharinho. Marx - Ciência e Revolução. São Paulo: Quartier Latin, 2008.

_____. Marxismo e Direito: Um Estudo sobre Pachukanis. São Paulo: Boitempo Editorial, 2000.

NAZAR, Nelson. Direito Econômico. São Paulo: Edipro, 2009.

NOGARE, Pedro Dalle. Humanismos e Anti-Humanismos - Introdução à Antropologia Filosófica. Rio de Janeiro: Editora Vozes, 1990.

PEDUZZI, Maria Cristina Irigoyen. O Princípio da Dignidade da Pessoa Humana na Perspectiva do Direito como Integridade. São Paulo: Editora Ltr, 2009.

PIOVESAN, Flávia. Direitos Humanos e o Direito Constitucional Internacional. São Paulo: Max Limonad Editora, 1997.

_____. Direitos Humanos, Globalização Econômica e Integração Regional. Desafios do Direito Constitucional Internacional. São Paulo: Max Limonad Editora, 2002.

_____. Temas de Direitos Humanos. São Paulo: Saraiva, 2009.

POLONIO, Wilson Alves. Manual das Sociedades Cooperativas. São Paulo: Atlas, 2001.

PORTO, José Luiz de Almeida Nogueira. Contribuição para a Teoria do Lucro. São Paulo: Edição Própria, 1954.

POSNER, Richard A. Problemas de Filosofia de Direito. São Paulo: Martins Fontes, 2007.

_____. The Economics of Justice. Boston: Harvard University Press, 1983.

RÁO, Vicente. O Direito e a Vida dos Direitos. Noções

Gerais. Direito Positivo. Direito Objetivo. Teoria Geral de Direito Subjetivo. Análise dos Elementos que Constituem os Direitos Subjetivos. São Paulo: Revista dos Tribunais, 2005.

REQUIÃO, Rubens. Curso de Direito Comercial. Volume II. São Paulo: Saraiva, 1988.

RODRIGUEZ, Martius Vicente. *Ética e Responsabilidade Social nas Empresas.* Rio de Janeiro: Elsevier, 2005.

SANTOS, Francisco Araújo. Lucro & Ética. São Leopoldo: Editora Unisinos, 2003.

SARLET, Ingo Wolfgang. Dignidade da Pessoa Humana e Direitos Fundamentais. Porto Alegre: Livraria do Advogado, 2009.

_____. A Eficácia dos Direitos Fundamentais. Uma Teoria Geral dos Direitos Fundamentais na Perspectiva Constitucional. Porto Alegre: Livraria do Advogado, 2009.

SAVITZ, Andrew W. A Empresa Sustentável: o verdadeiro sucesso é o lucro com responsabilidade social e ambiental. Rio de Janeiro: Elsevier, 2007.

SAYEG, Ricardo H.; BALERA, Wagner. O Capitalismo Humanista: Filosofia Humanista de Direito Econômico. Petrópolis: KBR, 2011.

SILVA, José Afonso da. Curso de Direito Constitucional Positivo. 16ª Ed. São Paulo: Malheiros, 1999.

SINGER, Paul. Introdução à Economia Solidária. São Paulo: Editora Fundação Perseu Abramo, 2010.

_____. O Capitalismo: sua evolução, sua lógica e sua dinâmica. São Paulo: Moderna, 1987.

SORTINO, Dorival. Uma Fraternidade e seus Princípios Básicos. Edição Própria, 1993.

SZTAJN, Rachel. Direito & Economia. Análise Econômica do Direito e das Organizações. Rio de Janeiro: Elsevier, 2005.

TAUSSIG, F. W. Princípios de Economia. Tomos I e II. Buenos Aires: Espasa Calpe, 1945.

TAVARES, André Ramos. Direito Constitucional Econômico. São Paulo. Editora Método, 2011.

TEIXEIRA, J. H. Meirelles. Curso de Direito Constitucional. Rio de Janeiro: Forense Universitária, 1991.

TELLES JUNIOR, Goffredo. A Criação do Direito. São Paulo: Juarez de Oliveira, 2004.

THOMAS, Ann Van Wynen. O Comunismo contra o Direito Internacional. São Paulo: Saraiva, 1958.

VIEHWEG, Theodor. Tópica e Jurisprudência: uma contribuição à investigação dos fundamentos jurídico-científicos. Porto Alegre: Sérgio Antonio Fabris Editor, 2008.

VILANOVA, Lourival. As Estruturas Lógicas e o Sistema do Direito Positivo. Belo Horizonte: Max Limonad Editora, 1997.

WEIS, Carlos. Direitos Humanos Contemporâneos. São Paulo: Malheiros, 2011.

WEYNE, Gastão Rúbio de Sá. Marxismo e Práticas Socialistas no Direito Inglês. São Paulo: Scortecci, 2007.

WOOD, Adrian. Uma Teoria de Lucros. Rio de Janeiro: Editora Paz e Terra, 1980.

XAVIER, Alberto. Direito Tributário Internacional do Brasil. Rio de Janeiro: Forense, 2007.

YUNUS, Muhammad. Um Mundo sem Pobreza: A empresa social e o futuro do capitalismo. São Paulo: Ática, 2009.

Anexos

ANEXO I
DECLARAÇÃO DOS DIREITOS DO HOMEM E DO CIDADÃO
1789

Artigo 1º - Os homens nascem e são livres e iguais em direitos. As distinções sociais só podem fundar-se na utilidade comum.

Artigo 2º - O fim de toda a associação política é a conservação dos direitos naturais e imprescritíveis do homem. Esses Direitos são a liberdade, a propriedade, a segurança e a resistência à opressão.

Artigo 3º - O princípio de toda a soberania reside essencialmente na Nação. Nenhuma corporação, nenhum indivíduo pode exercer autoridade que aquela não emane expressamente.

Artigo 4º - A liberdade consiste em poder fazer tudo aquilo que não prejudique outrem; assim, o exercício dos direitos naturais de cada homem não tem por limites senão os que asseguram aos outros membros da sociedade o gozo dos mesmos direitos. Estes limites apenas podem ser determinados pela Lei.

Artigo 5º - A Lei não proíbe senão as ações prejudiciais à sociedade. Tudo aquilo que não pode ser impedido, e ninguém pode ser constrangido a fazer o que ela não ordene.

Artigo 6º - A Lei é a expressão da vontade geral. Todos os cidadãos têm o direito de concorrer, pessoalmente ou através dos seus representantes, para a sua formação. Ela deve ser a mesma para todos, quer se destine a proteger, quer a punir. Todos os cidadãos são iguais a seus olhos, são igualmente admissíveis a todas as dignidades, lugares e empregos públicos, segundo a sua capacidade e sem outra distinção que não seja a das suas virtudes e dos seus talentos.

Artigo 7º - Ninguém pode ser acusado, preso ou detido senão nos casos determinados pela Lei e de acordo com as formas por esta prescrita. Os que solicitam, expedem, executam ou mandam executar ordens arbitrárias devem ser castigados; mas qualquer cidadão convocado ou detido em virtude da Lei deve obedecer imediatamente, senão torna-se culpado de resistência.

Artigo 8º - A Lei apenas deve estabelecer pena estrita e evidentemente necessária, e ninguém pode ser punido senão em virtude de uma lei estabelecida e promulgada antes do delito e legalmente aplicada.

Artigo 9 - Todo o acusado se presume inocente até ser declarado culpado, e se, se julgar indispensável prendê-lo, todo o rigor não necessário à guarda da sua pessoa, deverá ser severamente reprimido pela Lei.

Artigo 10º - Ninguém pode ser inquietado pelas suas opiniões, incluindo opiniões religiosas, contanto que a manifestação delas não perturbe a ordem pública estabelecida pela Lei.

Artigo 11º - A livre comunicação dos pensamentos e das opiniões é um dos mais preciosos direitos do Homem; todo o cidadão pode, portanto, falar, escrever, imprimir livremente, respondendo, todavia, pelos abusos desta liberdade nos termos previstos na Lei.

Artigo 12º - A garantia dos direitos do Homem e do Cidadão carece de uma força pública; esta força é pois, instituída para vantagem de todos, e não para utilidade particular daqueles a quem é confiada.

Artigo 13º - Para a manutenção da força pública e para as despesas de administração é indispensável uma contribuição comum, que deve ser repartida entre os cidadãos de acordo com as suas possibilidades.

Artigo 14º - Todos os cidadãos têm o direito de verificar, por si ou pelos seus representantes, a necessidade da contribuição pública, de consenti-la livremente, de observar o seu emprego e de lhe fixar a repartição, a coleta, a cobrança e a duração.

Artigo 15º - A sociedade tem o direito de pedir contas a todo o agente público pela sua administração.

Artigo 16º - Qualquer sociedade em que não esteja assegurada a garantia dos direitos, nem estabelecida a separação dos poderes, não tem Constituição.

Artigo 17º - Como a propriedade é um direito inviolável e sagrado, ninguém dela pode ser privado, a não ser quando a necessidade pública legalmente comprovada o exigir evidentemente e sob condição de justa e prévia indenização.

ANEXO II
DECLARAÇÃO UNIVERSAL DOS DIREITOS HUMANOS

Adotada e proclamada pela resolução 217 A (III) da Assembleia Geral das Nações Unidas em 10 de dezembro de 1948

Preâmbulo

Considerando que o reconhecimento da dignidade inerente a todos os membros da família humana e de seus direitos iguais e inalienáveis é o fundamento da liberdade, da justiça e da paz no mundo,

Considerando que o desprezo e o desrespeito pelos direitos humanos resultaram em atos bárbaros que ultrajaram a consciência da Humanidade e que o advento de um mundo em que os homens gozem de liberdade de palavra, de crença e da liberdade de viverem a salvo do temor e da necessidade foi proclamado como a mais alta aspiração do homem comum,

Considerando essencial que os direitos humanos sejam protegidos pelo Estado de Direito, para que o homem não seja compelido, como último recurso, à rebelião contra tirania e a opressão,

Considerando essencial promover o desenvolvimento de relações amistosas entre as nações,

Considerando que os povos das Nações Unidas reafirmaram na Carta, sua fé nos direitos humanos fundamentais, na dignidade e no valor da pessoa humana e na igualdade de direitos dos homens e das mulheres, e que decidiram promover o progresso social e melhores condições de vida em uma liberdade mais ampla,

Considerando que os Estados-Membros se comprometeram a desenvolver, em cooperação com as Nações Unidas, o respeito universal aos direitos humanos e liberdades fundamentais e a observância desses direitos e liberdades,

Considerando que uma compreensão comum desses direitos e liberdades é da mais alta importância para o pleno cumprimento desse compromisso,

A Assembleia Geral proclama

A presente Declaração Universal dos Diretos Humanos como o ideal comum a ser atingido por todos os povos e todas as nações, com o objetivo de que cada indivíduo e cada órgão da sociedade, tendo sempre em mente esta Declaração, se esforcem através do ensino e da educação, por promover o respeito a esses direitos e liberdades, e pela adoção de medidas progressivas de caráter nacional e internacional, por assegurar o seu reconhecimento e a sua observância universal e efetiva, tanto entre os povos dos próprios Estados-Membros, quanto entre os povos dos territórios sob sua jurisdição.

Artigo I

Todas as pessoas nascem livres e iguais em dignidade e direitos. São dotadas de razão e consciência e devem agir em relação umas às outras com espírito de fraternidade.

Artigo II

Toda pessoa tem capacidade para gozar os direitos e as liberdades estabelecidos nesta Declaração, sem distinção de qualquer espécie, seja de raça, cor, sexo, língua, religião, opinião política ou de outra natureza, origem nacional ou social, riqueza, nascimento, ou qualquer outra condição.

Artigo III

Toda pessoa tem direito à vida, à liberdade e à segurança pessoal.

Artigo IV

Ninguém será mantido em escravidão ou servidão, a escravidão e o tráfico de escravos serão proibidos em todas as suas formas.

Artigo V

Ninguém será submetido à tortura, nem a tratamento ou castigo cruel, desumano ou degradante.

Artigo VI

Toda pessoa tem o direito de ser, em todos os lugares, reconhecida como pessoa perante a lei.

Artigo VII

Todos são iguais perante a lei e tem direito, sem qualquer distinção, a igual proteção da lei. Todos têm direito a igual proteção contra qualquer discriminação que viole a presente Declaração e contra qualquer incitamento a tal discriminação.

Artigo VIII

Toda pessoa tem direito a receber dos tributos nacionais competentes, remédio efetivo para os atos que violem os direitos fundamentais que lhe sejam reconhecidos pela constituição ou pela lei.

Artigo IX

Ninguém será arbitrariamente preso, detido ou exilado.

Artigo X

Toda pessoa tem direito, em plena igualdade, a uma audiência justa e pública por parte de um tribunal independente e imparcial, para decidir de seus direitos e deveres ou do fundamento de qualquer acusação criminal contra ele.

Artigo XI

1. Toda pessoa acusada de um ato delituoso tem o direito de ser presumida inocente até que a sua culpabilidade tenha sido provada de acordo com a lei, em julgamento público no qual lhe tenham sido assegurada todas as garantias necessárias à sua defesa.

2. Ninguém poderá ser culpado por qualquer ação ou omissão que no momento, não constituíam delito perante o direito nacional ou internacional. Tampouco será imposta pena mais forte do que aquela que, no momento da prática, era aplicável ao ato delituoso.

Artigo XII

Ninguém será sujeito a interferências na sua vida privada, na sua família, no seu lar ou na sua correspondência, nem a ataques à sua honra e reputação. Toda pessoa tem direito à proteção da lei contra tais interferências ou ataques.

Artigo XIII

1. Toda pessoa tem direito à liberdade de locomoção e residência dentro das fronteiras de cada Estado.

2. Toda pessoa tem o direito de deixar qualquer país, inclusive o próprio, e a este regressar.

Artigo XIV

1. Toda pessoa, vítima de perseguição, tem o direito de procurar e de gozar asilo em outros países.

2. Este direito não pode ser invocado em caso de perseguição legitimamente motivada por crimes de direito comum ou por atos contrários aos propósitos e princípios das Nações Unidas.

Artigo XV

1. Toda pessoa tem direito a uma nacionalidade.

2. Ninguém será arbitrariamente privado de sua nacionalidade, nem do direito de mudar de nacionalidade.

Artigo XVI

1. Os homens e mulheres de maior idade, sem qualquer restrição de raça, nacionalidade ou religião, têm o direito de contrair matrimônio e fundar uma família. Gozam de iguais direitos em relação ao casamento, sua duração e sua dissolução.

2. O casamento não será válido senão com o livre e pleno consentimento dos nubentes.

Artigo XVII

1. Toda pessoa tem direito à propriedade, só ou em sociedade com outros.

2. Ninguém será arbitrariamente privado de sua propriedade.

Artigo XVIII

Toda pessoa tem direito à liberdade de pensamento, consciência e religião; este direito inclui a liberdade de mudar de religião ou crença e a liberdade de manifestar essa religião ou crença, pelo ensino, pela prática, pelo culto e pela observância, isolada ou coletivamente, em público ou em particular.

Artigo XIX

Toda pessoa tem direito à liberdade de opinião e expressão; este direito inclui a liberdade de, sem interferência, ter opiniões e de procurar receber e transmitir informações e ideias por quaisquer meios e independentemente de fronteiras.

Artigo XX

1. Toda pessoa tem direito à liberdade de reunião e associação pacíficas.

2. Ninguém pode ser obrigado a fazer parte de uma associação.

Artigo XXI

1. Toda pessoa tem o direito de tomar parte no governo de seu país, diretamente ou por intermédio de representantes livremente escolhidos.

2. Toda pessoa tem igual direito de acesso ao serviço público do seu país.

3. A vontade do povo será a base da autoridade do governo; esta vontade será expressa em eleições periódicas e legítimas, por sufrágio universal, por voto secreto ou processo equivalente que assegure a liberdade de voto.

Artigo XXII

Toda pessoa como membro da sociedade, tem direito à segurança social e à realização, pelo esforço nacional, pela cooperação internacional e de acordo com a organização e recursos de cada Estado, dos direitos econômicos, sociais e culturais indispensáveis à sua dignidade e ao livre desenvolvimento da sua personalidade.

Artigo XXIII

1. Toda pessoa tem direito ao trabalho, à livre escolha de emprego, a condições justas e favoráveis de trabalho e à proteção contra o desemprego.

2. Toda pessoa, sem qualquer distinção, tem direito a igual remuneração por igual trabalho.

3. Toda pessoa que trabalhe tem direito a uma remuneração justa e satisfatória, que lhe assegure, assim como à sua família, uma existência compatível com a dignidade humana, e a que se acrescentarão se necessário, outros meios de proteção social.

4. Toda pessoa tem direito a organizar sindicatos e neles ingressar para proteção de seus interesses.

Artigo XXIV

Toda pessoa tem direito a repouso e lazer, inclusive a limitação razoável das horas de trabalho e férias periódicas remuneradas.

Artigo XXV

1. Toda pessoa tem direito a um padrão de vida capaz de assegurar a si e a sua família saúde e bem estar, inclusive alimentação, vestuário, habitação, cuidados médicos e os serviços sociais indispensáveis, e direito à segurança em caso de desemprego, doença, invalidez, viuvez, velhice ou outros casos de perda dos meios de subsistência fora de seu controle.

2. A maternidade e a infância têm direito a cuidados e assistência especiais. Todas as crianças nascidas dentro ou fora do matrimônio gozarão da mesma proteção social.

Artigo XXVI

1. Toda pessoa tem direito à instrução. A instrução será gratuita, pelo menos nos graus elementares e fundamentais. A instrução elementar será obrigatória. A instrução técnico-profissional será acessível a todos, bem como a instrução superior, esta baseada no mérito.

2. A instrução será orientada no sentido do pleno desenvolvimento da personalidade humana e do fortalecimento do respeito pelos direitos humanos e pelas liberdades fundamentais. A instrução promoverá a compreensão, a tolerância e a amizade entre todas as nações e grupos raciais ou religiosos, e coadjuvará as atividades das Nações Unidas em prol da manutenção da paz.

3. Os pais têm prioridade de direito na escolha do gênero de instrução que será ministrada a seus filhos.

Artigo XXVII

1. Toda pessoa tem o direito de participar livremente da vida cultural da comunidade, de fruir as artes e de participar do processo científico e de seus benefícios.

2. Toda pessoa tem direito à proteção dos interesses morais e materiais decorrentes de qualquer produção científica, literária ou artística da qual seja autor.

Artigo XVIII

Toda pessoa tem direito a uma ordem social e internacional em que os direitos e liberdades estabelecidos na presente Declaração possam ser plenamente realizados.

Artigo XXIV

1. Toda pessoa tem deveres para com a comunidade, em que o livre e pleno desenvolvimento de sua personalidade é possível.

2. No exercício de seus direitos e liberdades, toda pessoa estará sujeita apenas às limitações determinadas pela lei, exclusivamente com o fim de assegurar o devido reconhecimento e respeito dos direitos e liberdades de outrem e de satisfazer às justas exigências da moral, da ordem pública e do bem-estar de uma sociedade democrática.

3. Esses direitos e liberdades não podem, em hipótese alguma, ser exercidos contrariamente aos propósitos e princípios das Nações Unidas.

Artigo XXX

Nenhuma disposição da presente Declaração pode ser interpretada como o reconhecimento a qualquer Estado, grupo ou pessoa, do direito de exercer qualquer atividade ou praticar qualquer ato destinado à destruição de quaisquer dos direitos e liberdades aqui estabelecidos.

ANEXO III
PACTO INTERNACIONAL DE DIREITOS CIVIS E POLÍTICOS
DECRETO N° 592 DE 6 DE JULHO DE 1992

Atos Internacionais. Pacto Internacional sobre Direitos Civis e Políticos.

Promulgação

O PRESIDENTE DA REPÚBLICA, no uso da atribuição que lhe confere o Artigo 84, inciso VIII, da Constituição, e

Considerando que o Pacto Internacional sobre Direitos Civis e Políticos foi adotado pela XXI Sessão da Assembleia-Geral das Nações Unidas, em 16 de dezembro de 1966;

Considerando que o Congresso Nacional aprovou o texto do referido diploma internacional por meio do Decreto Legislativo n° 226, de 12 de dezembro de 1991;

Considerando que a Carta de Adesão ao Pacto Internacional sobre Direitos Civis e Políticos foi depositada em 24 de janeiro de 1992;

Considerando que o pacto ora promulgado entrou em vigor, para o Brasil, em 24 de abril de 1992, na forma de seu Artigo 49, parágrafo 2°;

DECRETA:

Artigo 1° - O Pacto Internacional sobre Direitos Civis e Políticos, apenso por cópia ao presente decreto, será executado e cumprido tão inteiramente como nele se contém.

Artigo 2° - Este decreto entra em vigor na data de sua publicação.

Brasília, 6 de julho de 1992; 171° da Independência e 104° da República.

FERNANDO COLLOR
Celso Lafer

Pacto Internacional Sobre Direitos Civis e Políticos

Preâmbulo

Os Estados-Partes do presente Pacto,

Considerando que, em conformidade com os princípios proclamados na Carta das Nações Unidas, o reconhecimento da dignidade inerente a todos os membros da família humana e de seus direitos iguais e inalienáveis constitui o fundamento da liberdade, da justiça e da paz no mundo,

Reconhecendo que esses direitos decorrem da dignidade inerente à pessoa humana,

Reconhecendo que, em conformidade com a Declaração Universal dos Direitos do Homem, o ideal do ser humano livre, no gozo das liberdades civis e políticas e liberto do temor e da miséria, não pode ser realizado a menos que se criem condições que permitam a cada um gozar de seus direitos civis e políticos, assim como de seus direitos econômicos, sociais e culturais,

Considerando que a Carta das nações Unidas impõe aos Esta-

dos a obrigação de promover o respeito universal e efetivo dos direitos e das liberdades do homem,

Compreendendo que o indivíduo por ter deveres para com
seus semelhantes e para com a coletividade a que pertence, tem a
obrigação de lutar pela promoção e observância dos direitos reconhecidos no presente Pacto,

Acordam o seguinte:

PARTE I

ARTIGO 1º

1. Todos os povos têm direito à autodeterminação. Em virtude desse direito, determinam livremente seu estatuto político e asseguram livremente seu desenvolvimento econômico, social e cultural.

2. Para a consecução de seus objetivos, todos os povos podem dispor livremente de suas riquezas e de seus recursos naturais,
sem prejuízo das obrigações decorrentes da cooperação econômica
internacional, baseada no princípio do proveito mútuo, e do Direito
internacional. Em caso algum, poderá um povo ser privado de seus
meios de subsistência.

3. Os Estados-Partes do presente pacto, inclusive aqueles que
tenham a responsabilidade de administrar territórios não autônomos
e territórios sob tutela, deverão promover o exercício do direito à autodeterminação e respeitar esse direito, em conformidade com as disposições da Carta das nações Unidas.

PARTE II

ARTIGO 2º

1. Os Estados-Partes do presente Pacto comprometem-se a
respeitar e a garantir a todos os indivíduos que se achem em seu território e que estejam sujeito a sua jurisdição os direitos reconhecidos
no presente Pacto, sem discriminação alguma por motivo de raça, cor,
sexo, religião, opinião política ou outra natureza, origem nacional ou
social, situação econômica, nascimento ou qualquer outra condição.

2. Na ausência de medidas legislativas ou de outra natureza
destinadas a tornar efetivos os direitos reconhecidos no presente Pacto, os Estados do presente Pacto comprometem-se a tomar as providências necessárias com vistas a adotá-las, levando em consideração

seus respectivos procedimentos constitucionais e as disposições do presente Pacto.

3. Os Estados-Partes do presente pacto comprometem-se a:

a) garantir que toda pessoa, cujos direitos e liberdades reconhecidos no presente pacto tenham sido violados, possa dispor de um recurso efetivo, mesmo que a violência tenha sido perpetrada por pessoa que agiam no exercício de funções oficiais;

b) garantir que toda pessoa que interpuser tal recurso terá seu direito determinado pela competente autoridade judicial, administrativa ou legislativa ou por qualquer outra autoridade competente prevista no ordenamento jurídico do Estado em questão; e a desenvolver as possibilidades de recurso judicial;

c) garantir o cumprimento, pelas autoridades competentes, de qualquer decisão que julgar procedente tal recurso.

ARTIGO 3º

Os Estados-Partes do presente pacto comprometem-se a assegurar a homens e mulheres igualdade no gozo de todos os direitos civis e políticos enunciados no presente pacto.

ARTIGO 4º

1. Quando situações excepcionais ameacem a existência da nação e sejam proclamadas oficialmente, os Estados-Partes do presente Pacto podem adotar, na estrita medida exigida pela situação, medidas que suspendam as obrigações decorrentes do presente Pacto, desde que tais medidas não sejam incompatíveis com as demais obrigações que lhes sejam impostas pelo Direito Internacional e não acarretem discriminação alguma apenas por motivo de raça, cor, sexo, língua, religião ou origem social.

2. A disposição precedente não autoriza qualquer suspensão dos artigos 6º, 7º, 8º (parágrafos 1º e 2º), 11, 15, 16 e 18.

3. Os Estados-Partes do presente pacto que fizerem uso do direito de suspensão devem comunicar imediatamente aos outros Estados-Partes do Presente Pacto, por intermédio do Secretário-Geral das Nações Unidas, as disposições que tenham suspenso, bem como os motivos de tal suspensão. Os Estados-Partes deverão fazer uma nova comunicação, igualmente por intermédio do Secretário-Geral da Organização das Nações Unidas, na data em que terminar tal suspensão.

ARTIGO 5º

1. Nenhuma disposição do presente pacto poderá ser interpretada no sentido de reconhecer a um Estado, grupo ou indivíduo qualquer direito de dedicar-se a quaisquer atos que tenham por objetivo destruir os direitos ou liberdades reconhecidos no presente Pacto ou impor-lhes limitações mais amplas do que aquelas nele prevista.

2. Não se admitirá qualquer restrição ou suspensão dos direitos humanos fundamentais reconhecidos ou vigentes em qualquer Estado-Parte do presente pacto em virtude de leis, convenções, regulamentos ou costumes, sob pretexto de que o presente pacto não os reconheça ou os reconheça em menor grau.

PARTE III

ARTIGO 6º

1. O direito à vida é inerente à pessoa humana. Este direito deverá ser protegido pela lei. Ninguém poderá ser arbitrariamente privado de sua vida.

2. Nos Países em que a pena de morte não tenha sido abolida, esta poderá ser imposta apenas nos casos de crimes mais graves, em conformidade com legislação vigente na época em que o crime foi cometido e que não esteja em conflito com as disposições do presente pacto, nem com a Convenção sobre a Prevenção e a Punição do Crime de Genocídio. Poder-se-á aplicar essa pena apenas em decorrência de uma sentença transitada em julgado e proferida por tribunal competente.

3. Quando a privação da vida constituir um crime de genocídio, entende-se que nenhuma disposição do presente artigo autorizará qualquer Estado-Parte do presente pacto a eximir-se, de modo algum, do cumprimento de quaisquer das obrigações que tenham assumido em virtude das disposições da Convenção sobre a Prevenção e a Punição do Crime de Genocídio.

4. Qualquer condenado à morte terá o direito de pedir indulto ou comutação da pena. A anistia, o indulto ou a comutação de pena poderão ser concedidos em todos os casos.

5. A pena de morte não deverá ser imposta em casos de crimes cometidos por pessoas menores de 18 anos, nem aplicada a mulheres em estado de gravidez.

6. Não se poderá invocar disposição alguma do presente artigo para retardar ou impedir a abolição da pena de morte por um Estado-Parte do presente pacto.

ARTIGO 7º

Ninguém poderá ser submetido à tortura, nem a penas ou tratamentos cruéis, desumanos ou degradantes. Será proibido, sobretudo, submeter uma pessoa, sem seu livre consentimento, a experiências médicas ou científicas.

ARTIGO 8º

1. Ninguém poderá ser submetido à escravidão; a escravidão e o tráfico de escravos, em todas as suas formas, ficam proibidos.

2. Ninguém poderá ser submetido à servidão.

3. a) Ninguém poderá ser obrigado a executar trabalhos forçados ou obrigatórios;

b) A alínea "a" do presente parágrafo não poderá ser interpretada no sentido de proibir, nos países em que certos crimes sejam punidos com prisão e trabalhos forçados, o cumprimento de uma pena de trabalhos forçados, imposta por um tribunal competente;

c) Para os efeitos do presente parágrafo, não serão considerados "trabalhos forçados ou obrigatórios":

I) qualquer trabalho ou serviço, não previsto na alínea "b", normalmente exigido de um indivíduo que tenha sido encerrado em cumprimento de decisão judicial ou que, tendo sido objeto de tal decisão, ache-se em liberdade condicional;

II) qualquer serviço de caráter militar e, nos países em que se admite a isenção por motivo de consciência, qualquer serviço nacional que a lei venha a exigir daqueles que se oponha ao serviço militar por motivo de consciência;

III) qualquer serviço exigido em casos de emergência ou de calamidade que ameacem o bem-estar da comunidade;

IV) qualquer trabalho ou serviço que faça parte das obrigações cívicas normais.

ARTIGO 9º

1. Toda pessoa tem direito à liberdade e à segurança pessoais. Ninguém poderá ser preso ou encarcerado arbitrariamente. Ninguém poderá ser privado de sua liberdade, salvo pelos motivos previstos em lei e em conformidade com os procedimentos.

2. Qualquer pessoa, ao ser presa, deverá ser informada das razões da prisão e notificada, sem demora, das acusações formuladas contra ela.

3. Qualquer pessoa presa ou encerrada em virtude de infração penal deverá ser conduzida, sem demora, à presença do juiz ou de outra autoridade habilitada por lei a exercer funções e terá o direito de ser julgada em prazo razoável ou de ser posta em liberdade. A prisão preventiva de pessoas que aguardam julgamento não deverá constituir a regra geral, mas a soltura poderá estar condicionada a garantias que assegurem o comparecimento da pessoa em questão à audiência, a todos os atos do processo e, se necessário for, para a execução da sentença.

4. Qualquer pessoa que seja privada de sua liberdade por prisão ou encarceramento terá de recorrer a um tribunal para que este decida sobre a legalidade de seu encarceramento e ordene sua soltura, caso a prisão tenha sido ilegal.

5. Qualquer pessoa vítima de prisão ou encarceramento ilegais terá direito à reparação.

ARTIGO 10º

1. Toda pessoa privada de sua liberdade deverá ser tratada com humanidade e respeito à dignidade inerente à pessoa humana.

2. a) As pessoas processadas deverão ser separadas, salvo em circunstância excepcionais, das pessoas condenadas e receber tratamento distinto, condizente com sua condição de pessoa não-condenada.

b) As pessoas processadas, jovens, deverão ser separadas das adultas e julgadas o mais rápido possível.

3. O regime penitenciário num tratamento cujo objetivo principal seja a reforma e a reabilitação moral dos prisioneiros. Os delinquentes juvenis deverão ser separados dos adultos e receber tratamento condizente com sua idade e condição jurídica.

ARTIGO 11º

Ninguém poderá ser preso apenas por não poder cumprir com uma obrigação contratual.

ARTIGO 12º

1. Toda pessoa que se ache legalmente no território de um Estado terá o direito de nele livremente circular e escolher sua residência.

2. Toda pessoa terá o direito de sair livremente de qualquer país, inclusive de seu próprio país.

3. Os direitos supracitados não poderão constituir objeto de

restrição, a menos que estejam previstas em lei e no intuito de proteger a segurança nacional e a ordem, a saúde ou a moral pública, bem como os direitos e liberdades das demais pessoas, e que sejam compatíveis com os outros direitos reconhecidos no presente pacto.

4. Ninguém poderá ser privado do direito de entrar em seu próprio país.

ARTIGO 13º

Um estrangeiro que se ache legalmente no território de um Estado-Parte do presente pacto só poderá dele ser expulso em decorrência de decisão adotada em conformidade com a lei e, a menos que razões imperativas de segurança nacional a isso se oponham, terá a possibilidade de expor as razões que militem contra sua expulsão e de ter seu caso reexaminado pelas autoridades competentes, ou por uma ou várias pessoas especialmente designadas pelas referidas autoridades, e de fazer-se representar com esse objetivo.

ARTIGO 14º

1. Todas as pessoas são iguais perante os tribunais e as cortes de justiça. Toda pessoa terá o direito de ser ouvida publicamente e com as devidas garantias por um tribunal competente, independente e imparcial, estabelecido por lei, na apuração de qualquer acusação de caráter penal formulada contra ela ou na determinação de seus direitos e obrigações de caráter civil. A imprensa e o público poderão ser excluídos de parte ou da totalidade de um julgamento, que por motivo de moral pública, de ordem pública ou de segurança nacional em uma sociedade democrática, quer quando o interesse da vida privada das partes o exija, quer na medida em que isso seja estritamente necessário na opinião da justiça, em circunstâncias específicas, nas quais a publicidade venha a prejudicar os interesses da justiça; entretanto, qualquer sentença proferida em matéria penal ou civil deverá tornar-se pública, a menos que o interesse de menores exija procedimento oposto, ou o processo diga respeito à controvérsia matrimonial ou à tutela de menores.

2. Toda pessoa acusada de um delito terá direito a que se presuma sua inocência enquanto não for legalmente comprovada sua culpa.

3. Toda pessoa acusada de um delito terá direito, em plena igualdade, a, pelo menos, as seguintes garantias:

a) de ser informado, sem demora, numa língua que compreenda e de forma minuciosa, da natureza e dos motivos da acusação contra ela formulada;

b) de dispor do tempo e dos meios necessários à preparação de sua defesa e a comunicar-se com defensor de sua escolha;

c) de ser julgado sem dilações indevidas;

d) de estar presente no julgamento e de defender-se pessoalmente ou por intermédio de defender de sua escolha; de ser informado, caso não tenha defensor, do direito que lhe assiste de tê-lo e, sempre que o interesse da justiça assim exija, de ter um defensor designado "ex offício" gratuitamente, se não tiver meios para remunerá-lo;

e) de interrogar ou fazer interrogar as testemunhas da acusação e de obter o comparecimento e o interrogatório das testemunhas de defesa nas mesmas condições de que dispõe as de acusação;

f) de ser assistida gratuitamente por um intérprete, caso não compreenda ou não fale a língua empregada durante o julgamento;

g) de não ser obrigada a depor contra si mesma, nem a confessar-se culpada.

4. O processo aplicável a jovens que não sejam maiores nos termos da legislação penal levará em conta a idade dos menores e a importância de promover sua reintegração social.

5. Toda pessoa declarada culpada por um delito terá o direito de recorrer da sentença condenatória e da pena a uma instância, em conformidade com a lei.

6. Se uma sentença condenatória passada em julgado for posteriormente anulada ou se indulto for concedido, pela ocorrência ou descoberta de fatos novos que provem cabalmente a existência de erro judicial, a pessoa que sofreu a pena decorrente dessa condenação deverá ser indenizada, de acordo com a lei, a menos que fique provado que se lhe pode imputar, total ou parcialmente, não-revelação dos fatos desconhecidos em tempo útil.

7. Ninguém poderá ser processado ou punido por um delito pelo qual já foi absolvido ou condenado por sentença passada em julgado, em conformidade com a lei e os procedimentos penais de cada país.

ARTIGO 15º

1. Ninguém poderá ser condenado por atos ou omissões que não constituam delito de acordo com direito nacional ou internacional, no momento em que foram cometidos. Tampouco poder-se-á

impor pena mais grave do que a aplicável no momento da ocorrência do delito. Se, depois de perpetrado o delito, a lei estipular a imposição de pena mais leve, o delinquente deverá beneficiar-se.

2. Nenhuma disposição do presente Pacto impedirá o julgamento ou a condenação de qualquer indivíduo por atos ou omissões que, no momento em que foram cometidos, eram considerados delituosos de acordo com os princípios gerais de direito reconhecidos pela comunidade das nações.

ARTIGO 16º
Toda pessoa terá direito, em qualquer lugar, ao reconhecimento de sua personalidade jurídica.

ARTIGO 17º
1. Ninguém poderá ser objeto de ingerência arbitrária ou ilegal em sua vida privada, em sua família, em seu domicílio ou em sua correspondência, nem de ofensas ilegais às suas honra e reputação.

2. Toda pessoa terá direito à proteção da lei contra essas ingerências ou ofensas

ARTIGO 18º
1. Toda pessoa terá direito à liberdade de pensamento, de consciência e de religião. Esse direito implicará a liberdade de ter ou adotar uma religião ou uma crença de sua escolha e a liberdade de professar sua religião ou crença, individual ou coletivamente, tanto pública como privadamente, por meio do culto, da celebração de ritos, de práticas e do ensino.

2. Ninguém poderá ser submetido a medidas coercitivas que possam restringir sua liberdade de ter ou de adotar uma religião ou crença de sua escolha.

3. A liberdade de manifestar a própria religião ou crença estará sujeita apenas a limitações previstas em lei e que se façam necessárias para proteger a segurança, a ordem, a saúde ou a moral pública ou os direitos e as liberdades das demais pessoas.

4. Os Estados-Partes do presente Pacto comprometem-se a respeitar a liberdade dos pais e, quando for o caso, dos tutores legais de assegurar a educação religiosa e moral dos filhos que esteja de acordo com suas próprias convicções.

ARTIGO 19º

1. Ninguém poderá ser molestado por suas opiniões.

2. Toda pessoa terá direito à liberdade de expressão; esse direito incluirá a liberdade de procurar, receber e difundir informações e ideias de qualquer natureza, independentemente de considerações de fronteiras, verbalmente ou por escrito, em forma impressa ou artística, ou qualquer outro meio de sua escolha.

3. O exercício do direito previsto no parágrafo 2º do presente artigo implicará deveres e responsabilidades especiais.

Consequentemente, poderá estar sujeito a certas restrições, que devem, entretanto, ser expressamente previstas em lei e que se façam necessárias para:

a) assegurar o respeito dos direitos e da reputação das demais pessoas;

b) proteger a segurança nacional, a ordem, a saúde ou a moral pública.

ARTIGO 20º

1. Será proibida por lei qualquer propaganda em favor de guerra.

2. Será proibida por lei qualquer apologia do ódio nacional, radical, racial ou religioso que constitua incitamento à discriminação, à hostilidade ou à violência.

ARTIGO 21º

O direito de reunião pacífica será reconhecido. O exercício desse direito estará sujeito apenas às restrições previstas em lei e que se façam necessárias, em uma sociedade democrática, no interesse da segurança nacional, da segurança ou da ordem públicas, ou para proteger a saúde pública ou os direitos e as liberdades das pessoas.

ARTIGO 22º

1. Toda pessoa terá o direito de associar-se livremente a outras, inclusive o direito de construir sindicatos e de a eles filiar-se, para a proteção de seus interesses.

2. O exercício desse direito estará sujeito apenas às restrições previstas em lei e que se façam necessárias, em uma sociedade democrática, no interesse da segurança nacional, da segurança e da ordem públicas, ou para proteger a saúde ou a moral pública ou os direitos a liberdades das demais pessoas. O presente artigo não impedirá que se

submeta a restrições legais o exercício desse direito por membros das forças armadas e da polícia.

3. Nenhuma das disposições do presente artigo permitirá que Estados-Partes da Convenção de 1948 da Organização do Trabalho, relativa à liberdade sindical e à proteção do direito sindical, venham a adotar medidas legislativas que restrinjam — ou aplicar a lei de maneira a restringir as garantias previstas na referida Convenção.

ARTIGO 23º

1. A família é o elemento natural e fundamental da sociedade e terá o direito de ser protegida pela sociedade e pelo Estado.

2. Será reconhecido o direito do homem e da mulher de, em idade núbil, contrair casamento e construir família.

3. Casamento algum será sem o consentimento livre e pleno dos futuros esposos.

4. Os Estados-Partes do presente Pacto deverão adota as medidas apropriadas para assegurar a igualdade de direitos e responsabilidades dos esposos quanto ao casamento, durante o mesmo e o por ocasião de sua dissolução. Em caso de dissolução, deverão adotar-se disposições que assegurem a proteção necessária para os filhos.

ARTIGO 24º

1. Toda criança, terá direito, sem discriminação alguma por motivo de cor, sexo, religião, origem nacional ou social, situação econômica ou nascimento, às medidas de proteção que a sua condição de menor requerer por parte de sua família, da sociedade e do Estado.

2. Toda criança deverá ser registrada imediatamente após seu nascimento e deverá receber um nome.

3. Toda criança terá o direito de adquirir uma nacionalidade.

ARTIGO 25º

Todo cidadão terá o direito e a possibilidade, sem qualquer das formas de discriminação mencionadas no artigo 2° e sem restrições infundadas:

a) de participar da condução dos assuntos públicos, diretamente ou por meio de representantes livremente escolhidos;

b) de votar e de ser eleito em eleições periódicas, autênticas, realizadas por sufrágio universal e igualitário e por voto secreto, que garantam a manifestação da vontade dos eleitores;

c) de ter acesso em condições gerais de igualdade, às funções públicas de seu país.

ARTIGO 26º

Todas as pessoas são iguais perante a lei e têm direito, sem discriminação alguma, à igual proteção da lei. A este respeito, a lei deverá proibir qualquer forma de discriminação e garantir a todas as pessoas proteção igual e eficaz contra qualquer discriminação por motivo de raça, cor, sexo, língua, religião, opinião política ou de outra natureza, origem nacional ou social, situação econômica, nascimento ou qualquer outra situação.

ARTIGO 27º

No caso em que haja minorias étnicas, religiosas ou linguísticas, as pessoas pertencentes a essas minorias não poderão ser privadas do direito de ter, conjuntamente com outros membros de seu grupo, sua própria vida cultural, de professar e praticar sua própria religião e usar sua própria língua.

PARTE IV

ARTIGO 28º

1. Constituir-se-á um comitê de Direitos Humanos (doravante denominado o "Comitê" no presente pacto). O Comitê será composto de dezoito membros e desempenhará as funções descritas adiante.

2. O Comitê será integrado por nacionais dos Estados-Partes do presente Pacto, os quais deverão ser pessoas de elevada reputação moral e reconhecida competência em matéria de direitos humanos, levando-se em consideração a utilidade da participação de algumas pessoas com experiência jurídica.

3. Os membros do Comitê serão eleitos e exercerão suas funções a título pessoal.

ARTIGO 29º

1. Os membros do Comitê serão eleitos em votação secreta dentre uma lista de pessoas que preencham os requisitos previstos no artigo 28 e indicadas, com esse objetivo, pelos Estados-Partes do presente Pacto.

2. Cada Estado-Parte no presente Pacto poderá indicar duas pessoas. Essas pessoas deverão ser nacionais do Estado que as indicou.

3. A mesma pessoa poderá ser indicada mais de uma vez.

ARTIGO 30º

1. A primeira eleição realizar-se-á no máximo seis meses após a data da entrada em vigor do presente Pacto.

2. Ao menos quatro meses antes da data de cada eleição do Comitê, e desde que não seja uma eleição para preencher uma vaga declarada nos termos do artigo 34, o Secretário-Geral da Organização das Nações Unidas convidará, por escrito, os Estados-Partes do Presente Protocolo a indicar, no prazo de três meses, os candidatos a membro do Comitê.

3. O Secretário-Geral da Organização das Nações Unidas organizará uma lista por ordem alfabética de todos os candidatos assim designados, mencionando os Estados-Partes que os tiverem indicado, e a comunicará aos Estados-Partes do presente Pacto, no máximo um mês antes da data de cada eleição.

4. Os membros do Comitê serão eleitos em reuniões dos Estados-Partes convocadas pelo Secretário-Geral da Organização das Nações Unidas na sede da Organização. Nessas reuniões, em que o "quorum" será estabelecido por dois terços dos Estados-Partes do presente Pacto, serão eleitos membros do Comitê os candidatos que obtiverem o maior número de votos e a maioria absoluta dos votos dos representantes dos Estados-Partes presentes e votantes.

ARTIGO 31º

1. O Comitê não poderá ter mais de um nacional de um mesmo Estado.

2. Nas eleições do Comitê, levar-se-ão em consideração uma distribuição geográfica equitativa e uma representação das diversas formas de civilização, bem como dos principais sistemas jurídicos.

ARTIGO 32º

1. Os membros do Comitê serão eleitos para um mandato de quatro anos. Poderão, caso suas candidaturas sejam apresentadas novamente, ser reeleitos. Entretanto, o mandato de nove dos membros eleitos na primeira eleição expirará ao final de dois anos; imediatamente após a primeira eleição, o presidente da reunião a que se refe-

re o parágrafo 4° do artigo 30 indicará, por sorteio, os nomes desses nove membros.

2. Ao expirar o mandato dos membros, as eleições se realizarão de acordo com o disposto nos artigos precedentes desta Parte do presente pacto.

ARTIGO 33°

1. Se, na opinião unânime dos demais membros do Comitê deixar de desempenhar suas funções por motivos distintos de uma ausência temporária, o Presidente comunicará tal fato ao Secretário- -Geral da Organização das Nações Unidas, que declarará vago o lugar que o referido membro ocupava.

2. Em caso de morte ou renúncia de um membro do Comitê, o Presidente comunicará imediatamente tal fato ao Secretário-Geral da Organização das Nações Unidas, que declarará vago o lugar desde a data da morte ou daquela em que a renúncia passe a produzir efeitos.

ARTIGO 34°

1. Quando uma vaga for declarada nos termos do artigo 33 e o mandato do membro a ser substituído não expirar no prazo de seis meses a contar da data em que tenha sido declarada a vaga, o Secretário-Geral das Nações Unidas comunicará tal fato aos Estados-Partes do presente pacto, que poderão, no prazo de dois meses, indicar candidatos em conformidade com o artigo 29, para preencher a vaga.

2. O Secretário-Geral da organização das Nações unidas organizará uma lista por ordem alfabética dos candidatos assim designados e a comunicará aos Estados-Partes do presente pacto. A eleição destinada a preencher tal vaga será realizada nos termos das disposições pertinentes desta parte do presente Pacto.

3. Qualquer membro do Comitê eleito para preencher uma vaga em conformidade com o artigo 33 fará parte do Comitê durante o restante do mandato do membro que deixar vago o lugar do Comitê, nos termos do referido artigo.

ARTIGO 35°

Os membros do Comitê receberão, com a aprovação da Assembleia-Geral da Organização das Nações Unidas, honorários provenientes de recursos da Organização das Nações Unidas, nas condições fixadas, considerando-se a importância das funções do Comitê, pela Assembleia-Geral.

ARTIGO 36º

Secretário-Geral da Organização das Nações Unidas colo-cará à disposição do Comitê o pessoal e os serviços necessários ao desempenho eficaz das funções que lhe são atribuídas em virtude do presente Pacto.

ARTIGO 37º

1. Secretário-Geral da Organização das Nações Unidas convocará os Membros do comitê para a primeira reunião, a realizar-se na sede da Organização.

2. Após a primeira reunião, o Comitê deverá reunir-se em todas as ocasiões previstas em suas regras de procedimento.

3. As reuniões do Comitê serão realizadas normalmente na sede da Organização das Nações Unidas ou no Escritório das Nações Unidas em Genebra.

ARTIGO 38º

Todo membro do comitê deverá, antes de iniciar suas funções, assumir, em sessão pública, o compromisso solene de que desempenhará suas funções imparcial e conscientemente.

ARTIGO 39º

1. O Comitê elegerá sua mesa para um período de dois anos. Os membros da mesa poderão ser reeleitos.

2. O próprio Comitê estabelecerá suas regras de procedimento; esta, contudo, deverão conter, entre outras, as seguintes disposições:

a) o quorum será de doze membros;

b) as mesas do Comitê tomadas por maioria de votos dos membros presentes.

ARTIGO 40º

1. Os Estados-Partes do presente Pacto comprometem-se a submeter relatórios sobre as medidas por eles adotadas para tornar efetivos os direitos reconhecidos no presente Pacto e sobre o progresso alcançado no gozo desses direitos:

a) dentro do prazo de um ano, a contar do início da vigência do presente Pacto nos Estados-Partes interessados;

b) a partir de então, sempre que o Comitê vier a solicitar.

2. Todos os relatórios serão submetidos ao Secretário-Geral da Organização das nações Unidas, que os encaminhará para exame ao Comitê. Os relatórios deverão sublinhar, caso existam, os fatores e as dificuldades que prejudiquem a implementação do presente pacto.

3. O Secretário-Geral da Organização das Nações Unidas poderá, após consulta ao Comitê, encaminhar às agências especializadas cópias das partes dos relatórios que digam respeito à sua esfera de competência.

4. O Comitê estudará os relatórios apresentados pelos Estados-Partes do presente pacto e transmitirá aos Estados-Partes seu próprio relatório, bem como os comentários gerais que julgar oportunos. O Comitê poderá igualmente transmitir ao Conselho Econômico e social os referidos comentários, bem como cópias dos relatórios que houver recebido dos Estados-Partes do Presente Pacto.

5. Os Estados-Partes no presente pacto poderão submeter ao Comitê as observações que desejarem formular relativamente aos comentários feitos nos termos do parágrafo 4° do presente artigo.

ARTIGO 41º

1. Com base no presente Artigo, todo Estado-Parte do presente pacto poderá declarar, a qualquer momento, que reconhece a competência do Comitê para receber e examinar as comunicações em que um Estado-Parte alegue que outro Estado-Parte não vem cumprindo as obrigações que lhe impõe o Pacto. As referidas comunicações só serão recebidas e examinadas nos termos do presente Artigo no caso de serem apresentadas por um Estado-Parte que houver feito uma declaração em que reconheça, com relação a si próprio, a competência do Comitê. O Comitê não receberá comunicação alguma relativa a um Estado-Parte que não houver feito uma declaração dessa natureza. As comunicações recebidas em virtude do presente Artigo estarão sujeitas ao procedimento que se segue:

a) Se um Estado-Parte do presente Pacto considerar que outro Estado-Parte não vem cumprindo as disposições da presente Convenção poderá, mediante comunicação escrita, levar a questão ao conhecimento deste Estado-Parte. Dentro de um prazo de três meses, a contar da data do recebimento da comunicação, o Estado destinatário fornecerá ao Estado que enviou a comunicação explicações ou quaisquer outras declarações por escrito que esclareçam a questão, as quais deverão fazer referência, até onde seja possível e pertinente, aos procedimentos, nacionais e aos recursos jurídicos adotados, em trâmite ou disponíveis sobre a questão;

b) Se, dentro de um prazo de seis meses, a contar da data do recebimento da comunicação original pelo Estado destinatário, a questão não estiver dirimida satisfatoriamente para ambos os Estados-Partes interessados, tanto um como o outro terão o direito de submetê-lo ao comitê, mediante notificação endereçada ao Comitê ou outro Estado interessado;

c) O comitê tratará de todas as questões que se lhe submetam em virtude do presente Artigo somente após ter-se assegurado de que todos os recursos jurídicos internos disponíveis tenham sido utilizados e esgotados, em consonância com os princípios do Direito Internacional geralmente reconhecido. Não se aplicará esta regra quando a aplicação dos mencionados recursos se prolongar injustificadamente;

d) O comitê realizará reuniões confidenciais quando estiver examinando as comunicações previstas no presente Artigo;

e) Sem prejuízo das disposições da alínea "c", o Comitê colocará seus bons ofícios à disposição dos Estados-Partes interessados no intuito de se alcançar uma solução amistosa para a questão, baseada no respeito aos direitos humanos e a liberdades fundamentais reconhecidos no presente Pacto.

f) Em todas as questões que se lhe submetem em virtude do presente artigo, o Comitê poderá solicitar aos Estados-Partes interessados, a que se faz referência na alínea "b", que lhe forneçam quaisquer informações pertinentes;

g) Os Estados-Partes interessados, a que se faz referência na alínea "b", terão o direito de fazer-se representar quando as questões forem examinadas no Comitê e de apresentar suas observações verbalmente e/ ou por escrito;

h) O Comitê, dentro dos doze meses seguintes à data de recebimento da notificação mencionada na alínea "b", apresentará relatório em que:

I) Se houver sido alcançada uma solução nos termos da alínea "e", o comitê restringir-se-á, em seu relatório, a uma breve exposição dos fatos e da solução alcançada;

II) se não houver sido alcançada solução alguma nos termos alínea "e", o comitê restringir-se-á, em seu relatório, a uma breve exposição dos fatos; serão anexados ao relatório o texto das observações escritas e as atas das observações orais apresentadas pelos Estados-Partes interessados.

Para cada questão, o relatório será encaminhado aos Estados-

-Partes interessados.

1. As disposições do presente Artigo entrarão em vigor a partir do momento em que dez Estados-Partes do presente Pacto houverem feito as declarações mencionadas no parágrafo parágrafo1º deste artigo. As referidas declarações serão depositadas pelos Estados-Partes junto ao Secretário-Geral da Organização Nações Unidas, que enviará cópia das mesmas aos demais Estados Partes. Toda declaração poderá ser retirada, a qualquer momento, mediante notificação endereçada ao Secretário-Geral. Far-se-á essa retirada sem prejuízo do exame de quaisquer questões que constituam objeto de uma comunicação já transmitida nos termos deste artigo; em virtude do presente artigo, não se receberá qualquer nova comunicação de um Estado-Parte uma vez que o Secretário-Geral tenha recebido a notificação sobre a retirada da declaração, a menos que o Estado-Parte interessado haja feito uma nova declaração.

ARTIGO 42º

1. a) Se uma questão submetida ao Comitê, nos termos do artigo 41, não estiver dirimida satisfatoriamente para os Estado-Partes interessados, o Comitê poderá, com consentimento prévio dos Estados-Partes interessados, constituir uma comissão *ad hoc* (doravante denominada "a Comissão"). A Comissão colocará seus bons ofícios à disposição dos Estados-Partes interessados no intuito de se alcançar uma solução amistosa para a questão baseada no respeito ao presente Pacto;

b) A comissão será composta de cinco membros designados com o consentimento dos Estados-Partes interessados. Se os Estados-Partes interessados não chegarem a um acordo a respeito da totalidade ou de parte da composição da comissão dentro do prazo de três meses, os membros da Comissão em relação aos quais não se chegou a acordo serão eleitos pelo Comitê, entre os seus próprios membros, em votação secreta e por maioria de dois terços dos membros do comitê.

2. Os membros da Comissão exercerão suas funções a título pessoal. Não poderão ser nacionais dos Estados interessados, nem de Estados que não seja Parte do presente Pacto, nem de um Estado-Parte que não tenha feito a declaração prevista no artigo 41º.

3. A própria Comissão elegerá seu presidente e estabelecerá suas regras de procedimento.

4. As reuniões da Comissão serão normalmente na sede da Organização das Nações Unidas ou no Escritório das Nações Unidas

em Genebra. Entretanto, poderão realizar-se em qualquer outro lugar apropriado que a Comissão determinar, após consulta ao Secretário-Geral da Organização das Nações Unidas e aos Estados-Partes interessados.

5. O secretariado referido no artigo 36 também prestará serviços às comissões designadas em virtude do presente artigo.

6. As informações obtidas e coligidas pelo Comitê serão colocadas à disposição da Comissão, a qual poderá solicitar aos Estados-Partes interessados que lhe forneçam qualquer outra informação pertinente.

7. Após haver estudado a questão sob todos os seus aspectos, mas, em qualquer caso, no prazo de doze meses após dela ter tomado conhecimento, a Comissão apresentará um relatório ao Presidente do Comitê, que o encaminhará aos Estados-Partes interessados:

a) se a Comissão não puder terminar o exame da questão, restringir-se-á, em seu relatório, a uma breve exposição sobre o estágio em que se encontra o exame da questão;

b) se houver sido alcançado uma solução amistosa para a questão, baseada no respeito dos direitos humanos reconhecidos no presente pacto, a Comissão restringir-se-á, em seu relatório, a uma breve exposição dos fatos e da solução alcançada;

c) se não houver sido alcançada solução nos termos da alínea "b", a Comissão incluirá no relatório suas conclusões sobre os fatos relativos à questão debatida entre os Estados-Partes interessados assim como sua opinião sobre a possibilidade de solução amistosa para a questão, o relatório incluirá as observações escritas e as atas das observações orais feitas pelos Estados-Partes interessados;

d) se o relatório da comissão for apresentado nos termos da alínea "c", os Estados-Partes interessados comunicarão, no prazo de três meses a contar da data do recebimento do relatório, ao presidente do comitê se aceitam ou não os termos do relatório da Comissão.

8. As disposições do presente artigo não prejudicarão as atribuições do Comitê previstas no artigo 41º.

9. Todas as despesas dos membros da Comissão serão repartidas equitativamente entre os Estados-Partes interessados, com base em estimativas a serem estabelecidas pelo Secretário-Geral da Organização das Nações Unidas.

10. Secretário-Geral da Organização das Nações Unidas poderá, caso seja necessário, pagar as despesas dos membros da Comissão antes que sejam reembolsadas pelos Estados-Partes interessados,

em conformidade com o parágrafo 9° do presente artigo.

ARTIGO 43°

Os membros do Comitê e os membros da Comissão de Conciliação *ad hoc* que forem designados nos termos do artigo 42 terão direitos às facilidades, privilégios e imunidades que se concedem aos peritos no desempenho de missões para a Organização das Nações Unidas, em conformidade com as seções pertinentes da Convenção sobre Privilégios e Imunidades das Nações Unidas.

ARTIGO 44°

As disposições relativas à implementação do presente pacto aplicar-se-ão sem prejuízo dos procedimentos instituídos em matéria de direitos humanos, pelos — ou em virtude dos membros —instrumentos constitutivos e pelas Convenções da Organização das Nações Unidas e das agências especializadas e não impedirão que os Estados-Partes venham a recorrer a outros procedimentos para a solução de controvérsias em conformidade com os acordos internacionais gerais ou especiais vigentes entre eles.

ARTIGO 45°

O Comitê submeterá à Assembleia-Geral, por intermédio do Conselho Econômico e Social, um relatório sobre suas atividades.

PARTE V

ARTIGO 46°

Nenhuma disposição do presente Pacto poderá ser interpretada em detrimento das disposições da Carta das Nações Unidas e das constituições das agências especializadas, as quais definem as responsabilidades respectivas dos diversos órgãos da Organização das Nações Unidas e das agências especializadas relativamente às questões tratadas no presente pacto.

ARTIGO 47°

Nenhuma disposição do presente Pacto poderá ser interpretada em detrimento do direito inerente a todos os povos de desfrutar e utilizar plena e livremente suas riquezas e seus recursos naturais.

PARTE VI

ARTIGO 48º

1. O presente Pacto está aberto à assinatura de todos os Estados Membros da Organização das Nações Unidas ou membros de qualquer de suas agências especializadas, de todo Estado-Parte do estatuto da Corte Internacional de Justiça, bem como de qualquer outro Estado convidado pela Assembleia-Geral a tornar-se Parte do presente Pacto.

2. O presente Pacto está sujeito à ratificação. Os instrumentos de ratificação serão depositados junto ao Secretário-Geral da Organização das Nações Unidas.

3. O presente Pacto está aberto à adesão de quaisquer dos Estados mencionados no parágrafo 1º do presente artigo.

4. Far-se-á adesão mediante depósito do instrumento de adesão junto ao Secretário-Geral da Organização das Nações Unidas.

5. O Secretário-Geral da Organização das Nações Unidas informará todos os Estados que hajam assinado o presente Pacto ou ele aderido do depósito de cada instrumento de ratificação ou adesão.

ARTIGO 49º

1. O presente Pacto entrará em vigor três meses após a data do depósito, junto ao Secretário-Geral da Organização das Nações Unidas, do trigésimo - quinto instrumento de ratificação ou adesão.

2. Para os Estados que vierem a ratificar o presente Pacto ou a ele aderir após o depósito do trigésimo-quinto instrumento de ratificação ou adesão, o presente Pacto entrará em vigor três meses após a data do depósito, pelo Estado em questão, de seu instrumento de ratificação ou adesão.

ARTIGO 50º

Aplicar-se-ão as disposições do presente Pacto, sem qualquer limitação ou exceção, a todas as unidades constitutivas dos Estados federativos.

ARTIGO 51º

1. Qualquer Estado-Parte do presente Pacto poderá propor emendas e depositá-las junto ao Secretário-Geral da Organização das Nações Unidas. O Secretário-Geral comunicará todas as propos-

tas de emendas aos Estados-Partes do presente Pacto, pedindo-lhes que o notifiquem se desejam que se convoque uma conferência dos Estados-Partes destinada a examinar as propostas e submetê-las à votação. Se pelo menos um terço dos Estados-Partes se manifestar a favor da referida convocação, o Secretário-Geral convocará a conferência sob os auspícios da Organização das Nações Unidas. Qualquer emenda adotada pela maioria dos Estados-Partes presentes e votantes na conferência será submetida à aprovação da Assembleia-Geral das Nações Unidas.

2. Tais emendas entrarão em vigor quando aprovadas pela Assembleia-Geral das Nações Unidas e aceitas em conformidade com seus respectivos procedimentos constitucionais, por uma maioria de dois terços dos Estados-Partes no presente Pacto.

3. Ao entrarem em vigor, tais emendas serão obrigatórias para os Estados-Partes que as aceitaram, ao passo que os demais Estados-Partes permanecem obrigados pelas disposições do presente Pacto e pelas emendas anteriores por eles aceitas.

ARTIGO 52º

Independentemente das notificações prevista no parágrafo 5º do artigo 48, o Secretário-Geral da Organização das Nações Unidas comunicará a todos os Estados referidos no parágrafo 1º do referido artigo:

a) as assinaturas, ratificações e adesões recebidas em conformidade com o artigo 48;

b) a data de entrada em vigor do pacto, nos termos do artigo 49, e a data de entrada em vigor de quaisquer emendas, nos termos do artigo 51.

ARTIGO 53º

1. O presente Pacto, cujos textos em chinês, espanhol, francês, inglês e russo são igualmente autênticos, será depositado nos arquivos da Organização das Nações Unidas.

2. O Secretário-Geral da Organização das Nações Unidas encaminhará cópias autênticas do presente Pacto a todos os Estados mencionados no artigo 48º.

Em fé de que, os abaixo-assinados, devidamente autorizados por seus respectivos Governos, assinaram o presente Pacto, aberto à assinatura em Nova York, aos 19 dias do mês de dezembro do ano mil novecentos e sessenta e seis.

ANEXO IV
PACTO INTERNACIONAL DE DIREITOS ECONÔMICOS, SOCIAIS E CULTURAIS

Decreto nº 591 de 6 de julho de 1992

O Presidente da República, no uso da atribuição que lhe confere o artigo 84, inciso VIII, da Constituição, e

Considerando que o Pacto Internacional sobre Direitos Econômicos, Sociais e Culturais foi adotado pela XXI Sessão da Assembleia-Geral das Nações Unidas, em 19 de dezembro de 1966;

Considerando que o Congresso Nacional aprovou o texto do referido diploma internacional por meio do Decreto Legislativo n. 226(1), de 12 de dezembro de 1991;

Considerando que a Carta de adesão ao Internacional sobre Direitos Econômicos, Sociais e Culturais depositada em 24 de janeiro de 1992;

Considerando que o Pacto ora promulgado entrou em vigor, para o Brasil, em 24 de abril de 1992;

Considerando que o Pacto ora promulgado entro em vigor, para o Brasil, em 24 de abril de 1992, na forma de seu artigo 27, parágrafo 2°; decreta:

Artigo 1° - O pacto Internacional sobre Direitos Econômicos, Sociais e Culturais, apenso por cópia ao presente Decreto, será executado e cumprido tão inteiramente como nele se contém.

Artigo 2° - Este Decreto entra em vigor na data de sua publicação.

Fernando Collor - Presidente da República.

Celso Lafer.

Anexo ao Decreto que promulga o Pacto Internacional Sobre Direitos Econômicos, Sociais e Culturais/ M R E Pacto Internacional Sobre Direitos Econômicos, Sociais e Culturais

PREÂMBULO

Os Estados-Partes do presente pacto,

Considerando que, em conformidade com os princípios proclamados na Carta das Nações Unidas, o reconhecimento da dignidade inerente a todos os membros da família humana e de seus direitos iguais e inalienáveis constitui o fundamento da liberdade, da justiça e da paz no mundo,

Reconhecendo que esses direitos decorrem da dignidade inerente à pessoa humana,

Reconhecendo que, em conformidade com a Declaração Universal dos Direitos do Homem, o ideal do ser humano livre, liberto do temor e da miséria, não pode ser realizado a menos que se criem condições que permitam a cada um gozar de seus direitos econômicos, sociais e culturais, assim como de seus direitos civis e políticos,

Considerando que a Carta das Nações Unidas impõe aos Estados a obrigação de promover o respeito universal e efetivo dos direitos e das liberdades do homem,

Compreendendo que o indivíduo por ter deveres para com seus semelhantes e para com a coletividade a que pertence, tem a obrigação de lutar pela promoção e observância dos direitos reconhecidos no presente Pacto,

Acordam o seguinte:

PARTE I

ARTIGO 1º

1. Todos os povos têm direito à autodeterminação. Em virtude desse direito, determinam livremente seu estatuto político e asseguram livremente seu desenvolvimento econômico, social e cultural.

2. Para a consecução de seus objetivos, todos os povos podem dispor livremente de suas riquezas e de seus recursos naturais, sem prejuízo das obrigações decorrentes da cooperação econômica internacional, baseada no princípio do proveito mútuo, e do Direito Internacional. Em caso algum, poderá um povo ser privado de seus meios de subsistência.

3. Os Estados-Partes do presente pacto, inclusive aqueles que tenham a responsabilidade de administrar territórios não-autônomos e territórios sob tutela, deverão promover o exercício do direito à autodeterminação e respeitar esse direito, em conformidade com as disposições da Carta das Nações Unidas.

PARTE II

ARTIGO 2º

1. Cada Estado-Parte do presente Pacto compromete-se a adotar medidas, tanto por esforço próprio como pela assistência e cooperação internacionais, principalmente nos planos econômico e técnico, até o máximo de seus recursos disponíveis, que visem assegurar, progressivamente, por todos os meios apropriados, o pleno exercício e dos direitos reconhecidos no presente Pacto, incluindo, em particular, a adoção de medidas legislativas.

2. Os Estados-Partes do presente pacto comprometem-se a garantir que os direitos nele enunciados se exercerão sem discriminação alguma por motivo de raça, cor, sexo, língua, religião, opinião política ou de outra natureza, origem nacional ou social, situação econômica, nascimento ou qualquer outra situação.

3. Os países em desenvolvimento, levando devidamente em consideração os direitos humanos e a situação econômica nacional, poderão determinar em que medida garantirá os direitos econômicos reconhecidos no presente Pacto àqueles que não sejam seus nacionais.

ARTIGO 3º

Os Estados-Partes do presente pacto comprometem-se a assegurar a homens e mulheres igualdade no gozo de todos os direitos econômicos, sociais e culturais enunciados no presente pacto.

ARTIGO 4º

Os Estados-Partes do presente Pacto reconhecem que, no exercício dos direitos assegurados em conformidade com o presente Pacto pelo Estado, este poderá submeter tais direitos unicamente às limitações estabelecidas em lei, somente na medida compatível com a natureza desses direitos e exclusivamente com o objetivo de favorecer o bem-estar geral em uma sociedade democrática.

ARTIGO 5º

1. Nenhuma das disposições do presente Pacto poderá ser interpretada no sentido de reconhecer a um Estado, grupo ou indivíduo qualquer direito de dedicar-se a quaisquer atividades ou de praticar quaisquer atos que tenham por objetivo destruir os direitos ou liberdades reconhecidos no presente Pacto ou impor-lhes limitações mais

amplas do que aquelas nele prevista.

2. Não se admitirá qualquer restrição ou suspensão dos direitos humanos fundamentais reconhecidos ou vigentes em qualquer país em virtude de leis, convenções, regulamentos ou costumes, sob pretexto de que o presente Pacto não os reconheça ou os reconheça em menor grau.

PARTE III

ARTIGO 6º

1. Os Estados-Partes do Presente Pacto reconhecem o direito ao trabalho, que compreende o direito de toda pessoa de ter a possibilidade de ganhar a vida mediante um trabalho livremente escolhido ou aceito, e tomarão medidas apropriadas para salvaguarda esse direito.

2. As medidas que cada Estado-Parte do presente pacto tomará a fim de assegurar o pleno exercício desse direito deverão incluir a orientação e a formação técnica e profissional, a elaboração de programas, normas e técnicas apropriadas para assegurar um desenvolvimento econômico, social e cultural constante e o pleno emprego produtivo em condições que salvaguardem aos indivíduos o gozo das liberdades políticas e econômicas fundamentais.

ARTIGO 7º

1. Os Estados-Partes do presente pacto o reconhecem o direito de toda pessoa de gozar de condições de trabalho justas e favoráveis, que assegurem especialmente:

a) uma remuneração que proporcione, no mínimo, a todos os trabalhadores:

I) um salário equitativo e uma remuneração igual por um trabalho de igual valor, sem qualquer distinção; em particular, as mulheres deverão ter a garantia de condições de trabalho não inferiores às dos homens e receber a mesma remuneração que ele por trabalho igual;

II) uma existência decente para eles e suas famílias, em conformidade com as disposições do presente Pacto.

b) A segurança e a higiene no trabalho;

c) igual oportunidade para todos de serem promovidos, em seu trabalho, à categoria superior que lhes corresponda, sem outras considerações que as de tempo de trabalho e capacidade;

d) o descanso, o lazer, a limitação razoável das horas de trabalho e férias periódicas assim remuneradas.

ARTIGO 8º

1. Os Estados-Partes do presente pacto comprometem-se a garantir:

a) o direito de toda pessoa de fundar com outros sindicatos e de filiar-se ao sindicato de sua escolha, sujeitando-se unicamente à organização interessada, com o objetivo de promover e de proteger seus interesses econômicos e sociais. O exercício desse direito só poderá ser objeto das restrições previstas em lei e que sejam necessárias, em uma sociedade democrática, no interesse da segurança nacional ou da ordem pública, ou para proteger os direitos e as liberdades alheias;

b) o direito dos sindicatos de formar federações ou confederações nacionais e o direito desta de formar organizações sindicais internacionais ou de filiar-se às mesmas;

c) o direito dos sindicatos de exercer livremente suas atividades, sem quaisquer limitações além daquelas previstas em lei e que sejam necessárias, em uma sociedade democrática, no interesse da segurança nacional ou da ordem pública, ou para proteger os direitos e as liberdades das demais pessoas;

d) o direito de greve, exercido de conformidade com as leis de cada país.

2. O presente artigo não impedirá que se submeta a restrições legais o exercício desses direitos pelos membros das forças armadas, da política ou da administração pública.

3. Nenhuma das disposições do presente artigo permitirá que os Estados-Partes da Convenção de 1948 da Organização Internacional do Trabalho, relativa à liberdade sindical e à proteção do direito sindical, venha a adotar medidas legislativas que restrinjam — ou a aplicar a lei de maneira a restringir — as garantias previstas na referida Convenção.

ARTIGO 9º

Os Estados-Partes do presente Pacto de toda pessoa à previdência social, inclusive ao seguro social.

ARTIGO 10º

Os Estados-Partes do presente Pacto reconhecem que:

1. Deve-se conceder à família, que é o elemento natural e fundamental da sociedade, a mais ampla proteção e assistências possíveis, especialmente para a sua constituição e enquanto ela for responsável pela criação e educação dos filhos. O matrimônio deve ser contraído com livre consentimento dos futuros cônjuges.

2. Deve-se conceder proteção às mães por um período de tempo razoável antes e depois do parto. Durante esse período, deve-se conceder às mães trabalhadoras licença remunerada ou licença acompanhada de benefícios previdenciários adequados.

3. Devem-se adotar medidas especiais de proteção e de assistência em prol de todas as crianças e adolescentes, sem distinção por motivo de filiação ou qualquer outra condição. Devem-se proteger as crianças e adolescentes contra a exploração econômica e social. O emprego de crianças e adolescentes em trabalhos que lhes sejam nocivos à saúde ou que lhes façam correr perigo de vida, ou ainda que lhes venham a prejudicar o desenvolvimento normal, será punido por lei. Os Estados devem também estabelecer limites de idade sob os quais fique proibido e punido por lei o emprego assalariado da mão-de-obra infantil.

ARTIGO 11º

1. Os Estados-Partes do presente Pacto reconhecem o direito de toda pessoa o nível de vida adequado para si próprio e sua família, inclusive à alimentação, vestimenta e moradia adequadas, assim como a uma melhoria contínua de suas condições de vida. Os Estados-Partes tomarão medidas apropriadas para assegurar a consecução desse direito, reconhecendo, nesse sentido, a importância essencial da cooperação internacional fundada no livre consentimento.

2. Os Estados-Partes do presente pacto, reconhecendo o direito fundamental de toda pessoa de estar protegida contra a fome, adotarão, individualmente e mediante cooperação internacional, as medidas, inclusive programas concretos, que se façam necessárias para:

a) melhorar os métodos de produção, conservação e distribuição de gêneros alimentícios pela plena utilização dos conhecimentos técnicos e científicos, pela difusão de princípios de educação nutricional e pelo aperfeiçoamento ou reforma dos regimes agrários, de maneira que se assegurem a exploração e a utilização mais eficazes dos recursos naturais;

b) Assegurar uma repartição equitativa dos recursos alimentícios mundiais em relação às necessidades, levando-se em conta os problemas tanto dos países importadores quanto dos exportadores de gêneros alimentícios.

ARTIGO 12º

1. Os Estados-Partes do presente Pacto reconhecem o direito de toda pessoa desfrutar o mais elevado nível possível de saúde física e mental.

2. As medidas que os Estados-Partes do presente Pacto deverão adotar com o fim de assegurar o pleno exercício desse direito incluirão as medidas que se façam necessárias para assegurar:

a) a diminuição da mortalidade infantil, bem como o desenvolvimento são das crianças;

b) a melhoria de todos os aspectos de higiene do trabalho e do meio ambiente;

c) a prevenção e tratamento das doenças epidêmicas, endêmicas, profissionais e outras, bem como a luta contra essas doenças;

d) a criação de condições que assegurem a todos assistência médica e serviços médicos em caso de enfermidade.

ARTIGO 13º

1. Os Estados-Partes do presente Pacto reconhecem o direito de toda pessoa à educação. Concordam em que a educação deverá visar o pleno desenvolvimento da personalidade humana e do sentido de sua dignidade e fortalecer o respeito pelos direitos humanos e liberdades fundamentais. Concordam ainda em que a educação deverá capacitar todas as pessoas a participar efetivamente de uma sociedade livre, favorecer a compreensão, a tolerância e a amizade entre todas as nações e entre todos os grupos raciais, étnicos ou religiosos e promover as atividades das Nações Unidas em prol da manutenção da paz.

2. Os Estados-Partes do Presente Pacto reconhecem que, com o objetivo de assegurar o pleno exercício desse direito:

a) a educação primária deverá ser obrigatória e acessível gratuitamente a todos;

b) a educação secundária em suas diferentes formas, inclusive a educação secundária técnica e profissional, deverá ser generalizada e tornar-se acessível a todos, por todos os meios apropriados e, principalmente, pela implementação progressiva do ensino gratuito;

c) a educação de nível superior deverá igualmente tornar-se acessível a todos, com base na capacidade de cada um, por todos os meios apropriados e, principalmente, pela implementação progressiva do ensino gratuito;

d) dever-se-á fomentar e intensificar, na medida do possível, a educação de base para aquelas que não receberam educação primária ou não concluíram o ciclo completo de educação primária;

e) será preciso prosseguir ativamente o desenvolvimento de uma rede escolar em todos os níveis de ensino, implementar-se um sistema de bolsas estudo e melhorar continuamente as condições materiais do corpo docente.

1. Os Estados-Partes do presente Pacto comprometem-se a respeitar a liberdade dos pais e, quando for o caso, dos tutores legais de escolher para seus filhos escolas distintas daquelas criadas pelas autoridades públicas, sempre que atendam aos padrões mínimos de ensino prescritos ou aprovados pelo Estado, e de fazer com que seus filhos venham a receber educação religiosa ou moral que seja de acordo com suas próprias convicções.

2. Nenhuma das disposições do presente artigo poderá ser interpretada no sentido de restringir a liberdade de indivíduos e de entidades de criar e dirigir instituições de ensino, desde que respeitados os princípios enunciados no parágrafo 1° do presente artigo e que essas instituições observem os padrões mínimos prescritos pelo Estado.

ARTIGO 14°

Todo Estado-Parte do presente Pacto que, no momento em que se tornar Parte, ainda não tenha garantido em seu próprio território ou territórios sob sua jurisdição a obrigatoriedade e a gratuidade da educação primária, se compromete a elaborar e a adotar, dentro de um prazo de dois anos, um plano de ação detalhados destinado à implementação progressiva, dentro de um número razoável de anos estabelecidos no próprio plano, do princípio da educação primária obrigatória e gratuita para todos.

ARTIGO 15°

1. Os Estados-Partes do presente Pacto reconhecem a cada indivíduo o direito de:

a) participar da vida cultural;

b) desfrutar o progresso científico e suas aplicações;

c) beneficiar-se da proteção dos interesses morais e materiais decorrentes de toda a produção científica, literária ou artística de que seja autor.

2. As medidas que os Estados-Partes do presente Pacto deve-

rão adotar com a finalidade de assegurar o pleno exercício desse direito, aquelas necessárias à conservação, ao desenvolvimento e à difusão da ciência e da cultura.

3. Os Estados-Partes do presente Pacto comprometem-se a respeitar a liberdade indispensável à pesquisa científica e à atividade criadora.

4. Os Estados-Partes do presente Pacto reconhecem os benefícios que derivam do fomento e do desenvolvimento da cooperação e das relações internacionais no domínio da ciência e da cultura.

PARTE IV

ARTIGO 16º

1. Os Estados-Partes do presente Pacto comprometem-se a apresentar, de acordo com as disposições da presente parte do Pacto, relatórios sobre as medidas que tenham adotado e sobre o progresso realizado com o objetivo de assegurar a observância dos direitos reconhecidos no Pacto.

2. a) Todos os relatórios deverão ser encaminhados ao Secretário-geral da Organização das Nações Unidas, o qual enviará cópias dos mesmos ao Conselho Econômico e social, para exame, de acordo com as disposições do presente Pacto;

b) O Secretário-Geral da Organização das Nações Unidas encaminhará também às agências especializadas cópias dos relatórios ou de todas as partes pertinentes dos mesmos enviados pelos Estados-Partes do presente Pacto que sejam igualmente membros das referidas agências especializadas, na medida em que os relatórios, ou partes deles, guardem relação com questões que sejam da competência de tais agências, nos termos de seus respectivos instrumentos constitutivos.

ARTIGO 17º

1. Os Estados-Partes do presente Pacto apresentarão seus relatórios por etapas, segundo um programa a ser estabelecido pelo Conselho Econômico e Social no prazo de um ano a contar da data da entrada em vigor do presente Pacto, após consulta aos Estados-Partes e às agências especializadas interessadas.

2. Os relatórios poderão indicar os fatores e as dificuldades que prejudiquem o pleno cumprimento das obrigações previstas no presente Pacto.

3. Caso as informações pertinentes já tenham sido encaminhadas à Organização das Nações Unidas ou a uma agência especializada por um Estado-Parte, não será necessário reproduzir as informações, sendo suficiente uma referência precisa às mesmas.

ARTIGO 18º

Em virtude das responsabilidades que lhes são conferidas pela Carta das Nações Unidas no domínio dos direitos humanos e das liberdades fundamentais, o Conselho Econômico e Social poderá concluir acordos com as agências especializadas sobre a apresentação, por estas, de relatórios relativos aos progressos realizados quanto ao cumprimento das disposições do presente Pacto que correspondam ao seu campo de atividades. Os relatórios poderão incluir dados sobre as decisões e recomendações referentes ao cumprimento das disposições do presente Pacto adotadas pelos órgãos competentes das agências especializadas.

ARTIGO 19º

Conselho Econômico e Social poderá encaminhar à Comissão de Direitos Humanos, para fins de estudo e de recomendação de ordem geral, ou para informação, caso julgue apropriado, os relatórios concernentes aos direitos humanos que apresentarem os Estados nos termos dos artigos 16 e 17 e aqueles concernentes aos direitos humanos que apresentarem as agências especializadas nos termos do artigo 18.

ARTIGO 20º

Os Estados-Partes do presente Pacto e as agências especializadas interessadas poderão encaminhar ao Conselho Econômico e Social comentários sobre qualquer recomendação de ordem geral feita em virtude do artigo 19º ou sobre qualquer referência a uma recomendação de ordem geral que venha a constar de relatório da Comissão de Direitos Humanos ou de qualquer documento mencionado no referido relatório.

ARTIGO 21º

Conselho Econômico e social poderá apresentar ocasionalmente à Assembleia-Geral relatórios que contenham recomendações de caráter geral bem como resumo das informações recebidas dos Estados-Partes do presente Pacto e das agências especializadas sobre as medidas adotadas e o progresso realizado com a finalidade de assegurar a observância geral dos direitos reconhecidos no presente Pacto.

ARTIGO 22º

O Conselho Econômico e Social poderá levar ao conhecimento de outros órgãos da Organização das Nações Unidas, de seus órgãos subsidiários e das agências especializadas interessadas, às quais incumba a prestação técnica, quaisquer questões suscitadas nos relatórios mencionados nesta parte do presente Pacto que se possam ajudar essas entidades a pronunciarem-se, cada um adentro de sua esfera de competência, sobre a conveniência de medidas internacionais que possam contribuir para a implementação efetiva e progressiva do presente Pacto.

ARTIGO 23º

Os Estados-Partes do presente Pacto concordam em que as medidas de ordem internacional destinadas a tornar efetivos os direitos reconhecidos no referido Pacto, incluem, sobretudo, a conclusão de convenções, a adoção de recomendações, a prestação de assistência técnica e a organização, em conjunto com os governos interessados, e no intuito de efetuar consultas e realizar estudos, de reuniões regionais e de reuniões técnicas.

ARTIGO 24º

Nenhuma das disposições do presente Pacto poderá ser interpretada em detrimento das disposições da Carta das Nações Unidas ou das constituições das agências especializadas, as quais definem as responsabilidades respectivas dos diversos órgãos da Organização das Nações Unidas e agências especializadas relativamente às matérias tratadas no presente Pacto.

ARTIGO 25º

Nenhuma das disposições do presente Pacto poderá ser interpretada em detrimento do direito inerente a todos os povos de desfrutar e utilizar pela e livremente suas riquezas e seus recursos naturais.

PARTE V

ARTIGO 26º

1. O presente Pacto está aberto à assinatura de todos os Estados membros da Organização das Nações Unidas ou membros de qualquer de suas agências especializadas, de todo Estado-Parte do Estatuto da Corte Internacional de Justice, bem como de qualquer outro Estado convidado pela Assembleia-Geral das Nações Unidas a tornar-se Parte do Presente Pacto.

2. O presente Pacto está sujeito à ratificação. Os instrumentos de ratificação serão depositados junto ao Secretário-Geral da Organização das Nações Unidas.

3. O presente Pacto está aberto à adesão de qualquer dos Estados mencionados no parágrafo 1º do presente artigo.

4. Far-se-á a adesão mediante depósito do instrumento de adesão junto ao Secretário-Geral da Organização das Nações Unidas.

5. O Secretário-Geral da Organização das Nações Unidas informará todos os Estados que hajam assinado o presente Pacto ou a ele aderido, do depósito de cada instrumento de ratificação ou de adesão.

ARTIGO 27º

1. O presente Pacto entrará em vigor três meses após a data do depósito, junto ao Secretário-Geral da Organização das Nações Unidas, do trigésimo quinto instrumento de ratificação ou adesão.

2. Para os Estados que vierem a ratificar o presente Pacto ou a ele aderir após o depósito do trigésimo quinto instrumento de ratificação ou adesão, o presente Pacto entrará em vigor três meses após a data do depósito, pelo Estado em questão, de seu instrumento de ratificação ou adesão.

ARTIGO 28º

Aplicar-se-ão as disposições do presente Pacto, sem qualquer limitação ou exceção, a todas as unidades constitutivas dos Estados Federativos.

1. Qualquer Estado-Parte do presente Pacto poderá propor emendas e depositá-las junto ao Secretário-Geral da Organização das Nações Unidas. O Secretário-Geral comunicará todas as propostas de emendas aos Estados-Partes do presente Pacto, pedindo-lhes

que o notifiquem se desejam que se convoque uma conferência dos Estados-Partes destinada a examinar as propostas e submetê-las à votação. Se pelo menos um terço dos Estados-Partes se manifestarem a favor da referida convocação, o Secretário-Geral convocará a conferência sob os auspícios da Organização das Nações Unidas. Qualquer emenda adotada pela maioria dos Estados-Partes presentes e votantes na conferência será submetida à aprovação da Assembleia-Geral das Nações Unidas.

2. Tais emendas entrarão em vigor quando aprovadas pela Assembleia-Geral das Nações Unidas e aceitas em conformidade com seus respectivos procedimentos constitucionais, por uma maioria de dois terços dos Estados-Partes no presente Pacto.

3. Ao entrarem em vigor, tais emendas serão obrigatórias para os Estados-Partes que as aceitaram, ao passo que os demais Estados-Partes permanecem obrigados pelas disposições do presente Pacto e pelas emendas anteriores por eles aceitas.

ARTIGO 30º

Independentemente das notificações prevista no parágrafo 5º do artigo 26º, o Secretário-Geral da Organização das Nações Unidas comunicará a todos os Estados referidos no parágrafo 1º do referido artigo:

a) as assinaturas, ratificações e adesões recebidas em conformidade com o artigo 26º;

b) a data de entrada em vigor do pacto, nos termos do artigo 49, e a data de entrada em vigor de quaisquer emendas, nos termos do artigo 51.

ARTIGO 31º

1. O presente Pacto, cujos textos em chinês, espanhol, francês, inglês e russo são igualmente autênticos, será depositado nos arquivos da Organização das Nações Unidas.

2. O Secretário-Geral da Organização das Nações Unidas encaminhará cópias autênticas do presente Pacto a todos os Estados mencionados no artigo 48º. Em fé de que, os abaixo-assinados, devidamente autorizados por seus respectivos Governos, assinaram o presente Pacto, aberto à assinatura em Nova York, aos 19 dias do mês de dezembro do ano mil novecentos e sessenta e seis.

ANEXO V
CONVENÇÃO AMERICANA SOBRE DIREITOS HUMANOS
CONVENÇÃO AMERICANA DE DIREITOS HUMANOS (1969)
(PACTO DE SAN JOSÉ DA COSTA RICA)

Preâmbulo

Os Estados Americanos signatários da presente Convenção,

Reafirmando seu propósito de consolidar neste Continente, dentro do quadro das instituições democráticas, um regime de liberdade pessoal e de justiça social, fundado no respeito dos direitos humanos essenciais;

Reconhecendo que os direitos essenciais da pessoa humana não derivam do fato de ser ela nacional de determinado Estado, mas sim do fato de ter como fundamento os atributos da pessoa humana, razão por que justificam uma proteção internacional, de natureza convencional, coadjuvante ou complementar da que oferece o direito interno dos Estados americanos;

Considerando que esses princípios foram consagrados na Carta da Organização dos Estados Americanos, na Declaração Americana dos Direitos e Deveres do Homem e na Declaração Universal dos Direitos do Homem, e que foram reafirmados e desenvolvidos em outros instrumentos internacionais, tanto de âmbito mundial como regional;

Reiterando que, de acordo com a Declaração Universal dos Direitos Humanos, só pode ser realizado o ideal do ser humano livre, isento do temor e da miséria, se forem criadas condições que permitam a cada pessoa gozar dos seus direitos econômicos, sociais e culturais, bem como dos seus direitos civis e políticos; e

Considerando que a Terceira Conferência Interamericana Extraordinária (Buenos Aires, 1967) aprovou a incorporação à própria Carta da Organização de normas mais amplas sobre os direitos econômicos, sociais e educacionais e resolveu que uma Convenção Interamericana sobre Direitos Humanos determinasse a estrutura, competência e processo dos órgãos encarregados dessa matéria;

Convieram no seguinte:

PARTE I
DEVERES DOS ESTADOS E DIREITOS PROTEGIDOS

Capítulo I
ENUMERAÇÃO DOS DEVERES

Artigo 1º
Obrigação de respeitar os direitos

1. Os Estados-Partes nesta Convenção comprometem-se a respeitar os direitos e liberdades nela reconhecidos e a garantir seu livre e pleno exercício a toda pessoa que esteja sujeita à sua jurisdição, sem discriminação alguma, por motivo de raça, cor, sexo, idioma, religião, opiniões políticas ou de qualquer outra natureza, origem nacional ou social, posição econômica, nascimento ou qualquer outra condição social.

2. Para efeitos desta Convenção, pessoa é todo ser humano.

Artigo 2º
Dever de adotar disposições de direito interno

Se o exercício dos direitos e liberdades mencionados no artigo 1º ainda não estiver garantido por disposições legislativas ou de outra natureza, os Estados-Partes comprometem-se a adotar, de acordo com as suas normas constitucionais e com as disposições desta Convenção, as medidas legislativas ou de outra natureza que forem necessárias para tornar efetivos tais direitos e liberdades.

Capítulo II
DIREITOS CIVIS E POLÍTICOS

Artigo 3º
Direito ao reconhecimento da personalidade jurídica

Toda pessoa tem direito ao reconhecimento de sua personalidade jurídica.

Artigo 4º
Direito à vida

1. Toda pessoa tem o direito de que se respeite sua vida. Esse

direito deve ser protegido pela lei e, em geral, desde o momento da concepção. Ninguém pode ser privado da vida arbitrariamente.

2. Nos países que não houverem abolido a pena de morte, esta só poderá ser imposta pelos delitos mais graves, em cumprimento de sentença final de tribunal competente e em conformidade com a lei que estabeleça tal pena, promulgada antes de haver o delito sido cometido. Tampouco se estenderá sua aplicação a delitos aos quais não se aplique atualmente.

3. Não se pode restabelecer a pena de morte nos Estados que a hajam abolido.

4. Em nenhum caso pode a pena de morte ser aplicada a delitos políticos, nem a delitos comuns conexos com delitos políticos.

5. Não se deve impor à pena de morte a pessoa que, no momento da perpetração do delito, for menor de dezoito anos, ou maior de setenta, nem aplicá-la à mulher em estado de gravidez.

6. Toda pessoa condenada à morte tem direito a solicitar anistia, indulto ou comutação da pena, os quais podem ser concedidos em todos os casos. Não se pode executar a pena de morte enquanto o pedido estiver pendente de decisão ante a autoridade competente.

Artigo 5º
Direito à integridade pessoal

1. Toda pessoa tem direito a que se respeite sua integridade física, psíquica e moral.

2. Ninguém deve ser submetido a torturas, nem a penas ou tratos cruéis, desumanos ou degradantes. Toda pessoa privada de liberdade deve ser tratada com o respeito devido à dignidade inerente ao ser humano.

3. A pena não pode passar da pessoa do delinquente.

4. Os processados devem ficar separados dos condenados, salvo em circunstâncias excepcionais, e devem ser submetidos a tratamento adequado à sua condição de pessoas não condenadas.

5. Os menores, quando puderem ser processados, devem ser separados dos adultos e conduzidos a tribunal especializado, com a maior rapidez possível, para seu tratamento.

6. As penas privativas de liberdade devem ter por finalidade essencial a reforma e a readaptação social dos condenados.

Artigo 6º
Proibição da escravidão e da servidão

1. Ninguém poderá ser submetido à escravidão ou servidão e tanto estas como o tráfico de escravos e o tráfico de mulheres são proibidos em todas as suas formas.

2. Ninguém deve ser constrangido a executar trabalho forçado ou obrigatório. Nos países em que se prescreve, para certos delitos, pena privativa de liberdade acompanhada de trabalhos forçados, esta disposição não pode ser interpretada no sentido de proibir o cumprimento da dita pena, imposta por um juiz ou tribunal competente. O trabalho forçado não deve afetar a dignidade, nem a capacidade física e intelectual do recluso.

3. Não constituem trabalhos forçados ou obrigatórios para os efeitos deste artigo:

a) os trabalhos ou serviços normalmente exigidos de pessoa reclusa em cumprimento de sentença ou resolução formal expedida pela autoridade judiciária competente. Tais trabalhos ou serviços devem ser executados sob a vigilância e controle das autoridades públicas, e os indivíduos que os executarem não devem ser postos à disposição de particulares, companhias ou pessoas jurídicas de caráter privado;

b) serviço militar e, nos países em que se admite a isenção por motivo de consciência, qualquer serviço nacional que a lei estabelecer em lugar daquele;

c) o serviço exigido em casos de perigo ou de calamidade que ameacem a existência ou o bem-estar da comunidade;

d) o trabalho ou serviço que faça parte das obrigações cívicas normais.

Artigo 7º
Direito à liberdade pessoal

1. Toda pessoa tem direito à liberdade e à segurança pessoais.

2. Ninguém pode ser privado de sua liberdade física, salvo pelas causas e nas condições previamente fixadas pelas Constituições políticas dos Estados-Partes ou pelas leis de acordo com elas promulgadas.

3. Ninguém pode ser submetido à detenção ou encarceramento arbitrário.

4. Toda pessoa detida ou retida deve ser informada das razões da detenção e notificada, sem demora, da acusação ou das acusações formuladas contra ela.

5. Toda pessoa presa, detida ou retida deve ser conduzida, sem demora, à presença de um juiz ou outra autoridade autorizada por lei a exercer funções judiciais e tem o direito de ser julgada em prazo razoável ou de ser posta em liberdade, sem prejuízo de que prossiga o processo. Sua liberdade pode ser condicionada a garantias que assegurem o seu comparecimento em juízo.

6. Toda pessoa privada da liberdade tem direito a recorrer a um juiz ou tribunal competente, a fim de que este decida, sem demora, sobre a legalidade de sua prisão ou detenção e ordene sua soltura, se a prisão ou a detenção forem ilegais. Nos Estados-Partes cujas leis preveem que toda pessoa que se vir ameaçada de ser privada de sua liberdade tem direito a recorrer a um juiz ou tribunal competente, a fim de que este decida sobre a legalidade de tal ameaça tal recurso não pode ser restringido nem abolido. O recurso pode ser interposto pela própria pessoa ou por outra pessoa.

7. Ninguém deve ser detido por dívidas. Este princípio não limita os mandados de autoridade judiciária competente expedida em virtude de inadimplemento de obrigação alimentar.

Artigo 8º
Garantias judiciais

1. Toda pessoa terá o direito de ser ouvida, com as devidas garantias e dentro de um prazo razoável, por um juiz ou Tribunal competente, independente e imparcial, estabelecido anteriormente por lei, na apuração de qualquer acusação penal formulada contra ela, ou na determinação de seus direitos e obrigações de caráter civil, trabalhista, fiscal ou de qualquer outra natureza.

2. Toda pessoa acusada de um delito tem direito a que se presuma sua inocência, enquanto não for legalmente comprovada sua culpa. Durante o processo, toda pessoa tem direito, em plena igualdade, às seguintes garantias mínimas:

a) direito do acusado de ser assistido gratuitamente por um tradutor ou intérprete, caso não compreenda ou não fale a língua do juízo ou tribunal;

b) comunicação prévia e pormenorizada ao acusado da acusação formulada;

c) concessão ao acusado do tempo e dos meios necessários à preparação de sua defesa;

d) direito do acusado de defender-se pessoalmente ou de ser assistido por um defensor de sua escolha e de comunicar-se, livremente e em particular, com seu defensor;

e) direito irrenunciável de ser assistido por um defensor proporcionado pelo Estado, remunerado ou não, segundo a legislação interna, se o acusado não se defender ele próprio, nem nomear defensor dentro do prazo estabelecido pela lei;

f) direito da defesa de inquirir as testemunhas presentes no Tribunal e de obter o comparecimento, como testemunhas ou peritos, de outras pessoas que possam lançar luz sobre os fatos;

g) direito de não ser obrigada a depor contra si mesma, nem a confessar-se culpada; e

h) direito de recorrer da sentença a juiz ou tribunal superior.

3. A confissão do acusado só é válida se feita sem coação de nenhuma natureza.

4. O acusado absolvido por sentença transitada em julgado não poderá ser submetido a novo processo pelos mesmos fatos.

5. O processo penal deve ser público, salvo no que for necessário para preservar os interesses da justiça.

Artigo 9º
Princípio da legalidade e da retroatividade

Ninguém poderá ser condenado por atos ou omissões que, no momento em que foram cometidos, não constituam delito, de acordo com o direito aplicável. Tampouco poder-se-á impor pena mais grave do que a aplicável no momento da ocorrência do delito. Se, depois de perpetrado o delito, a lei estipular a imposição de pena mais leve, o delinquente deverá dela beneficiar-se.

Artigo 10º
Direito à indenização

Toda pessoa tem direito de ser indenizada conforme a lei, no caso de haver sido condenada em sentença transitada em julgado, por erro judiciário.

Artigo 11º
Proteção da honra e da dignidade

1. Toda pessoa tem direito ao respeito da sua honra e ao reconhecimento de sua dignidade.

2. Ninguém pode ser objeto de ingerências arbitrárias ou abusivas em sua vida privada, em sua família, em seu domicílio ou em sua correspondência, nem de ofensas ilegais à sua honra ou reputação.

3. Toda pessoa tem direito à proteção da lei contra tais ingerências ou tais ofensas.

Artigo 12º
Liberdade de consciência e de religião

1. Toda pessoa tem direito à liberdade de consciência e de religião. Esse direito implica a liberdade de conservar sua religião ou suas crenças, ou de mudar de religião ou de crenças, bem como a liberdade de professar e divulgar sua religião ou suas crenças, individual ou coletivamente, tanto em público como em privado.

2. Ninguém pode ser submetido a medidas restritivas que possam limitar sua liberdade de conservar sua religião ou suas crenças, ou de mudar de religião ou de crenças.

3. A liberdade de manifestar a própria religião e as próprias crenças está sujeita apenas às limitações previstas em lei e que se façam necessárias para proteger a segurança, a ordem, a saúde ou a moral pública ou os direitos e as liberdades das demais pessoas.

4. Os pais e, quando for o caso, os tutores, têm direito a que seus filhos e pupilos recebam a educação religiosa e moral que esteja de acordo com suas próprias convicções.

Artigo 13º
Liberdade de pensamento e de expressão

1. Toda pessoa tem o direito à liberdade de pensamento e de expressão. Esse direito inclui a liberdade de procurar, receber e difundir informações e ideias de qualquer natureza, sem considerações de fronteiras, verbalmente ou por escrito, ou em forma impressa ou artística, ou por qualquer meio de sua escolha.

2. O exercício do direito previsto no inciso precedente não pode estar sujeito à censura prévia, mas a responsabilidades ulteriores, que devem ser expressamente previstas em lei e que se façam necessárias para assegurar:

a) o respeito dos direitos e da reputação das demais pessoas;

b) a proteção da segurança nacional, da ordem pública, ou da saúde ou da moral públicas.

3. Não se pode restringir o direito de expressão por vias e meios indiretos, tais como o abuso de controles oficiais ou particulares de papel de imprensa, de frequências radioelétricas ou de equipamentos e aparelhos usados na difusão de informação, nem por quais-

quer outros meios destinados a obstar a comunicação e a circulação de ideias e opiniões.

4. A lei pode submeter os espetáculos públicos a censura prévia, com o objetivo exclusivo de regular o acesso a eles, para proteção moral da infância e da adolescência, sem prejuízo do disposto no inciso 2.

5. A lei deve proibir toda propaganda a favor da guerra, bem como toda apologia ao ódio nacional, racial ou religioso que constitua incitamento à discriminação, à hostilidade, ao crime ou à violência.

Artigo 14º
Direito de retificação ou resposta

1. Toda pessoa, atingida por informações inexatas ou ofensivas emitidas em seu prejuízo por meios de difusão legalmente regulamentados e que se dirijam ao público em geral, tem direito a fazer, pelo mesmo órgão de difusão, sua retificação ou resposta, nas condições que estabeleça a lei.

2. Em nenhum caso a retificação ou a resposta eximirão das outras responsabilidades legais em que se houver incorrido.

3. Para a efetiva proteção da honra e da reputação, toda publicação ou empresa jornalística, cinematográfica, de rádio ou televisão, deve ter uma pessoa responsável, que não seja protegida por imunidades, nem goze de foro especial.

Artigo 15º
Direito de reunião

É reconhecido o direito de reunião pacífica e sem armas. O exercício desse direito só pode estar sujeito às restrições previstas em lei e que se façam necessárias, em uma sociedade democrática, ao interesse da segurança nacional, da segurança ou ordem pública, ou para proteger a saúde ou a moral públicas ou os direitos e as liberdades das demais pessoas.

Artigo 16º
Liberdade de associação

1. Todas as pessoas têm o direito de associar-se livremente com fins ideológicos, religiosos, políticos, econômicos, trabalhistas, sociais, culturais, desportivos ou de qualquer outra natureza.

2. O exercício desse direito só pode estar sujeito às restrições previstas em lei e que se façam necessárias, em uma sociedade demo-

crática, ao interesse da segurança nacional, da segurança e da ordem públicas, ou para proteger a saúde ou a moral pública ou os direitos e as liberdades das demais pessoas.

3. O presente artigo não impede a imposição de restrições legais, e mesmo a privação do exercício do direito de associação, aos membros das forças armadas e da polícia.

Artigo 17º
Proteção da família

1. A família é o núcleo natural e fundamental da sociedade e deve ser protegida pela sociedade e pelo Estado.

2. É reconhecido o direito do homem e da mulher de contraírem casamento e de constituírem uma família, se tiverem a idade e as condições para isso exigidas pelas leis internas, na medida em que não afete estas o princípio da não-discriminação estabelecido nesta Convenção.

3. O casamento não pode ser celebrado sem o consentimento livre e pleno dos contraentes.

4. Os Estados-Partes devem adotar as medidas apropriadas para assegurar a igualdade de direitos e a adequada equivalência de responsabilidades dos cônjuges quanto ao casamento, durante o mesmo e por ocasião de sua dissolução. Em caso de dissolução, serão adotadas as disposições que assegurem a proteção necessária aos filhos, com base unicamente no interesse e conveniência dos mesmos.

5. A lei deve reconhecer iguais direitos tanto aos filhos nascidos fora do casamento, como aos nascidos dentro do casamento.

Artigo 18º
Direito ao nome

Toda pessoa tem direito a um prenome e aos nomes de seus pais ou ao de um destes. A lei deve regular a forma de assegurar a todos esse direito, mediante nomes fictícios, se for necessário.

Artigo 19º
Direitos da criança

Toda criança terá direito às medidas de proteção que a sua condição de menor requer, por parte da sua família, da sociedade e do Estado.

Artigo 20º
Direito à nacionalidade

1. Toda pessoa tem direito a uma nacionalidade.

2. Toda pessoa tem direito à nacionalidade do Estado em cujo território houver nascido, se não tiver direito a outra.

3. A ninguém se deve privar arbitrariamente de sua nacionalidade, nem do direito de mudá-la.

Artigo 21º
Direito à propriedade privada

1. Toda pessoa tem direito ao uso e gozo de seus bens. A lei pode subordinar esse uso e gozo ao interesse social.

2. Nenhuma pessoa pode ser privada de seus bens, salvo mediante o pagamento de indenização justa, por motivo de utilidade pública ou de interesse social e nos casos e na forma estabelecidos pela lei.

3. Tanto a usura, como qualquer outra forma de exploração do homem pelo homem, devem ser reprimidas pela lei.

Artigo 22º
Direito de circulação e de residência

1. Toda pessoa que se encontre legalmente no território de um Estado tem o direito de nele livremente circular e de nele residir, em conformidade com as disposições legais.

2. Toda pessoa terá o direito de sair livremente de qualquer país, inclusive de seu próprio país.

3. O exercício dos direitos supracitados não pode ser restringido, senão em virtude de lei, na medida indispensável, em uma sociedade democrática, para prevenir infrações penais ou para proteger a segurança nacional, a segurança ou a ordem pública, a moral ou a saúde públicas, ou os direitos e liberdades das demais pessoas.

4. O exercício dos direitos reconhecidos no inciso 1 pode também ser restringido pela lei, em zonas determinadas, por motivo de interesse público.

5. Ninguém pode ser expulso do território do Estado do qual for nacional e nem ser privado do direito de nele entrar.

6. O estrangeiro que se encontre legalmente no território de um Estado-Parte na presente Convenção só poderá dele ser expulso em decorrência de decisão adotada em conformidade com a lei.

7. Toda pessoa tem o direito de buscar e receber asilo em ter-

ritório estrangeiro, em caso de perseguição por delitos políticos ou comuns conexos com delitos políticos, de acordo com a legislação de cada Estado e com as Convenções internacionais.

8. Em nenhum caso o estrangeiro pode ser expulso ou entregue a outro país, seja ou não de origem, onde seu direito à vida ou à liberdade pessoal esteja em risco de violação em virtude de sua raça, nacionalidade, religião, condição social ou de suas opiniões políticas.

9. É proibida a expulsão coletiva de estrangeiros.

Artigo 23º
Direitos políticos

1. Todos os cidadãos devem gozar dos seguintes direitos e oportunidades:

a) de participar da condução dos assuntos públicos, diretamente ou por meio de representantes livremente eleitos;

b) de votar e ser eleito em eleições periódicas, autênticas, realizadas por sufrágio universal e igualitário e por voto secreto, que garantam a livre expressão da vontade dos eleitores; e

c) de ter acesso, em condições gerais de igualdade, às funções públicas de seu país.

2. A lei pode regular o exercício dos direitos e oportunidades, a que se refere o inciso anterior, exclusivamente por motivo de idade, nacionalidade, residência, idioma, instrução, capacidade civil ou mental, ou condenação, por juiz competente, em processo penal.

Artigo 24º
Igualdade perante a Lei

Todas as pessoas são iguais perante a lei. Por conseguinte, têm direito, sem discriminação alguma, à igual proteção da lei.

Artigo 25º
Proteção judicial

1. Toda pessoa tem direito a um recurso simples e rápido ou a qualquer outro recurso efetivo, perante os juízes ou tribunais competentes, que a proteja contra atos que violem seus direitos fundamentais reconhecidos pela Constituição, pela lei ou pela presente Convenção, mesmo quando tal violação seja cometida por pessoas que estejam atuando no exercício de suas funções oficiais.

2. Os Estados-Partes comprometem-se:

a) a assegurar que a autoridade competente prevista pelo

sistema legal do Estado decida sobre os direitos de toda pessoa que interpuser tal recurso;

b) a desenvolver as possibilidades de recurso judicial; e

c) a assegurar o cumprimento, pelas autoridades competentes, de toda decisão em que se tenha considerado procedente o recurso.

Capítulo III
DIREITOS ECONÔMICOS, SOCIAIS E CULTURAIS

Artigo 26º
Desenvolvimento progressivo

Os Estados-Partes comprometem-se a adotar as providências, tanto no âmbito interno, como mediante cooperação internacional, especialmente econômica e técnica, a fim de conseguir progressivamente a plena efetividade dos direitos que decorrem das normas econômicas, sociais e sobre educação, ciência e cultura, constantes da Carta da Organização dos Estados Americanos, reformada pelo Protocolo de Buenos Aires, na medida dos recursos disponíveis, por via legislativa ou por outros meios apropriados.

Capítulo IV
SUSPENSÃO DE GARANTIAS, INTERPRETAÇÃO E APLICAÇÃO

Artigo 27º
Suspensão de garantias

1. Em caso de guerra, de perigo público, ou de outra emergência que ameace a independência ou segurança do Estado-Parte, este poderá adotar as disposições que, na medida e pelo tempo estritamente limitado às exigências da situação, suspendam as obrigações contraídas em virtude desta Convenção, desde que tais disposições não sejam incompatíveis com as demais obrigações que lhe impõe o Direito Internacional e não encerrem discriminação alguma fundada em motivos de raça, cor, sexo, idioma, religião ou origem social.

2. A disposição precedente não autoriza a suspensão dos direitos determinados nos seguintes artigos: (3) direito ao reconhecimento da personalidade jurídica, (4) direito à vida, (5) direito à integridade pessoal, (6) proibição da escravidão e da servidão, (9) princí-

pio da legalidade e da retroatividade, (12) liberdade de consciência e religião, (17) proteção da família, (18) direito ao nome, (19) direitos da criança, (20) direito à nacionalidade e (23) direitos políticos, nem das garantias indispensáveis para a proteção de tais direitos.

3. Todo Estado-Parte no presente Pacto que fizer uso do direito de suspensão deverá comunicar imediatamente aos outros Estados-Partes na presente Convenção, por intermédio do Secretário Geral da Organização dos Estados Americanos, as disposições cuja aplicação haja suspendido os motivos determinantes da suspensão e a data em que haja dado por terminada tal suspensão.

Artigo 28º
Cláusula federal

1. Quando se tratar de um Estado-Parte constituído como Estado federal, o governo nacional do aludido Estado-Parte cumprirá todas as disposições da presente Convenção, relacionadas com as matérias sobre as quais exerce competência legislativa e judicial.

2. No tocante às disposições relativas às matérias que correspondem à competência das entidades componentes da federação, o governo nacional deve tomar imediatamente as medidas pertinentes, em conformidade com sua Constituição e com suas leis, a fim de que as autoridades competentes das referidas entidades possam adotar as disposições cabíveis para o cumprimento desta Convenção.

3. Quando dois ou mais Estados-Partes decidirem constituir entre eles uma federação ou outro tipo de associação, diligenciarão no sentido de que o pacto comunitário respectivo contenha as disposições necessárias para que continuem sendo efetivas no novo Estado, assim organizado, as normas da presente Convenção.

Artigo 29º
Normas de interpretação

Nenhuma disposição da presente Convenção pode ser interpretada no sentido de:

a) permitir a qualquer dos Estados Partes, grupo ou indivíduo, suprimir o gozo e o exercício dos direitos e liberdades reconhecidos na Convenção ou limitá-los em maior medida do que a nela prevista;

b) limitar o gozo e exercício de qualquer direito ou liberdade que possam ser reconhecidos em virtude de leis de qualquer dos Estados-Partes ou em virtude de Convenções em que seja parte um dos referidos Estados;

c) excluir outros direitos e garantias que são inerentes ao ser humano ou que decorrem da forma democrática representativa de governo;

d) excluir ou limitar o efeito que possam produzir a Declaração Americana dos Direitos e Deveres do Homem e outros atos internacionais da mesma natureza.

Artigo 30º
Alcance das restrições

As restrições permitidas, de acordo com esta Convenção, ao gozo e exercício dos direitos e liberdades nela reconhecidos, não podem ser aplicadas senão de acordo com leis que forem promulgadas por motivo de interesse geral e com o propósito para o qual houverem sido estabelecidas.

Artigo 31º
Reconhecimento de outros direitos

Poderão ser incluídos, no regime de proteção desta Convenção, outros direitos e liberdades que forem reconhecidos de acordo com os processos estabelecidos nos artigos 69 e 70.

Capítulo V
DEVERES DAS PESSOAS

Artigo 32º
Correlação entre deveres e direitos

1. Toda pessoa tem deveres para com a família, a comunidade e a humanidade.

2. Os direitos de cada pessoa são limitados pelos direitos dos demais, pela segurança de todos e pelas justas exigências do bem comum, em uma sociedade democrática.

PARTE II
MEIOS DE PROTEÇÃO

Capítulo VI
ÓRGÃOS COMPETENTES

Artigo 33º

São competentes para conhecer de assuntos relacionados com o cumprimento dos compromissos assumidos pelos Estados-Partes nesta Convenção:

a) a Comissão Interamericana de Direitos Humanos, doravante denominada a Comissão; e

b) a Corte Interamericana de Direitos Humanos, doravante denominada a Corte.

Capítulo VII
COMISSÃO INTERAMERICANA DE DIREITOS HUMANOS

Seção 1
Organização
Artigo 34º

A Comissão Interamericana de Direitos Humanos compor--se-á de sete membros, que deverão ser pessoas de alta autoridade moral e de reconhecido saber em matéria de direitos humanos.

Artigo 35º

A Comissão representa todos os Membros da Organização dos Estados Americanos.

Artigo 36º

1. Os membros da Comissão serão eleitos a título pessoal, pela Assembleia Geral da Organização, a partir de uma lista de candidatos propostos pelos governos dos Estados-membros.

2. Cada um dos referidos governos pode propor até três candidatos, nacionais do Estado que os propuser ou de qualquer outro Estado-membro da Organização dos Estados Americanos. Quando

for proposta uma lista de três candidatos, pelo menos um deles deve-rá ser nacional de Estado diferente do proponente.

Artigo 37º

1. Os membros da Comissão serão eleitos por quatro anos e só poderão ser reeleitos um vez, porém o mandato de três dos membros designados na primeira eleição expirará ao cabo de dois anos. Logo depois da referida eleição, serão determinados por sorteio, na Assembleia Geral, os nomes desses três membros.

2. Não pode fazer parte da Comissão mais de um nacional de um mesmo país.

Artigo 38º

As vagas que ocorrerem na Comissão, que não se devam à expiração normal do mandato, serão preenchidas pelo Conselho Permanente da Organização, de acordo com o que dispuser o Estatuto da Comissão.

Artigo 39º

A Comissão elaborará seu estatuto e submetê-lo-á à aprovação da Assembleia Geral e expedirá seu próprio Regulamento.

Artigo 40º

Os serviços da Secretaria da Comissão devem ser desempenhados pela unidade funcional especializada que faz parte da Secretaria Geral da Organização e deve dispor dos recursos necessários para cumprir as tarefas que lhe forem confiadas pela Comissão.

Seção 2
Funções
Artigo 41º

A Comissão tem a função principal de promover a observância e a defesa dos direitos humanos e, no exercício de seu mandato, tem as seguintes funções e atribuições:

a) estimular a consciência dos direitos humanos nos povos da América;

b) formular recomendações aos governos dos Estados membros, quando considerar conveniente, no sentido de que adotem medidas progressivas em prol dos direitos humanos no âmbito de suas leis internas e seus preceitos constitucionais, bem como disposições apropriadas para promover o devido respeito a esses direitos;

c) preparar estudos ou relatórios que considerar convenientes para o desempenho de suas funções;

d) solicitar aos governos dos Estados membros que lhe proporcionem informações sobre as medidas que adotarem em matéria de direitos humanos;

e) atender às consultas que, por meio da Secretaria Geral da Organização dos Estados Americanos, lhe formularem os Estados membros sobre questões relacionadas com os direitos humanos e, dentro de suas possibilidades, prestarem-lhes o assessoramento que lhes solicitarem;

f) atuar com respeito às petições e outras comunicações, no exercício de sua autoridade, de conformidade com o disposto nos artigos 44 a 51 desta Convenção; e

g) apresentar um relatório anual à Assembleia Geral da Organização dos Estados Americanos.

Artigo 42º

Os Estados-Partes devem submeter à Comissão cópia dos relatórios e estudos que, em seus respectivos campos, submetem anualmente às Comissões Executivas do Conselho Interamericano Econômico e Social e do Conselho Interamericano de Educação, Ciência e Cultura, a fim de que aquela zele para que se promovam os direitos decorrentes das normas econômicas, sociais e sobre educação, ciência e cultura, constantes da Carta da Organização dos Estados Americanos, reformada pelo Protocolo de Buenos Aires.

Artigo 43º

Os Estados-Partes obrigam-se a proporcionar à Comissão as informações que esta lhes solicitar sobre a maneira pela qual seu direito interno assegura a aplicação efetiva de quaisquer disposições desta Convenção.

Seção 3
Competência
Artigo 44º

Qualquer pessoa ou grupo de pessoas, ou entidade não-governamental legalmente reconhecida em um ou mais Estados membros da Organização, pode apresentar à Comissão petições que contenham denúncias ou queixas de violação desta Convenção por um Estado-Parte.

Artigo 45º

1. Todo Estado-Parte pode, no momento do depósito do seu instrumento de ratificação desta Convenção, ou de adesão a ela, ou em qualquer momento posterior, declarar que reconhece a competência da Comissão para receber e examinar as comunicações em que um Estado-Parte alegue haver outro Estado-Parte incorrido em violações dos direitos humanos estabelecidos nesta Convenção.

2. As comunicações feitas em virtude deste artigo só podem ser admitidas e examinadas se forem apresentadas por um Estado-Parte que haja feito uma declaração pela qual reconheça a referida competência da Comissão. A Comissão não admitirá nenhuma comunicação contra um Estado-Parte que não haja feito tal declaração.

3. As declarações sobre reconhecimento de competência podem ser feitas para que esta vigore por tempo indefinido, por período determinado ou para casos específicos.

4. As declarações serão depositadas na Secretaria Geral da Organização dos Estados Americanos, a qual encaminhará cópia das mesmas aos Estados membros da referida Organização.

Artigo 46º

Para que uma petição ou comunicação apresentada de acordo com os artigos 44 ou 45 seja admitida pela Comissão, será necessário:

a) que hajam sido interpostos e esgotados os recursos da jurisdição interna, de acordo com os princípios de Direito Internacional geralmente reconhecidos;

b) que seja apresentada dentro do prazo de seis meses, a partir da data em que o presumido prejudicado em seus direitos tenha sido notificado da decisão definitiva;

c) que a matéria da petição ou comunicação não esteja pendente de outro processo de solução internacional; e

d) que, no caso do artigo 44, a petição contenha o nome, a nacionalidade, a profissão, o domicílio e a assinatura da pessoa ou pessoas ou do representante legal da entidade que submeter a petição.

2. As disposições das alíneas "a" e "b" do inciso 1 deste artigo não se aplicarão quando:

a) não existir, na legislação interna do Estado de que se tratar, o devido processo legal para a proteção do direito ou direitos que se alegue tenham sido violados;

b) não se houver permitido ao presumido prejudicado em seus direitos o acesso aos recursos da jurisdição interna, ou houver sido ele impedido de esgotá-los; e

c) houver demora injustificada na decisão sobre os mencionados recursos.

Artigo 47º

A Comissão declarará inadmissível toda petição ou comunicação apresentada de acordo com os artigos 44 ou 45 quando:

a) não preencher algum dos requisitos estabelecidos no artigo 46;

b) não expuser fatos que caracterizem violação dos direitos garantidos por esta Convenção;

c) pela exposição do próprio peticionário ou do Estado, for manifestamente infundada a petição ou comunicação ou for evidente sua total improcedência; ou

d) for substancialmente reprodução de petição ou comunicação anterior, já examinada pela Comissão ou por outro organismo internacional.

Seção 4
Processo
Artigo 48º

1. A Comissão, ao receber uma petição ou comunicação na qual se alegue a violação de qualquer dos direitos consagrados nesta Convenção, procederá da seguinte maneira:

a) se reconhecer a admissibilidade da petição ou comunicação solicitará informações ao Governo do Estado ao qual pertença a autoridade apontada como responsável pela violação alegada e transcreverá as partes pertinentes da petição ou comunicação. As referidas informações devem ser enviadas dentro de um prazo razoável, fixado pela Comissão ao considerar as circunstâncias de cada caso;

b) recebidas as informações, ou transcorrido o prazo fixado sem que sejam elas recebidas, verificará se existem ou subsistem os motivos da petição ou comunicação. No caso de não existirem ou não subsistirem, mandará arquivar o expediente;

c) poderá também declarar a inadmissibilidade ou a improcedência da petição ou comunicação, com base em informação ou prova supervenientes;

d) se o expediente não houver sido arquivado, e com o fim de comprovar os fatos, a Comissão procederá, com conhecimento das partes, a um exame do assunto exposto na petição ou comunicação. Se for necessário e conveniente, a Comissão procederá a uma investigação para cuja eficaz realização solicitará, e os Estados interessados lhe proporcionarão todas as facilidades necessárias;

e) poderá pedir aos Estados interessados qualquer informação pertinente e receberá, se isso for solicitado, as exposições verbais ou escritas que apresentarem os interessados; e

f) pôr-se-á à disposição das partes interessadas, a fim de chegar a uma solução amistosa do assunto, fundada no respeito aos direitos reconhecidos nesta Convenção.

2. Entretanto, em casos graves e urgentes, pode ser realizada uma investigação, mediante prévio consentimento do Estado em cujo território se alegue houver sido cometida a violação, tão somente com a apresentação de uma petição ou comunicação que reúna todos os requisitos formais de admissibilidade.

Artigo 49º

Se se houver chegado a uma solução amistosa de acordo com as disposições do inciso 1, "f", do artigo 48, a Comissão redigirá um relatório que será encaminhado ao peticionário e aos Estados-Partes nesta Convenção e posteriormente transmitido, para sua publicação, ao Secretário Geral da Organização dos Estados Americanos. O referido relatório conterá uma breve exposição dos fatos e da solução alcançada. Se qualquer das partes no caso o solicitar, ser-lhe-á proporcionada a mais ampla informação possível.

Artigo 50º

1. Se não se chegar a uma solução, e dentro do prazo que for fixado pelo Estatuto da Comissão, esta redigirá um relatório no qual exporá os fatos e suas conclusões. Se o relatório não representar, no todo ou em parte, o acordo unânime dos membros da Comissão, qualquer deles poderá agregar ao referido relatório seu voto em separado. Também se agregarão ao relatório as exposições verbais ou escritas que houverem sido feitas pelos interessados em virtude do inciso 1, "e", do artigo 48.

2. O relatório será encaminhado aos Estados interessados, aos quais não será facultado publicá-lo.

3. Ao encaminhar o relatório, a Comissão pode formular as

proposições e recomendações que julgar adequadas.

Artigo 51º

1. Se no prazo de três meses, a partir da remessa aos Estados interessados do relatório da Comissão, o assunto não houver sido solucionado ou submetido à decisão da Corte pela Comissão ou pelo Estado interessado, aceitando sua competência, a Comissão poderá emitir, pelo voto da maioria absoluta dos seus membros, sua opinião e conclusões sobre a questão submetida à sua consideração.

2. A Comissão fará as recomendações pertinentes e fixará um prazo dentro do qual o Estado deve tomar as medidas que lhe competir para remediar a situação examinada.

3. Transcorrido o prazo fixado, a Comissão decidirá, pelo voto da maioria absoluta dos seus membros, se o Estado tomou ou não as medidas adequadas e se publica ou não seu relatório.

Capítulo VIII
CORTE INTERAMERICANA DE DIREITOS HUMANOS

Seção 1
Organização
Artigo 52º

1. A Corte compor-se-á de sete juízes, nacionais dos Estados-membros da Organização, eleitos a título pessoal dentre juristas da mais alta autoridade moral, de reconhecida competência em matéria de direitos humanos, que reúnam as condições requeridas para o exercício das mais elevadas funções judiciais, de acordo com a lei do Estado do qual sejam nacionais, ou do Estado que os propuser como candidatos.

2. Não deve haver dois juízes da mesma nacionalidade.

Artigo 53º

1. Os juízes da Corte serão eleitos, em votação secreta e pelo voto da maioria absoluta dos Estados-Partes na Convenção, na Assembleia Geral da Organização, a partir de uma lista de candidatos propostos pelos mesmos Estados.

2. Cada um dos Estados-Partes pode propor até três candidatos, nacionais do Estado que os propuser ou de qualquer outro Estado-membro da Organização dos Estados Americanos. Quando

se propuser uma lista de três candidatos, pelo menos um deles deverá ser nacional do Estado diferente do proponente.

Artigo 54º

1. Os juízes da Corte serão eleitos por um período de seis anos e só poderão ser reeleitos uma vez. O mandato de três dos juízes designados na primeira eleição expirará ao cabo de três anos. Imediatamente depois da referida eleição, determinar-se-ão por sorteio, na Assembleia Geral, os nomes desses três juízes.

2. O juiz eleito para substituir outro, cujo mandato não haja expirado, completará o período deste.

3. Os juízes permanecerão em suas funções até o término dos seus mandatos. Entretanto, continuarão funcionando nos casos de que já houverem tomado conhecimento e que se encontrem em fase de sentença e, para tais efeitos, não serão substituídos pelos novos juízes eleitos.

Artigo 55º

1. O juiz, que for nacional de algum dos Estados-Partes em caso submetido à Corte, conservará o seu direito de conhecer do mesmo.

2. Se um dos juízes chamados a conhecer do caso for de nacionalidade de um dos Estados Partes, outro Estado-Parte no caso poderá designar uma pessoa de sua escolha para integrar a Corte, na qualidade de juiz *ad hoc*.

3. Se, dentre os juízes chamados a conhecer do caso, nenhum for da nacionalidade dos Estados Partes, cada um destes poderá designar um juiz *ad hoc*.

4. O juiz *ad hoc* deve reunir os requisitos indicados no artigo 52.

5. Se vários Estados-Partes na Convenção tiverem o mesmo interesse no caso, serão considerados como uma só parte, para os fins das disposições anteriores. Em caso de dúvida, a Corte decidirá.

Artigo 56º

O quorum para as deliberações da Corte é constituído por cinco juízes.

Artigo 57º
A Comissão comparecerá em todos os casos perante a Corte.

Artigo 58º
1. A Corte terá sua sede no lugar que for determinado, na Assembleia Geral da Organização, pelos Estados-Partes na Convenção, mas poderá realizar reuniões no território de qualquer Estado membro da Organização dos Estados Americanos em que considerar conveniente, pela maioria dos seus membros e mediante prévia aquiescência do Estado respectivo. Os Estados-Partes na Convenção podem, na Assembleia Geral, por dois terços dos seus votos, mudar a sede da Corte.

2. A Corte designará seu Secretário.

3. O Secretário residirá na sede da Corte e deverá assistir às reuniões que ela realizar fora da mesma.

Artigo 59º
A Secretaria da Corte será por esta estabelecida e funcionará sob a direção do Secretário Geral da Organização em tudo o que não for incompatível com a independência da Corte. Seus funcionários serão nomeados pelo Secretário Geral da Organização, em consulta com o Secretário da Corte.

Artigo 60º
A Corte elaborará seu Estatuto e submetê-lo-á à aprovação da Assembleia Geral e expedirá seu Regimento.

Seção 2
Competência e funções
Artigo 61º
1. Somente os Estados-Partes e a Comissão têm direito de submeter um caso à decisão da Corte.

2. Para que a Corte possa conhecer de qualquer caso, é necessário que sejam esgotados os processos previstos nos artigos 48 a 50.

Artigo 62º
1. Todo Estado-Parte pode, no momento do depósito do seu instrumento de ratificação desta Convenção ou de adesão a ela, ou

em qualquer momento posterior, declarar que reconhece como obrigatória, de pleno direito e sem convenção especial, a competência da Corte em todos os casos relativos à interpretação ou aplicação desta Convenção.

2. A declaração pode ser feita incondicionalmente, ou sob condição de reciprocidade, por prazo determinado ou para casos específicos. Deverá ser apresentada ao Secretário Geral da Organização, que encaminhará cópias da mesma a outros Estados-membros da Organização e ao Secretário da Corte.

3. A Corte tem competência para conhecer de qualquer caso, relativo à interpretação e aplicação das disposições desta Convenção, que lhe seja submetido, desde que os Estados-Partes no caso tenham reconhecido ou reconheçam a referida competência, seja por declaração especial, como preveem os incisos anteriores, seja por convenção especial.

Artigo 63º

1. Quando decidir que houve violação de um direito ou liberdade protegidos nesta Convenção, a Corte determinará que se assegure ao prejudicado o gozo do seu direito ou liberdade violados. Determinará também, se isso for procedente, que sejam reparadas as consequências da medida ou situação que haja configurado a violação desses direitos, bem como o pagamento de indenização justa à parte lesada.

2. Em casos de extrema gravidade e urgência, e quando se fizer necessário evitar danos irreparáveis às pessoas, a Corte, nos assuntos de que estiver conhecendo, poderá tomar as medidas provisórias que considerar pertinentes. Se se tratar de assuntos que ainda não estiverem submetidos ao seu conhecimento, poderá atuar a pedido da Comissão.

Artigo 64º

1. Os Estados membros da Organização poderão consultar a Corte sobre a interpretação desta Convenção ou de outros tratados concernentes à proteção dos direitos humanos nos Estados americanos. Também poderão consultá-la, no que lhes compete, os órgãos enumerados no capítulo X da Carta da Organização dos Estados Americanos, reformada pelo Protocolo de Buenos Aires.

2. A Corte, a pedido de um Estado membro da Organização, poderá emitir pareceres sobre a compatibilidade entre qualquer de suas leis internas e os mencionados instrumentos internacionais.

Artigo 65º

A Corte submeterá à consideração da Assembleia Geral da Organização, em cada período ordinário de sessões, um relatório sobre as suas atividades no ano anterior. De maneira especial, e com as recomendações pertinentes, indicará os casos em que um Estado não tenha dado cumprimento a suas sentenças.

Seção 3
Processo
Artigo 66º

1. A sentença da Corte deve ser fundamentada.

2. Se a sentença não expressar no todo ou em parte a opinião unânime dos juízes, qualquer deles terá direito a que se agregue à sentença o seu voto dissidente ou individual.

Artigo 67º

A sentença da Corte será definitiva e inapelável. Em caso de divergência sobre o sentido ou alcance da sentença, a Corte interpretá-la-á, a pedido de qualquer das partes, desde que o pedido seja apresentado dentro de noventa dias a partir da data da notificação da sentença.

Artigo 68º

1. Os Estados-Partes na Convenção comprometem-se a cumprir a decisão da Corte em todo caso em que forem partes.

2. A parte da sentença que determinar indenização compensatória poderá ser executada no país respectivo pelo processo interno vigente para a execução de sentenças contra o Estado.

Artigo 69º

A sentença da Corte deve ser notificada às partes no caso e transmitida aos Estados-Partes na Convenção.

Capítulo IX
DISPOSIÇÕES COMUNS
Artigo 70º

1. Os juízes da Corte e os membros da Comissão gozam, desde o momento da eleição e enquanto durar o seu mandato, das

imunidades reconhecidas aos agentes diplomáticos pelo Direito Internacional. Durante o exercício dos seus cargos gozam, além disso, dos privilégios diplomáticos necessários para o desempenho de suas funções.

2. Não se poderá exigir responsabilidade em tempo algum dos juízes da Corte, nem dos membros da Comissão, por votos e opiniões emitidos no exercício de suas funções.

Artigo 71º

Os cargos de juiz da Corte ou de membro da Comissão são incompatíveis com outras atividades que possam afetar sua independência ou imparcialidade, conforme o que for determinado nos respectivos Estatutos.

Artigo 72º

Os juízes da Corte e os membros da Comissão perceberão honorários e despesas de viagem na forma e nas condições que determinarem os seus Estatutos, levando em conta a importância e independência de suas funções. Tais honorários e despesas de viagem serão fixados no orçamento-programa da Organização dos Estados Americanos, no qual devem ser incluídas, além disso, as despesas da Corte e da sua Secretaria. Para tais efeitos, a Corte elaborará o seu próprio projeto de orçamento e submetê-lo-á à aprovação da Assembleia Geral, por intermédio da Secretaria Geral. Esta última não poderá nele introduzir modificações.

Artigo 73º

Somente por solicitação da Comissão ou da Corte, conforme o caso cabe à Assembleia Geral da Organização resolver sobre as sanções aplicáveis aos membros da Comissão ou aos juízes da Corte que incorrerem nos casos previstos nos respectivos Estatutos. Para expedir uma resolução, será necessária maioria de dois terços dos votos dos Estados-membros da Organização, no caso dos membros da Comissão; e, além disso, de dois terços dos votos dos Estados-Partes na Convenção, se se tratar dos juízes da Corte.

PARTE III
DISPOSIÇÕES GERAIS E TRANSITÓRIAS

Capítulo X
ASSINATURA, RATIFICAÇÃO, RESERVA, EMENDA, PROTOCOLO E DENÚNCIA

Artigo 74º

1. Esta Convenção está aberta à assinatura e à ratificação de todos os Estados membros da Organização dos Estados Americanos.

2. A ratificação desta Convenção ou a adesão a ela efetuar-se--á mediante depósito de um instrumento de ratificação ou adesão na Secretaria Geral da Organização dos Estados Americanos. Esta Convenção entrará em vigor logo que onze Estados houverem depositado os seus respectivos instrumentos de ratificação ou de adesão. Com referência a qualquer outro Estado que a ratificar ou que a ela aderir ulteriormente, a Convenção entrará em vigor na data do depósito do seu instrumento de ratificação ou adesão.

3. O Secretário Geral comunicará todos os Estados membros da Organização sobre a entrada em vigor da Convenção.

Artigo 75º

Esta Convenção só pode ser objeto de reservas em conformidade com as disposições da Convenção de Viena sobre o Direito dos Tratados, assinada em 23 de maio de 1969.

Artigo 76º

1. Qualquer Estado-Parte, diretamente, e a Comissão e a Corte, por intermédio do Secretário Geral, podem submeter à Assembleia Geral, para o que julgarem conveniente, proposta de emendas a esta Convenção.

2. Tais emendas entrarão em vigor para os Estados que as ratificarem, na data em que houver sido depositado o respectivo instrumento de ratificação, por dois terços dos Estados-Partes nesta Convenção. Quanto aos outros Estados Partes, entrarão em vigor na data em que eles depositarem os seus respectivos instrumentos de ratificação.

Artigo 77°

1. De acordo com a faculdade estabelecida no artigo 31, qualquer Estado-Parte e a Comissão podem submeter à consideração dos Estados-Partes reunidos por ocasião da Assembleia Geral projetos de Protocolos adicionais a esta Convenção, com a finalidade de incluir progressivamente, no regime de proteção da mesma, outros direitos e liberdades.

2. Cada Protocolo deve estabelecer as modalidades de sua entrada em vigor e será aplicado somente entre os Estados-Partes no mesmo.

Artigo 78°

1. Os Estados-Partes poderão denunciar esta Convenção depois de expirado o prazo de cinco anos, a partir da data em vigor da mesma e mediante aviso prévio de um ano, notificando o Secretário Geral da Organização, o qual deve informar as outras partes.

2. Tal denúncia não terá o efeito de desligar o Estado-Parte interessado das obrigações contidas nesta Convenção, no que diz respeito a qualquer ato que, podendo constituir violação dessas obrigações, houver sido cometido por ele anteriormente à data na qual a denúncia produzir efeito.

Capítulo XI
DISPOSIÇÕES TRANSITÓRIAS

Seção 1
Comissão Interamericana de Direitos Humanos
Artigo 79°

Ao entrar em vigor esta Convenção, o Secretário Geral pedirá por escrito a cada Estado membro da Organização que apresente, dentro de um prazo de noventa dias, seus candidatos a membro da Comissão Interamericana de Direitos Humanos. O Secretário Geral preparará uma lista por ordem alfabética dos candidatos apresentados e a encaminhará aos Estados membros da Organização, pelo menos trinta dias antes da Assembleia Geral seguinte.

Artigo 80°

A eleição dos membros da Comissão far-se-á dentre os candidatos que figurem na lista a que se refere o artigo 79, por votação secreta da Assembleia Geral, e serão declarados eleitos os candidatos que obtiverem maior número de votos e a maioria absoluta dos votos dos representantes dos Estados membros. Se, para eleger todos os membros da Comissão, for necessário realizar várias votações, serão eliminados sucessivamente, na forma que for determinada pela Assembleia Geral, os candidatos que receberem maior número de votos.

Seção 2
Corte Interamericana de Direitos Humanos
Artigo 81º

Ao entrar em vigor esta Convenção, o Secretário Geral pedirá a cada Estado-Parte que apresente, dentro de um prazo de noventa dias, seus candidatos a juiz da Corte Interamericana de Direitos Humanos. O Secretário Geral preparará uma lista por ordem alfabética dos candidatos apresentados e a encaminhará aos Estados-Partes pelo menos trinta dias antes da Assembleia Geral seguinte.

Artigo 82º

A eleição dos juízes da Corte far-se-á dentre os candidatos que figurem na lista a que se refere o artigo 81, por votação secreta dos Estados Partes, na Assembleia Geral, e serão declarados eleitos os candidatos que obtiverem o maior número de votos e a maioria absoluta dos votos dos representantes dos Estados Partes. Se, para eleger todos os juízes da Corte, for necessário realizar várias votações, serão eliminados sucessivamente, na forma que for determinada pelos Estados Partes, os candidatos que receberem menor número de votos.

Adotada e aberta à assinatura na Conferência Especializada Interamericana sobre Direitos Humanos, em San José de Costa Rica, em 22.11.1969 — ratificada pelo Brasil em 25.09.1992

ANEXO VI
DECLARAÇÃO DE DIREITOS DO BOM POVO DE VIRGÍNIA
16 DE JUNHO DE 1776

Declaração de direitos formulada pelos representantes do bom povo de Virgínia, reunidos em assembleia geral e livre; direitos que pertencem a eles e à sua posteridade, como base e fundamento do governo.

I

Que todos os homens são, por natureza, igualmente livres e independentes, e têm certos direitos inatos, dos quais, quando entram em estado de sociedade, não podem por qualquer acordo privar ou despojar seus pósteros e que são: o gozo da vida e da liberdade com os meios de adquirir e de possuir a propriedade e de buscar e obter felicidade e segurança.

II

Que todo poder é inerente ao povo e, consequentemente, dele procede; que os magistrados são seus mandatários e seus servidores e, em qualquer momento, perante ele responsáveis.

III

Que o governo é instituído, ou deveria sê-lo, para proveito comum, proteção e segurança do povo, nação ou comunidade; que de todas as formas e modos de governo esta é a melhor, a mais capaz de produzir maior felicidade e segurança, e a que está mais eficazmente assegurada contra o perigo de um mau governo; e que se um governo se mostra inadequado ou é contrária a tais princípios, a maioria da comunidade tem o direito indiscutível, inalienável e irrevogável de reformá-lo, alterá-lo ou aboli-lo da maneira considerada mais condizente com o bem público.

IV

Que nenhum homem ou grupo de homens tem direito a receber emolumentos ou privilégios exclusivos ou especiais da comunidade, senão apenas relativamente a serviços públicos prestados; os quais, não podendo ser transmitidos, fazem com que tampouco sejam hereditários os cargos de magistrado, de legislador ou de juiz.

V

Que os poderes legislativo, executivo e judiciário do Estado devem estar separados e que os membros dos dois primeiros poderes devem estar conscientes dos encargos impostos ao povo, deles participar e abster-se de impor-lhes medidas opressoras; que, em períodos determinados devem voltar à sua condição particular, ao corpo social de onde procedem, e suas vagas se preencham mediante eleições periódicas, certas e regulares, nas quais possam voltar a se eleger todos ou parte dos antigos membros (dos mencionados poderes), segundo disponham as leis.

VI

Que as eleições de representantes do povo em assembleia devem ser livres, e que todos os homens que deem provas suficientes de interesse permanente pela comunidade, e de vinculação com esta, tenham o direito de sufrágio e não possam ser submetidos à tributação nem privados de sua propriedade por razões de utilidade pública sem seu consentimento, ou o de seus representantes assim eleitos, nem estejam obrigados por lei alguma à que, da mesma forma, não hajam consentido para o bem público.

VII

Que toda faculdade de suspender as leis ou a execução destas por qualquer autoridade, sem consentimento dos representantes do povo, é prejudicial aos direitos deste e não deve exercer-se.

VIII

Que em todo processo criminal incluídos naqueles em que se pede a pena capital, o acusado tem direito de saber a causa e a natureza da acusação, ser acareado com seus acusadores e testemunhas, pedir provas em seu favor e a ser julgado, rapidamente, por um júri imparcial de doze homens de sua comunidade, sem o consentimento unânime dos quais, não se poderá considerá-lo culpado; tampouco pode-se obrigá-lo a testemunhar contra si própria; e que ninguém seja privado de sua liberdade, salvo por mandado legal do país ou por julgamento de seus pares.

IX

Não serão exigidas fianças ou multas excessivas, nem infligir-se-ão castigos cruéis ou inusitados.

X

Que os autos judiciais gerais em que se mande a um funcionário ou oficial de justiça o registro de lugares suspeitos, sem provas da prática de um fato, ou a detenção de uma pessoa ou pessoas sem identificá-las pelo nome, ou cujo delito não seja claramente especificado e não se demonstre com provas, são cruéis e opressores e não devem ser concedidos.

XI

Que em litígios referentes à propriedade e em pleitos entre particulares, o artigo julgamento por júri de doze membros é preferível a qualquer outro, devendo ser tido por sagrado.

XII

Que a liberdade de imprensa é um dos grandes baluartes da liberdade, não podendo ser restringida jamais, a não ser por governos despóticos.

XIII

Que uma milícia bem regulamentada e integrada por pessoas adestradas nas armas, constitui defesa natural e segura de um Estado livre; que deveriam ser evitados, em tempos de paz, como perigosos para a liberdade, os exércitos permanentes; e que, em todo caso, as forças armadas estarão estritamente subordinadas ao poder civil e sob o comando deste.

XIV

Que o povo tem direito a um governo único; e que, consequentemente, não deve erigir-se ou estabelecer-se dentro do Território de Virgínia nenhum outro governo apartado daquele.

XV

Que nenhum povo pode ter uma forma de governo livre nem os benefícios da liberdade, sem a firma adesão à justiça, à moderação, à temperança, à frugalidade e virtude, sem retorno constante aos princípios fundamentais.

XVI

Que a religião ou os deveres que temos para com o nosso Criador, e a maneira de cumpri-los, somente podem reger-se pela razão e pela convicção, não pela força ou pela violência; consequentemente, todos os homens têm igual direito ao livre exercício da religião, de acordo com o que dita sua consciência, e que é dever recíproco de todos praticar a paciência, o amor e a caridade cristã para com o próximo.

ANEXO VII
DECLARAÇÃO ISLÂMICA UNIVERSAL DOS DIREITOS HUMANOS

Esta é uma declaração para a humanidade, uma orientação e instrução para aqueles que temem a Deus (Alcorão Sagrado, Al-Imran 3:138).

Prefácio

Há quatorze séculos atrás, o Islã concedeu à humanidade um código ideal de direitos humanos. Esses direitos têm por objetivo conferir honra e dignidade à humanidade, eliminando a exploração, a opressão e a injustiça.

Os direitos humanos no Islã estão firmemente enraizados na crença de que Deus, e somente Ele, é o Legislador e a Fonte de todos os direitos humanos. Em razão de sua origem divina, nenhum governante, governo, assembleia ou autoridade pode reduzir ou violar, sob qualquer hipótese, os direitos humanos conferidos por Deus, assim como não podem ser cedidos.

Os direitos humanos no Islã são parte integrante de toda a ordem islâmica e se impõem sobre todos os governantes e órgãos da sociedade muçulmana, com o objetivo de implementar, na letra e no espírito, dentro da estrutura daquela ordem.

Infelizmente os direitos humanos estão sendo esmagados impunemente em muitos países do mundo, inclusive em alguns países muçulmanos. Tais violações são objeto de grande preocupação e estão despertando cada vez mais a consciência das pessoas em todo o mundo.

Espero sinceramente que esta Declaração dos Direitos Humanos seja um poderoso estímulo aos muçulmanos para que se mantenham firmes e defendam decidida e corajosamente os direitos conferidos a todos por Deus.

Esta Declaração dos Direitos Humanos é o segundo documento fundamental proclamado pelo Conselho Islâmico para marcar o início do 15° século da Era Islâmica, sendo o primeiro a Declaração Islâmica Universal, proclamada na Conferência Internacional sobre o Profeta Muhammad (que a Paz e a Bênção de Deus estejam sobre ele), e sua Mensagem, ocorrida em Londres, no período de 12 a 15 de abril de 1980.

A Declaração Islâmica Universal dos Direitos Humanos baseia-se no Alcorão e na Sunnah e foi compilada por eminentes estudiosos, juristas e representantes muçulmanos dos movimentos e pensamento islâmicos. Que Deus os recompense por seus esforços e que nos guie na senda reta.

Paris, 21 dhul qaidah, 1401 — Salem Azzam

19 de setembro de 1981 — Secretaria Geral

"Ó humanos, em verdade, Nós vos criamos de macho e fêmea e vos dividimos em povos e tribos para reconhecerdes uns aos outros. Sabei que o mais honrado, dentre vós, ante Deus,é o mais temente. Sabei que Deus é Sapientíssimo e está bem inteirado" (Alcorão Sagrado, Al Hujjurat 49:13).

Introdução

CONSIDERANDO que a antiga aspiração humana por uma ordem mundial mais justa, onde as pessoas possam viver, crescer e prosperar num ambiente livre do medo, da opressão, da exploração e da privação, ainda não foi alcançada;

CONSIDERANDO que a Divina Misericórdia para com a humanidade, revelada na concessão de uma subsistência econômica superabundante, está sendo desperdiçada ou injustamente negada aos habitantes da terra;

CONSIDERANDO que Allah (Deus) deu à humanidade, através de Suas revelações no Sagrado Alcorão e na Sunnah de Seu Abençoado Profeta Muhammad, uma estrutura moral e legal permanente para estabelecer e regulamentar as instituições e relações humanas;

CONSIDERANDO que os direitos humanos decretados pela Lei Divina objetivam conferir dignidade e honra à humanidade e que foram elaborados para eliminar a opressão e a injustiça;

CONSIDERANDO que em razão de sua fonte e sanção Divinas tais direitos não podem ser diminuídos, abolidos ou desrespeitados pelas autoridades, assembleias e outras instituições, nem podem ser cedidos ou alienados;

Por conseguinte, nós, como muçulmanos, que acreditamos:

a. em Deus, o Misericordioso e Clemente, o Criador, o Sustentador, o Soberano, o Único Guia da humanidade e a Fonte de todas as leis;

b. na vice-gerência (*khilafah*) do homem, que foi criado para satisfazer a Vontade de Deus na terra;

c. na sabedoria da orientação Divina trazida por Seus Profetas, cuja missão atingiu seu ápice na mensagem Divina final, que foi transmitida pelo Profeta Muhammad (que a Paz e a Benção de Deus estejam sobre ele), a toda a humanidade;

d. que a razão por si só, sem a luz da revelação de Deus não pode ser um guia certo nas questões do ser humano nem pode fornecer o alimento espiritual para a alma humana e, sabendo que os ensinamentos do Islã representam a quintessência da orientação Divina em sua forma mais perfeita e acabada, sentimo-nos na obrigação de lembrar ao ser humano de sua condição e dignidade elevadas outorgadas a ele por Deus;

e. que a mensagem do Islã é para toda a humanidade;

f. que de acordo com os termos do nosso primeiro pacto com Deus, nossos deveres e obrigações têm prioridade sobre nossos direitos, e que cada um de nós está obrigado a divulgar os ensinamentos do Islã pela palavra, atos e, na verdade, por todos os meios nobres, e torná-los efetivos não só em nossa vida em particular, mas também na sociedade a que pertencemos;

g. em nossa obrigação em estabelecer uma ordem islâmica:

1. onde todos os seres humanos sejam iguais e que ninguém goze de privilégios ou sofra prejuízo ou discriminação em razão de raça, cor, sexo, origem ou língua;

2. onde todos os seres humanos nasçam livres;

3. onde a escravidão e o trabalho forçado sejam abolidos;

4. onde as condições sejam estabelecidas de tal forma que a instituição da família seja preservada, protegida e honrada como a base de toda a vida social;

5. onde os governantes e governados sejam submissos e iguais perante a Lei;

6. onde a obediência seja prestada somente àqueles mandamentos que estejam em consonância com a Lei;

7. onde todo o poder mundano seja considerado como uma obrigação sagrada a ser exercido dentro dos limites prescritos pela Lei e nos termos aprovados por ela e com o

devido respeito às prioridades fixadas nela;

8. onde todas os recursos econômicos sejam tratados como bênçãos divinas outorgadas à humanidade, para usufruto de todos, de acordo com as normas e os valores estabelecidos no Alcorão e na Sunnah;

9. onde todas as questões públicas sejam determinadas e conduzidas, e a autoridade para administrá-las seja exercida após consulta mútua (*shura*) entre os fiéis qualificados para contribuir na decisão, a qual deverá estar em conformidade com a Lei e o bem público;

10. onde todos cumpram suas obrigações na medida de sua capacidade e que sejam responsáveis por seus atos *pro rata*;

11. onde, na eventualidade da infringência a seus direitos, todos tenham asseguradas as medidas corretivas adequadas, de acordo com a Lei;

12. onde ninguém seja privado dos direitos assegurados pela Lei, exceto por sua autoridade e nos casos previstos por ela;

13. onde todo o indivíduo tenha o direito de promover ação legal contra aquele que comete um crime contra a sociedade, como um todo, ou contra qualquer de seus membros;

14. onde todo empenho seja feito para

a. assegurar que a humanidade se liberte de qualquer tipo de exploração, injustiça e opressão;

b. garantir a todos segurança, dignidade e liberdade nos termos estabelecidos e pelos meios aprovados, e dentro dos limites previstos em lei.

Assim, como servos de Deus e como membros da Fraternidade Universal do Islã, no início do século XV da Era Islâmica, afirmamos nosso compromisso de defender os seguintes direitos invioláveis e inalienáveis, que consideramos ordenados pelo Islã:

I - Direito à Vida

a. A vida humana é sagrada e inviolável e todo esforço deverá ser feito para protegê-la. Em especial, ninguém será exposto a danos ou à morte, a não ser sob a autoridade da Lei.

b. Assim como durante a vida, também depois da morte a santidade do corpo da pessoa será inviolável. É obrigação dos fiéis providenciar para que o corpo do morto seja tratado com a devida solenidade.

II - Direito à Liberdade

a. O homem nasce livre. Seu direito à liberdade não deve ser violado, exceto sob a autoridade da Lei, após o devido processo.

b. Todo o indivíduo e todos os povos têm o direito inalienável à liberdade em todas as suas formas, física, cultural, econômica e política — e terá o direito de lutar por todos os meios disponíveis contra qualquer infringência a este direito ou a anulação dele; e todo indivíduo ou povo oprimido tem o direito legítimo de apoiar outros indivíduos e/ ou povos nesta luta.

III - Direito à Igualdade e Proibição Contra a Discriminação Ilícita

a. Todas as pessoas são iguais perante a lei e têm direito a oportunidades iguais e proteção da Lei.

b. Todas as pessoas têm direito a salário igual para trabalho igual.

c. A ninguém será negada a oportunidade de trabalhar ou será discriminado de qualquer forma, ou exposto a risco físico maior, em razão de crença religiosa, cor, raça, origem, sexo ou língua.

IV - Direito à Justiça

a. Toda pessoa tem o direito de ser tratada de acordo com a Lei e somente na conformidade dela.

b. Toda pessoa tem não só o direito mas também a obrigação de protestar contra a injustiça, de recorrer a soluções prevista em Lei, com relação a qualquer dano pessoal ou perda injustificada; para a auto-defesa contra quaisquer ataques contra ela e para obter apreciação perante um tribunal jurídico independente em qualquer disputa com as autoridades públicas ou outra pessoa qualquer.

c. É direito e obrigação de todos defender os direitos de qualquer pessoa e da comunidade em geral (*hisbah*)

d. Ninguém será discriminado por buscar defender seus direitos públicos e privados.

e. É direito e obrigação de todo muçulmano recusar-se a obedecer a qualquer ordem que seja contrária à Lei, não importa de onde ela venha.

V - Direito a Julgamento Justo

a. Ninguém será considerado culpado de ofensa e sujeito à punição, exceto após a prova de sua culpa perante um tribunal jurídico independente.

b. Ninguém será considerado culpado, senão após um julgamento justo e depois que tenha sido dada ampla oportunidade de defesa.

c. A punição será estabelecida de acordo com a Lei, na medida da gravidade da ofensa e levadas em conta as circunstâncias sob as quais ela aconteceu.

d. Nenhum ato será considerado crime, a menos que esteja estipulado como tal, nos termos da Lei.

e. Todo indivíduo é responsável por seus atos. A responsabilidade por um crime não pode ser estendida a outros membros da família ou grupo, que, de outra maneira, não estejam direta ou indiretamente envolvidos no cometimento do crime em questão.

VI - Direito de Proteção Contra o Abuso de Poder

Toda a pessoa tem o direito de proteção contra embaraços promovidos pelas instituições oficiais. Ela não é responsável por prestar contas de si, exceto quando para fazer a defesa de acusações que pesam contra ela ou onde ela se ache em uma situação em que a suspeita de seu envolvimento em um crime seja razoavelmente levantada.

VII - Direito à Proteção Contra a Tortura

Ninguém será submetido à tortura de corpo e de mente, ou aviltado, ou ameaçado de dano contra si ou contra qualquer parente ou ente querido, ou será forçado a confessar o cometimento de um crime ou forçado a consentir com um ato que seja prejudicial a seus interesses.

VIII - Direito à Proteção da Honra e da Reputação

Toda pessoa tem o direito de proteger sua honra e reputação contra calúnias, ataques sem fundamento ou tentativas deliberadas de difamação e chantagem.

IX - Direito de Asilo

a. Toda pessoa perseguida ou oprimida tem o direito de buscar refúgio e asilo. Este direito é garantido a todo ser humano, independente de raça, religião, cor ou sexo.

b. Al Masjid Al Haram (A Casa Sagrada de Allah) em Makkah é um santuário para todos os muçulmanos.

X - Direitos das Minorias

a. O princípio alcorânico "não há compulsão na religião" deve governar os direitos religiosos das minorias não muçulmanas.

b. Em um país muçulmano, as minorias religiosas, no que se refere às suas questões civis e pessoais, terão o direito de escolher serem regidas pela Lei Islâmica ou por suas próprias leis.

XI - Direito e Obrigação de Participação na Condução e Direção da Coisa Pública

a. Sujeito à lei, todo indivíduo na comunidade (*Ummah*) tem o direito de assumir um cargo público.

b. O processo de consulta livre (*Shura*) é a base da relação administrativa entre o governo e o seu povo. De acordo com esse princípio, as pessoas também têm o direito de escolher e exonerar seus governantes.

XII - Direito de Liberdade de Crença, Pensamento e Expressão

a. Toda pessoa tem o direito de expressar seus pensamentos e crenças desde que permaneça dentro dos limites estabelecidos pela Lei. Ninguém, no entanto, terá autorização para disseminar a discórdia ou circular notícia que afronte a decência pública ou entregar-se à calúnia ou lançar a difamação sobre outras pessoas.

b. A busca do conhecimento e da verdade não só é um direito de todo muçulmano como também uma obrigação.

c. É direito e dever de todo muçulmano protestar e lutar (dentro dos limites estabelecidos em Lei) contra a opressão, ainda que implique em desafiar a mais alta autoridade do estado.

d. Não haverá qualquer obstáculo para a propagação de informação, desde que não prejudique a segurança da sociedade ou do estado e que esteja dentro dos limites impostos pela Lei.

e. Ninguém será desprezado ou ridicularizado em razão de suas crenças religiosas ou sofrerá qualquer hostilidade pública; todos os muçulmanos são obrigados a respeitar os sentimentos religiosos das pessoas.

XIII - Direito à Liberdade de Religião

Toda pessoa tem o direito à liberdade de consciência e de culto, de acordo com suas crenças religiosas.

XIV - Direito de Livre Associação

a. Toda pessoa tem o direito de participar individual ou coletivamente da vida política, social e religiosa de sua comunidade e de criar instituições e escritórios com a finalidade de permitir o que é direito (*ma'roof*) e impedir o que é errado (*munkar*).

b. Toda pessoa tem o direito de lutar pelo estabelecimento de instituições onde o gozo desses direitos seja possível. Coletivamente, a comunidade é obrigada a criar tais condições com o fim de permitir a seus membros o desenvolvimento completo de suas personalidades.

XV - A Ordem Econômica e os Direitos Dela Decorrentes

a. Na sua busca econômica, todas as pessoas têm direito a todos os benefícios da natureza e de seus recursos. Eles são bênçãos concedidas por Deus para o bem da humanidade como um todo.

b. Todos os seres humanos têm o direito de ganhar seu sustento de acordo com a Lei.

c. Toda pessoa tem o direito à propriedade privada ou em associação com outras. A propriedade estatal de certos recursos econômicos no interesse público é legítima.

d. O pobre tem direito a uma parte prescrita na fortuna do rico, conforme estabelecido pelo Zakat, cobrado e arrecado de acordo com a Lei.

e. Todos os meios de produção serão utilizados no interesse da comunidade (*Ummah*) como um todo e não podem ser descuidados ou malversados.

f. A fim de promover o desenvolvimento de uma economia equilibrada e proteger a sociedade da exploração, a Lei islâmica proíbe monopólios, práticas comerciais restritivas desmedidas, usura, o uso da força para fazer contratos e a publicação de propaganda enganosa.

g. Todas as atividades econômicas são permitidas, desde que não prejudiquem os interesses da comunidade (*Ummah*) e não violem as leis e valores islâmicos.

XVI - Direito de Proteção da Propriedade

Nenhuma propriedade será expropriada, exceto quando no interesse público e mediante o pagamento de uma compensação justa e adequada.

XVII - Condição e Dignidade dos Trabalhadores

O Islã dignifica o trabalho e o trabalhador e ordena que os muçulmanos tratem o trabalhador justa e generosamente. Não só deve receber seus salários imediatamente como também tem direito ao repouso adequado e ao lazer.

XVIII - Direito à Seguridade Social

Toda pessoa tem direito à alimentação, moradia, vestuário, educação e assistência médica, compatível com os recursos da comunidade. Esta obrigação da comunidade se estende em particular a todos os indivíduos sem condições, em razão de alguma incapacidade temporária ou permanente.

XIX - Direito de Constituir Família e Assuntos Correlatos

a. Toda pessoa tem o direito de se casar, constituir família e ter filhos, de acordo com sua religião, tradições e cultura. Todo cônjuge está autorizado a usufruir tais direitos e privilégios e deve cumprir essas obrigações na conformidade do estabelecido na Lei.

b. Cada um dos parceiros no casamento tem direito ao respeito e consideração por parte do outro.

c. Todo marido é obrigado a manter sua esposa e filhos, de acordo com suas possibilidades.

d. Toda criança tem o direito de ser mantida e educada convenientemente por seus pais, sendo proibido o trabalho de crianças novas ou que qualquer ônus seja colocado sobre elas, que possam interromper ou prejudicar seu desenvolvimento natural.

e. Se por alguma razão seus pais estiverem impossibilitados de cumprir com suas obrigações para com a criança, torna-se responsabilidade da comunidade a satisfação dessas obrigações às custas do poder público.

f. Toda pessoa tem direito ao apoio material, assim como ao cuidado e proteção de sua família durante a infância, na velhice ou na incapacidade. Os pais têm direito ao apoio material, assim como ao cuidado e proteção de seus filhos.

g. A maternidade tem direito a respeito especial, cuidado e assistência por parte da família e dos órgãos públicos da comunidade (*Ummah*).

h. Na família, homens e mulheres devem compartilhar suas obrigações e responsabilidades, de acordo com o sexo, dotes naturais, talentos e inclinações, sem perder de vista as responsabilidades comuns para com os filhos e parentes.

i. Ninguém deverá se casar contra sua vontade, nem perder ou sofrer diminuição de sua personalidade legal por conta do casamento.

XX - Direitos das Mulheres Casadas
Toda mulher casada tem direito a:

a. morar na casa em que seu marido mora;

b. receber os meios necessários para a manutenção de um padrão de vida que não seja inferior ao de seu marido e, em caso de divórcio, receber, durante o período legal de espera (*iddah*), os meios de subsistência compatíveis com os recursos do marido, para si e para os filhos que amamenta ou que cuida, independente de sua própria condição financeira, ganhos ou propriedades que possua;

c. procurar e obter a dissolução do casamento (*khul'a*), na conformidade da Lei. Este direito é cumulativo com o direito de buscar o divórcio através das cortes;

d. herdar de seu marido, pais, filhos e outros parentes, de acordo com a Lei;

e. segredo absoluto de seu marido, ou ex-marido se divorciada, com relação a qualquer informação que ele possa ter obtido sobre ela, e cuja revelação resulte em prejuízo a seus interesses. Idêntica responsabilidade cabe a ela, em relação ao marido ou ao ex-marido.

XXI - Direito à Educação
a. Toda pessoa tem direito a receber educação de acordo com suas habilidades naturais.

b. Toda pessoa tem direito de escolher livremente profissão e carreira e de oportunidade para o pleno desenvolvimento de suas inclinações naturais.

XXII - Direito à Privacidade
Toda pessoa tem direito à proteção de sua privacidade.

XXIII - Direito de Liberdade de Movimento e de Moradia
a. Considerando o fato de que o Mundo do Islã é verdadeiramente a Ummah Islâmica, todo muçulmano terá o direito de se mover livremente dentro e fora de qualquer país muçulmano.
b. Ninguém será forçado a deixar o país de sua residência ou ser arbitrariamente deportado sem o recurso do devido processo legal.

Notas Explicativas:
1. Na Declaração dos Direitos Humanos acima, a menos que o contexto propicie de outra forma, o termo "pessoa" refere-se tanto ao homem quanto à mulher.
2. O termo "Lei" significa a Chari'ah, ou seja, a totalidade de suas normas provém do Alcorão e da Sunnah e de quaisquer outras leis que tenham sido baseadas nessas duas fontes, através de métodos considerados válidos pela jurisprudência islâmica.
3. Cada um dos direitos humanos enunciados nesta declaração traz uma obrigação correspondente.
4. No exercício e gozo dos direitos citados acima, toda pessoa se sujeitará apenas aos limites da lei, assim como por ela se obriga a assegurar o devido reconhecimento e respeito pelos direitos e liberdade dos outros, e de satisfazer as justas exigências de moralidade, ordem pública e bem-estar geral da Comunidade (*Ummah*).

ANEXO VIII
DECLARAÇÃO UNIVERSAL DOS DIREITOS COLETIVOS DOS POVOS

Preâmbulo
CONSIDERANDO os progressos conseguidos, em particular a partir da "Declaração dos Direitos do Homem e do Cidadão" na tomada de consciência sobre a igualdade de todos as pessoas humanas;
CONSIDERANDO que um dos grandes suportes para a compreensão desta igualdade tem sido o reconhecimento da diferen-

ça dos seres humanos por razões de língua, cultura, pertença a um povo concreto..., como pronunciou a "Declaração Universal dos Direitos Humanos" proclamada pela ONU em 1947;

CONSIDERANDO que os direitos individuais a igualdade e a diferença podem realizar-se plenamente dentro de um marco de povos concretos em relação a um dos quais cada pessoa se identifica;

CONSIDERANDO que cada povo é sujeito exclusivo de seus próprios direitos coletivos e inalienáveis a igualdade e a diferença;

CONSIDERANDO que a "Carta da ONU" afirma e reconhece, em seu artigo 1.2 a necessidade de "desenvolver entre as nações relações amistosas fundadas no princípio de igualdade no Direito dos Povos e de seus respectivos direitos a dispor de si mesmos"; que outros textos da ONU, como os diversos "Pactos Internacionais" relativos aos direitos políticos, sociais, econômicos, culturais etc. precisam mais ainda os direitos coletivos, como a "Declaração sobre os povos indígenas" nos leva a interpretar, para compreender seu pleno sentido, todos os direitos individuais a luz dos direitos coletivos;

CONSIDERANDO que, na aplicação destes princípios, numerosos povos podem não só exercer seu direito a autodeterminação e tomar em suas mãos a soberania e a independência que lhes corresponde, como também podem aprofundar sua coesão interna e em sua solidariedade com os outros povos;

CONSTATANDO, apesar de tudo, que os direitos coletivos assim afirmados não têm podido ser, todavia, reconhecidos e levados à prática no conjunto dos povos, e que perduram sobre o planeta conflitos e enfrentamentos derivados da negação e limitação do exercício deste direito;

CONSTATANDO que as mencionadas situações têm efeitos jurídicos e políticos na organização da sociedade humana que se institucionaliza no Direito Internacional, desigualdades e discriminações entre os povos, e que esta organização se encontra, essencialmente, à mercê dos poderes estatais constituídos e de organismos que eles criam e controlam;

CONSIDERANDO que os Estados constituídos monopolizam as relações entre os povos, outorgando-se o poder de fixar-lhes níveis de participação na vida internacional, apesar de que os povos sejam os únicos sujeitos e fonte de direitos em todas as dimensões coletivas;

CONSIDERANDO que para assegurar e manter seu domínio sobre áreas geográficas determinadas e conservar seu monopólio de decisão nas relações internacionais, os poderes constituídos impõem modelos institucionais que confundem a cidadania e a nacionalidade, e se permitem, desta maneira, seja vetar a existência dos povos, seja submetendo-os, com diversos Estatutos Jurídicos (que levam nomes como autonomia, regionalização, descentralização e outros) a limitações de soberania ou a situações de dependência.

CONSIDERANDO que, nestes últimos anos, a sociedade civil elaborou diversas propostas para promover o reconhecimento dos direitos dos povos, em particular, a partir da "Declaração de Direitos dos Povos" publicada na Argélia em 1976;

CONSIDERANDO assim mesmo, que as diversas iniciativas apontam nesta direção costumam admitir, todavia, restrições aos direitos coletivos dos povos em condicionar o mantenimento das estruturas estatais vigentes, em especial através da Nação de minoria;

CONSIDERANDO que para iniciar uma nova etapa na construção de uma convivência e de um entendimento entre os povos e para contribuir, desta maneira, para a construção da Paz justa e universal, e em consequência duradoura e para todos, é indispensável definir, de uma forma intrínseca e completa, os direitos coletivos dos povos e marcar pautas para exercê-los, baseadas nas suas situações atuais, políticas e jurídicas;

A Assembleia Geral da "Conferência das Nações Sem Estado da Europa" (CONSEU) propõe a toda humanidade, com a colaboração de seus organismos internacionais competentes, que adote e garanta a realização da seguinte "Declaração Universal dos Direitos Coletivos dos Povos":

Preliminares

A ausência de uma definição universalmente admitida do conceito de "povo" põe em evidência que não se trata de um conceito estático, mas sim dinâmico. A história mostra que certas comunidades reconhecidas como povos têm aparecido e desaparecido, ou surgido depois na cena internacional com outros nomes. Apesar disto, as evoluções e regressões das comunidades humanas ou dos povos não podem, de nenhuma maneira, fundamentar os graus de aceitação, de negação ou imitação do respeito devido aos direitos coletivos e individuais das pessoas que os compõem. Os direitos dos Povos mantêm sempre, objetivamente, a mesma e própria identidade. Corresponde às comunidades humanas erigir-se no curso da história em povos e, portanto, chegar a ser sujeitos dos direitos coletivos. Dentro destas coordenadas, a presente Declaração tem a finalidade de definir os direitos coletivos dos povos e, mediante seus artigos, precisar o conceito de "povo".

Título 1. Dos Povos e Nações.

Art. 1 - Qualquer coletividade humana que tenha referências comuns a uma cultura e de uma tradição histórica, desenvolvidas em um território geograficamente determinado ou em outros âmbitos, constitui um povo.

Art. 2 - Qualquer povo tem o direito a identificar-se como tal. Nenhuma outra instância pode substituí-lo para defini-lo.

Art. 3 - Qualquer povo tem o Direito de afirmar-se como nação. A existência de uma nação se manifesta pela vontade coletiva de seus membros a auto-organizar-se política e institucionalmente. Definir, de uma forma intrínseca e completa, os direitos dos povos e marcar pautas para exercê-los, baseadas na sua situação política e jurídica atual.

Art. 4 - Qualquer povo desfruta, de uma forma imprescindível e inalienável, dos direitos coletivos e das prerrogativas enunciadas na presente Declaração.

Título II. Dos Direitos Nacionais dos Povos.

Art. 5 - Qualquer povo tem o direito de existir livremente, seja qual for sua dimensão demográfica.

Art. 6 - Qualquer povo tem o direito permanente de autodeterminação de maneira independente e soberana.

Art. 7 - Qualquer povo tem direito a autogovernar-se de acordo com as opções democráticas de seus membros.

Art. 8.1 - Qualquer povo tem direito ao livre exercício de sua soberania e da integridade de seu próprio território.

8.2 - Qualquer povo que tenha sido expulso de seu próprio território tem o direito de regressar a ele, de estabelecer-se e de exercer nele a sua soberania, respeitando os direitos das pessoas, eventuais presentes neste mesmo território, que pertençam a outros povos.

8.3 - Qualquer povo que seja objeto de uma divisão, em consequência de uma repartição territorial inter ou intraestatal, tem direito a recuperar sua unidade territorial, política institucional.

8.4 - Qualquer povo itinerante que tenha desenvolvido historicamente sua consciência nacional segundo esta forma de existência, tem direito a gozar das garantias de sua livre circulação.

Art. 9.1 - Qualquer povo tem direito a expressar e a desenvolver sua cultura, sua língua, e suas normas de organização. Para isso, tem o direito de dotar-se de suas próprias estruturas políticas, jurídicas, educativas, de comunicação e de administração pública, e de outras que lhe convenham, como marco da sua soberania.

9.2 - Qualquer povo que se encontre nas condições expressadas no artigo 8.2, ou seja, vítima de outras decisões que o dividam arbitrariamente, tem o direito de restabelecer sua unidade linguística, cultural e as restantes prerrogativas que lhe são próprias e o distinguem.

Art. 10 - Qualquer povo tem direito a dispor dos recursos naturais de seu território e, neste caso, das águas territoriais que nele estão incluídas e utilizá-las para o seu desenvolvimento, progresso e bem-estar social de seus membros, respeitando as disposições dos artigos 16, 17 e 18 da presente declaração, referindo-se às exigências ecológicas e solidárias.

Título III. Dos Direitos Internacionais dos Povos

Art. 11 - Todos os Povos são e permanecem livres e iguais em direito, seja qual for a natureza das relações internacionais que o exijam.

Art. 12 - Qualquer povo tem direito a ser plenamente reconhecido como tal no concerto das Nações e a participar, em igualdade de voz e voto, nos trabalhos e decisões de todos os organismos internacionais representativos das diferentes vontades soberanas.

Art. 13 - Qualquer povo tem direito a estabelecer livremente, com cada um dos demais povos, as relações que convenham a ambas as partes e na forma que conjuntamente elegerem.

Art. 14 - Qualquer povo tem direito a unir-se a outro povo mediante formas confederativas ou parecidas, mantendo o direito de romper livremente e unilateralmente os acordos, sem prejuízos dos direitos dos outros povos.

Art. 15 - Qualquer povo tem direito a beneficiar-se, equitativamente, dos recursos naturais do nosso planeta e do universo, dos avanços tecnológicos, do progresso científico e do equilíbrio ecológico, e de todos os demais fatores que constituem o patrimônio comum da Humanidade.

Art. 16 - Qualquer povo tem direito à solidariedade, que comporta a mútua cooperação entre os povos, o reconhecimento explícito da identidade que o distingue, a aplicação dos princípios de equidade e reciprocidade, os intercâmbios de riquezas naturais, dos avanços tecnológicos e dos progressos econômico e social, e de outros bens que sejam compatíveis.

Art. 17 - Qualquer povo tem direito de impedir a utilização de suas riquezas naturais e dos avanços tecnológicos para finalidades que condicionem, ou ponham em perigo, a saúde e a segurança de outros povos, ou que comprometam o equilíbrio ecológico do meio ambiente.

Art. 18 - Qualquer povo tem direito à legítima recuperação de seus próprios bens, assim como uma reparação adequada, se espoliado, completa e parcialmente, de suas riquezas naturais, ou se vendo afetado na sua soberania ou ainda no equilíbrio do meio ambiente.

Art. 19 - Qualquer povo tem o direito de recurso direto ante as jurisdições internacionais. Os responsáveis destas jurisdições devem ser eleitos democraticamente por representantes eleitos de todos os povos. Seis árbitros devem ser selecionados e acordados pelas partes em litígio.

Título IV. Dos direitos dos membros dos povos

Art. 20 - Qualquer pessoa, que viva ou não no seio do seu próprio povo, tem o direito de exercer plenamente os direitos individuais reconhecidos pelas diversas declarações, convenções e pactos internacionais, na perspectiva e no contexto dos direitos coletivos enumerados na presente Declaração.

Título V. Disposições transitórias.

Art. 21 - Conforme as normas do direito internacional, que se vão completar com os princípios da presente Declaração, qualquer povo que seja privado, pela força ou pela constrição de um dos seus direitos coletivos, tem direito à resistência. Se lhe fizer falta, usando os meios necessários para sua legítima defesa, até alcançar sua plena recuperação.

Art. 22 - Qualquer povo aqui reconhecido, e na medida que seja submetido a políticas de simples tutela ou outras formas de minorização, que se traduzem sempre em formas de discriminação ou de colonização, sobre suas diversas expressões, tem direito a pôr em prática os mesmos meios e recursos citados no art. 21, para recuperar sua soberania e o pleno exercício dos direitos que pertencem a todos os povos sem distinção.

Título VI. Cláusulas finais.

Art. 23 - A aplicação da presente Declaração implica o desaparecimento de todas as situações e disposições contrárias ou que imitem os direitos coletivos dos povos e a caducidade de todas as normas jurídicas estatais e internacionais que a tenham em conta e a agridam.

Art. 24 - Os signatários desta Declaração se comprometem a atuar para que sejam reconhecidos todos os povos e direitos coletivos que lhes correspondam, por parte dos organismos internacionais competentes e atuar também para que cada povo consiga nestes organismos sua própria representação. Os organismos assim reestruturados tem a incumbência de garantir o respeito aos direitos coletivos dos povos, definidos na presente declaração, e intervir, diante dos tribunais democráticos de justiça que seja necessário instituir, para resolver violações que possam afetar-lhes.

Barcelona. Primeira edição, aprovada pelo "Cumbre de la CONSEU" em 27 de Maio de 1990; Barcelona. Segunda edição, posta na ordem do dia no "IIIº Cumbre de La CONSEU", em 22 de Novembro de 1998; Valência. Proclamada publicamente no dia 24 de Abril de 1999.

Esta obra foi composta em Minion Pro 12/14.
Impressa com miolo em offset 75g e capa em cartão 250g, por
Createspace/ Amazon.